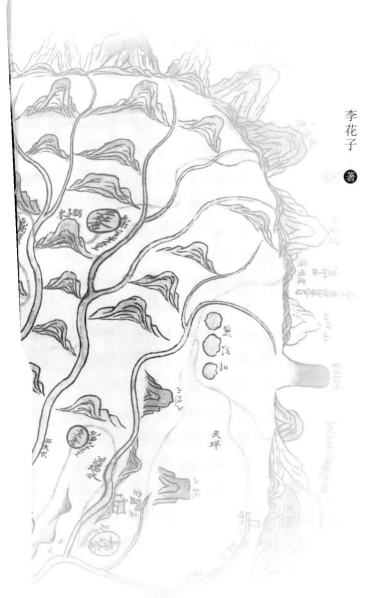

清代中朝边界史探研
——结合实地踏查的研究

李花子 著

中山大学出版社
·广州·

版权所有　翻印必究

图书在版编目（CIP）数据

清代中朝边界史探研：结合实地踏查的研究/李花子著. —广州：中山大学出版社，2019.6
ISBN 978-7-306-06628-2

Ⅰ. ①清… Ⅱ. ①李… Ⅲ. ①中朝关系—边界问题—史料—研究—清后期 Ⅳ. ①D829.13

中国版本图书馆CIP数据核字（2019）第095551号

出 版 人：	王天琪
策划编辑：	李海东
责任编辑：	李海东
封面设计：	曾　斌
责任校对：	何　凡
责任技编：	何雅涛
出版发行：	中山大学出版社
电　　话：	编辑部 020-84114366，84111996，84111997，84113349
	发行部 020-84111998，84111981，84111160
地　　址：	广州市新港西路135号
邮　　编：	510275　传　真：020-84036565
网　　址：	http://www.zsup.com.cn
	E-mail: zdcbs@mail.sysu.edu.cn
印 刷 者：	佛山市浩文彩色印刷有限公司
规　　格：	787mm×1092mm　1/32　13印张　350千字
版次印次：	2019年6月第1版　2019年6月第1次印刷
定　　价：	56.00元

如发现本书因印装质量影响阅读，请与出版社发行部联系调换。

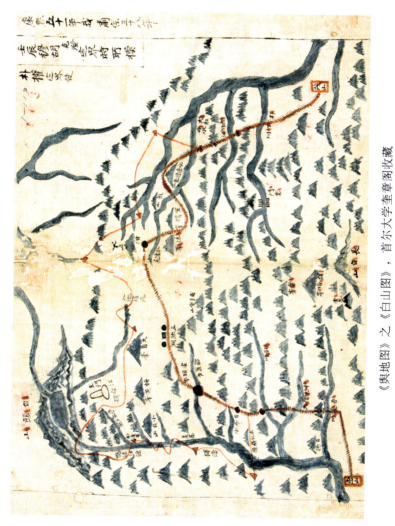

《舆地图》之《白山图》,首尔大学奎章阁收藏

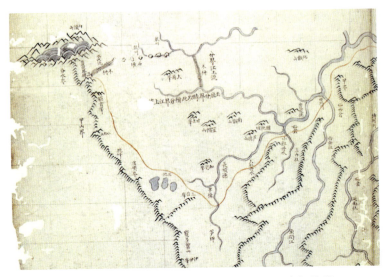

《朝鲜地图》之《咸镜北道图》,首尔大学奎章阁收藏

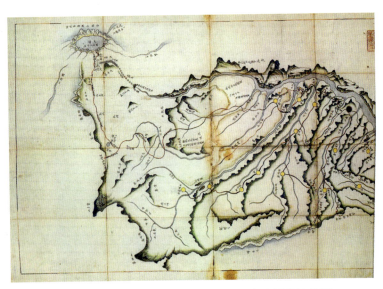

《北关长坡地图》,1785年,韩国国立中央图书馆收藏

《海东地图》之《咸镜道图》,18世纪中期,首尔大学奎章阁收藏

1885年中朝第一次勘界图,日本外务省外交史料馆收藏

1887年中朝第二次勘界图，日本外务省外交史料馆收藏

从天池东坡俯瞰鸭绿江沟和黑石沟,远处的山为小白山(朴龙国摄)

天池东南麓立碑处（崔成林摄）

碑址西边的鸭绿江沟（崔成林摄）

黑石沟上游东南岸的石堆遗迹（崔成林摄）

游东南岸的石堆（崔成林摄）

黑石沟中游，林间通视道穿过黑石沟（崔成林摄）

夏季黑石沟，位于中国境内（崔成林摄）

秋季黑石沟，林间通视道附近（崔成林摄）

黑石沟中游东南岸的土堆

黑石沟下游东南岸的土堆(崔成林摄)

黑石沟下游

黑石沟下游沙道

黑石沟下游沙道结束的地方

黄花松甸子

母树林河源头

红土水、母树林河汇流处

弱流河发源地（崔成林摄）

赤峰前红土水、弱流河汇流处，图们江发源地

图和公路南边的土堆群(崔成林摄)

图和公路南边的土堆(崔成林摄)

朝鲜德水源头（石乙水支流）

"茂山地区战斗纪念碑"，位于朝鲜甑山

朝鲜境内的红丹水

准备更换的原13号碑，位于双目峰前

准备更换的原21号碑，位于赤峰前

双目峰前的林间通视道

从朝鲜枕峰俯瞰三池渊郡,后侧山为胞胎山(甫多会山)(于长伟摄)

鸭绿江源思技文瀑布

鸭绿江源头大旱河(崔成林摄)

鸭绿江源头大旱河(于长伟摄于朝鲜)

内容简介

本书综合利用中韩日三国的文献资料,并结合笔者多年的实地踏查经验,对清代以来的中朝边界史进行了深入探析。内容包括康熙五十一年穆克登定界时确定的中朝边界走向,特别是长白山陆地边界的走向;光绪十一年、十三年中朝两国勘界的再评析;1905—1909 年日本调查"间岛"领土归属问题的内幕,以及中日两国围绕"东三省六案"讨价还价的详细经过等;附录部分则是笔者自 2010 年考察中朝边境地区和长白山地区的踏查记。本书的最大特点是将文献研究和实地考察相结合,力争在中朝边界史的难点和疑点上有所突破,从而揭示清代以来中朝边界的演变脉落。

作者简介

李花子，女，1966年生，吉林省和龙县人。1990年毕业于北京大学历史系；2003年毕业于韩国首尔大学国史学科，获得文学博士学位。2004年至今在中国社会科学院历史研究所从事中朝关系史、边界史研究。主要成果有《清朝与朝鲜关系史研究——以越境交涉为中心》（延边大学出版社2006年）、《朝清国境问题研究》（首尔集文堂2008年，前书的韩文版），《明清时期中朝边界史》（知识产权出版社2011年）、《韩中国境史研究》（首尔慧眼2011年，前书的韩文版），《白头山踏查与韩中国境史》（首尔慧眼2019年）等专著，以及《朝鲜王朝的长白山认识》《康熙年间长白山定界与图们江上流堆栅的走向》《1905—1909年日本调查"间岛"归属问题的内幕》等40多篇论文。

目　录

引　论 …………………………………………………………… 1

第一编　康熙五十一年穆克登定界研究

穆克登立碑位置再探 ………………………………………… 13
　一、通过《北征录》《白头山记》看立碑处 ………… 14
　二、通过《白山图》《通文馆志》等看立碑处 ……… 19
　三、《同文汇考》记载的碑以东的堆栅 ……………… 25
　四、小白山地理形势分析 ……………………………… 29
　五、小　结 ……………………………………………… 32

试析穆克登立碑的性质 ……………………………………… 34
　一、中韩两国学者的不同观点 ………………………… 34
　二、穆克登奉旨查边及朝鲜接伴使的使命 …………… 42
　三、朝鲜得地的范围 …………………………………… 49
　四、穆克登定界的意义和影响 ………………………… 55
　五、小　结 ……………………………………………… 60

图们江上游边界走向考 ……………………………………… 63
　一、连接图们江发源地的堆栅的走向 ………………… 64

二、图们江发源地及设栅的水源 …………………… 71
三、通过朝鲜古地图看图们江水源和堆栅 ………… 76
四、穆克登定界的考虑因素及其影响 ……………… 92
五、小　结 …………………………………………… 95

第二编　中朝边界史的若干疑点探研

中朝边界的历史遗迹——黑石沟土石堆考 …………… 101
一、通过穆克登定界的第一手资料看黑石沟 ……… 102
二、光绪十一年、十三年两次勘界与黑石沟 ……… 111
三、黑石沟及土石堆的长度 ………………………… 117
四、小　结 …………………………………………… 127

图们江正源考 ……………………………………………… 129
一、穆克登确定的图们江正源 ……………………… 129
二、光绪勘界时围绕图们江正源的争论及对后世的
　　影响 …………………………………………… 138
三、从地理学上确定江源的因素看图们江正源 …… 143
四、小　结 …………………………………………… 148

光绪十一年、十三年勘界的再评析 ……………………… 149
一、光绪十一年勘界的总署奏议及中朝双方不同的
　　勘界结果 ……………………………………… 150
二、光绪十三年复勘的总署奏议及中朝双方不同的
　　划界主张 ……………………………………… 157
三、双方围绕树立"十字碑"的交涉 ……………… 164

四、小　结 …………………………………………… 170

图们江边是否树立"十字碑"考辨 ………………………… 172
一、中方的"十字碑"树立计划及朝鲜的反对 ……… 173
二、"毁碑说"的产生及其原因 ……………………… 181
三、小　结 …………………………………………… 192

中朝边界的形成特点 ……………………………………… 194
一、朝鲜的北拓政策和鸭绿江、图们江边界的形成 … 195
二、康熙五十一年穆克登定界与长白山边界的形成 … 196
三、光绪十一年中朝共同勘界 ……………………… 197
四、光绪十三年第二次共同勘界 …………………… 199
五、中日《间岛协约》的签订 ………………………… 200
六、小　结 …………………………………………… 201

第三编　"间岛问题"研究

1907—1909年日本调查间岛领土归属问题的内幕 ………… 207
一、间岛假定区域的调查及长白山踏查活动 ………… 209
二、中井喜太郎和内藤湖南的文献研究 ……………… 221
三、外务省出台对清谈判策略及《间岛协约》的签订
　　………………………………………………………… 230
四、小　结 …………………………………………… 239

中日两国有关"间岛问题"和东三省"五案"的谈判
详析 ……………………………………………………… 242

一、日本挑起"间岛问题"和谈判策略的形成 ……… 243
　　二、"禹迹洞事件"和东三省"六案"的七次会谈… 251
　　三、中方欲提交海牙国际仲裁及日本的反对 ……… 262
　　四、日方在杂居地朝鲜人裁判权上让步 …………… 266
　　五、悬案达成妥协及条约文的最终定夺 …………… 270
　　六、小　结 ……………………………………… 277

试析1907—1909年日本界定的间岛地理范围………… 282
　　一、间岛名称的由来和日本介入调查 ……………… 283
　　二、"统监府派出所"界定间岛假定区域及其扩张
　　　　活动 ………………………………………… 289
　　三、外务省减缩间岛范围及《间岛协约》中的
　　　　《朝鲜人杂居区域图》 ……………………… 296
　　四、小　结 ……………………………………… 302

中韩两国研究"间岛问题"的思路及存在的问题 ……… 304
　　一、韩国学界的研究思路 …………………………… 304
　　二、中国学者的研究思路和主要观点 ……………… 310
　　三、小　结 ……………………………………… 314

第四编　长白山踏查记

中朝边界踏查记——长白山土堆群的新发现 …………… 319
　　一、定界碑与黑石沟小史 …………………………… 319
　　二、林间通视道及黑石沟东南岸的土堆 …………… 326
　　三、董棚水、图们江发源地及黑石沟下游 ………… 337

四、踏查黑石沟下游及发现图和公路的土堆群 ……… 343
五、详探图和公路沿线的土堆群 …………………… 348
六、寻找黑石沟的终影 ………………………………… 352

参考文献 ………………………………………………… 357
索　引 ………………………………………………… 369
图目录 ………………………………………………… 382
后　记 ………………………………………………… 385

引　　论

中朝两国以鸭绿江、图们江和长白山天池为界的边界格局是在长期的历史演变过程中形成的。最早可追溯到元末明初，朝鲜半岛的高丽、朝鲜王朝（指李朝）实行北拓领土的政策，特别是到了朝鲜第四代国王世宗（1418—1450年在位）时，沿鸭绿江边设置了"四郡"，沿图们江边设置了"六镇"，从而奠定了以鸭绿江、图们江为界的格局基础。长白山地区中朝边界的形成，可以追溯到清康熙五十一年（1712年），乌喇总管穆克登立碑于长白山天池东南麓，不仅以碑文的形式再次确认以鸭绿江、图们江为界，还第一次划分了长白山地区界线，从而奠定了以"两江一山"为界的边界格局。穆克登定界对中朝边界的最终形成产生了深远的影响。

其后过了170多年，到了晚清光绪年间，由于朝鲜边民越境开垦图们江以北地区，并否认中朝两国以图们江为界的事实，提出所谓土门（指松花江上流）、豆满（今图们江）"二江说"，引发了中朝两国围绕图们江及"间岛"（今延边的部分地区）的边界、领土纷争。在朝鲜的要求之下，光绪十一年（1885年）、十三年（1887年）中朝两国派代表进行了两次共同勘界，双方达成了以图们江为界的基本共识，但是在图们江上游红土山水、石乙水合流处以上未达成协议，因而未能签订正式的边界条约，这就为后来日本利用中朝边界纠纷挑起"间岛问题"留下了隐患。

日俄战争结束以后，1907年日本借口图们江以北的"间岛"（今延边）地区归属未定，以"保护"朝鲜人的名义，在延边的龙井村设立"统监府间岛派出所"，挑起了所谓"间岛问题"。中日两国经过两年的外交交涉和谈判，最终于1909年签订了《间岛协约》（又叫《图们江中韩界务条款》）和《东三省五案协约》。在大量事实面前，日本不得不承认中朝两国以图们江为界，同时以承认间岛领土权属于中国作为谈判筹码，获得了在间岛设置领事馆的特权和东三省"五案"的利权。

然而，《间岛协约》并非中朝两个当事国之间签订的条约，而是日本在剥夺了朝鲜的外交权以后签订的，其合法性受到质疑，更何况它不是完整的边界条约，只规定了图们江边界（以定界碑、石乙水为界），未规定鸭绿江边界。1949年中华人民共和国成立以后，为了解决中朝两国历史遗留的边界问题，我国与朝鲜民主主义人民共和国进行了外交谈判，先后于1962年签订了《中朝边界条约》，于1964年签订了《中朝边界议定书》，以国际法承认的正式条约的形式，确定了中朝两国以鸭绿江、图们江和长白山天池为界，现今中朝边界线最终形成。

对以上中朝边界的形成、演变过程进行系统的梳理，特别是对其中的疑点和难点问题进行深入探析，正是本书的研究目的所在。以往学界对清代以来中朝边界史的研究，取得了不少成果，但是也存在明显的歧义和分歧。例如有关康熙五十一年穆克登查边、立碑的性质，有的学者认为它是中朝两国的定界①；另一些学者认为它不是两国的定界，而是清朝单方面的查边②。有关穆克登立碑的位置，有的学者认为碑一开始就立在天池东南麓③，并沿着碑以东的黑石沟（又叫黄花松沟子）沿设土石堆、木栅连接到了图们江源上④；另一些学者则认为碑原来立在小白山顶，后来被朝鲜人暗移至天池附近，即存在所谓"移碑说"⑤。

韩国学界有关穆克登定界，普遍承认它是一次定界，认为碑址位于天池东南麓，不存在所谓"移碑说"。但是，韩国学界最大的问题在于不承认穆克登定的是图们江，而认为定的是松花江上游，其依据是碑以东黑石沟的土石堆连接到了松花江上游（五道白河），此即碑文中的"东为土门"。换言之，他们认为碑文中的"土门"指松花江上游，而不是指豆满江（今图们江），

---

① 杨昭全、张存武、李花子等认为，1712年穆克登踏查长白山是中朝两国的定界。详见杨昭全、孙玉梅：《中朝边界史》，吉林文史出版社1993年，第196页；张存武：《清代中韩边务问题探源》，《"中央研究院"近代史研究所集刊》第2期，1971年，第463～501页；李花子：《清朝与朝鲜关系史研究——以越境交涉为中心》，延边大学出版社2006年，第84～120页；李花子：《明清时期中朝边界研究》，知识产权出版社2011年，第174～222页。

② 徐德源：《穆克登碑的性质及其凿立地点与位移述考——近世中朝边界争议的焦点》，《中国边疆史地研究》1997年第1期。

③ 主张穆克登的立碑处位于天池东南麓的有：张存武：《清代中韩边务问题探源》；杨昭全、孙玉梅：《中朝边界史》，第179～196页；李花子：《康熙年间穆克登立碑位置再探》，《社会科学辑刊》2011年第6期。

④ 李花子：《明清时期中朝边界史研究》，第38～104页。

⑤ 主张"移碑说"的有：徐德源：《长白山东南地区石堆土堆筑设的真相》，《中国边疆史地研究》1996年第2期；徐德源：《穆克登碑的性质及其凿立地点与位移述考——近世中朝边界争议的焦点》；刁书仁：《康熙年间穆克登查边定界考辨》，《中国边疆史地研究》2003年第3期；马孟龙：《穆克登查边与〈皇舆全览图〉编绘——兼对穆克登"审视碑"初立位置的考辨》，《中国边疆史地研究》2009年第3期；陈慧：《穆克登碑问题研究——清代中朝图们江界务考证》，中央编译出版社2011年，第165～177页；等等。

主张土门、豆满"二江说"。他们之所以主张"二江说",其目的是证明位于松花江和图们江之间的所谓"间岛"地区属于朝鲜。①

那么,穆克登的立碑处到底在哪里,是小白山顶还是长白山东南麓?他定的图们江水源又是哪一条,是红丹水还是红土山水,抑或是石乙水?黑石沟的土石堆走向到底如何,是连接到松花江上游,还是连接到图们江源?穆克登查边、立碑是属于清朝单方面的查边,还是属于两国的定界,其意义和影响又如何?这些问题都需要依据史料进行客观分析,以复原穆克登定界的历史事实。只有准确认识穆克登定界,才能对其后发生的光绪中朝勘界及中日"间岛问题"的谈判,直至1962年、1964年中朝边界谈判,做出客观的评价,其实它们之间是相互关联和影响的。

有关光绪十一年(1885年)、十三年(1887年)中朝两国的共同勘界,学界以往的研究基本搞清楚了勘界的经过、双方的主要分歧以及所取得的勘界成果等②,但是对勘界谈判最终失败的原因和责任到底在哪一方,两次勘界与之前的穆克登定界及之后"间岛"问题谈判的关联性,分析得还不够透彻。特别是在第一次勘界(1885年)时,朝方代表李重夏通过实地勘查,在图们江发源地红土山水附近发现了土堆相连的遗迹,据此他认识到中朝两国以图们江为界,这对朝方抛弃错误的"二江说"起到了关键性作用。李重夏的这一发现,恰恰给了笔者重新认识穆克

---

① 申基硕于1955年发表的《间岛归属问题》(《中央大学校30周年纪念论文集》)一文,奠定了解放后韩国学者研究"间岛问题"的基础。参见裴城浚:《韩中两国的间岛问题认识和对立结构》,檀国大学东洋学研究所编:《东洋学》第43辑,2008年,第340页。

② 张存武:《清代中韩边务问题探源》,第464~473页;杨昭全、孙玉梅:《中朝边界史》,第253~368页。

登定界及光绪勘界的重要启示。另外，有关第二次勘界（1887年）谈判失败的原因，学界往往归咎于朝方的任性，而没有对朝方主张（以碑堆、红土山水为界，此为穆克登旧界）的合理性做出深入分析。有关第二次勘界的成果对中日"间岛问题"谈判的影响，特别是对日方的牵制作用，分析得也不够深入。

有关1907—1909年中日"间岛问题"的谈判，中日韩三国学者的研究取得了不少进展，但是研究结论仍存在很大的差异。中国学者一般认为由于中方的软弱，日本拿着本属于中国的间岛领土权与中方讨价还价，从而使中方丧失了东三省"五案"的利权。① 韩国学者则认为日本在窃取朝鲜的外交权以后，以获得东三省"五案"的利权作为交易，将本属于朝鲜的间岛领土权丧失掉了。② 日本学者认为中日谈判的结果是双方达成了双赢的局面，即双方讨价还价的结果各有所得。③ 那么，在分析各方的利益得失之前，要搞清楚间岛的领土权到底归属于谁，以及日本在谈判中是如何认识这一问题的，其认识的途径和过程如何。对于这些细节以往的研究还不够深入。要想对这些问题进行深入分析，必须具备对清代中朝边界史的学术积累，只有这样才能对日本通过实地踏查和文献研究，获得间岛领土权属韩的证据薄弱这一结论的过程有深刻的认识。

---

① 杨昭全、孙玉梅：《中朝边界史》，第518页。
② 李汉基：《韩国的领土》，首尔：首尔大学出版部1969年；梁泰镇：《韩国的国境研究》，首尔：同和出版公社1981年；梁泰镇：《韩国国境史研究》，首尔：法经出版社1992年；崔长根：《韩中国境问题研究——日本的领土政策史的考察》，首尔：白山资料院1998年；陆洛现编：《白头山定界碑和间岛领有权》，首尔：白山资料院2000年；等等。
③ 名和悦子：《内藤湖南の国境領土論再考一二〇世紀初頭の清韓国境問題「間島問題」を通じて一》，東京：汲古書院2012年，第193、202页。

另外，学界有关"间岛问题"谈判过程的研究，以往较多使用第二手资料，如王芸生的《六十年来中国与日本》（1～8卷）①，而使用第一手谈判资料较少，尤其对日本外务省外交史料馆收藏的《間島ノ版図ニ関シ清韓両国紛議一件》和韩国《统监府文书》利用得不够。笔者注意到了这一点，所以在利用第一手谈判资料方面用力颇多，力求综合利用中韩日三国的第一手谈判资料，分析中日双方围绕"间岛问题"和东三省"五案"进行谈判及讨价还价的过程，尤其对中方为了维护领土、主权所进行的斗争和迫于与列强签订的不平等条约的限制，不得不在部分利权上做出让步，进行了客观评价。

最后，学界以往研究中朝边界史，多进行文献研究即纸上谈兵，搞实地踏查较少。为了解决中朝边界史的难点和疑点问题，笔者曾多次前往长白山实地踏查，不但在天池东南麓约4公里处确认了穆克登立碑的旧址，还在黑石沟东南岸发现了石堆、土堆遗迹，特别是通过与相关地质学家、考古学家的联合考察及结合文献研究，进一步证实了这些堆标确为穆克登定界遗存的可靠性。根据实地考察和历史资料，笔者绘制了四幅简图，一是有关碑址和黑石沟上游的形势图（后文图1），二是长白山及鸭绿江、图们江上游简图（后文图4），三是有关连接图们江源的堆栅图（后文图5），四是康熙五十一年穆克登定界的石堆土堆遗迹图（后文图6）。这四幅图浓缩了笔者将文献研究和实地考察相结合而取得的最新研究成果。

本书的第一编探讨了康熙五十一年穆克登定界的碑址、立碑

---

① 王芸生编著：《六十年来中国与日本》（1932年），生活·读书·新知三联书店2005年。

的性质和图们江上游边界的走向等，主要包括以下内容：

第一，利用参与定界的朝方人员的第一手资料，包括译官日记、军官驰报和接伴使的状启等，再结合康熙《皇舆全览图》、齐召南的《水道提纲》，以及首尔大学奎章阁收藏的《白山图》（本书图3）等，考察和辨别穆克登的立碑处即是后世发现的碑址所在地——天池东南麓约4公里，一些学者所主张的"移碑说"不成立。

第二，考察穆克登立碑的性质是属于清朝单方面的查边，还是两国的定界。分别从穆克登有关朝鲜"得地"的言说、朝方认可的得地范围、朝鲜接伴使的使命，以及穆克登查边活动对中朝两国边疆环境特别是朝鲜边疆政策的影响等方面，论述了穆克登奉旨查边属于两国之间宗藩关系下的一次定界。

第三，考察了穆克登确定的图们江上游边界的走向，特别是其中无水地段堆栅的走向，阐明这是清代以来长白山地区最早的陆上边界线。结合文献研究和实地踏查的结果，分析了从立碑处到图们江上源的土石堆、木栅的走向，特别是木栅朽烂对后世图们江边界的错误认识造成的不利影响。

本书的第二编考察了中朝边界史的若干疑点、难点问题，主要包括以下内容：

第一，有关黑石沟及东南岸的石堆、土堆的长度，不但通过康熙年间穆克登定界时的第一手资料考察其大致长度，还通过光绪勘界资料，考察了朝鲜人在黑石沟长度上的故意作为，即为了使黑石沟土石堆与松花江上游相连，不乏有意夸大黑石沟及土石堆长度的嫌疑。再结合笔者实地考察黑石沟的成果，考证出黑石沟的实际长度约24公里，土石堆的实际长度约23公里，其下木栅长度16～17公里，并连接到了图们江上源红土水上（红土水的北支母树林河的可能性大)。据此驳斥了日韩学者所谓堆栅全部设于黑石沟并与松花江相连的错误主张,追本溯源剖析了土门、豆满"二江说"的错误及其与黑石沟的关系。

第二,分析了图们江上游支流红土山水成为图们江正源,这既有自然地理的因素,也有对江源认知的历史习惯,以及与中朝两国在历史上进行的定界、勘界等有关联。

第三,对光绪十一年、十三年两次共同勘界进行了重新评价。尤其在第二次勘界时,朝方代表李重夏要求划界的碑堆、红土山水线,实为康熙五十一年穆克登确定的旧界。还分析了中方代表否认碑址、堆址为当年界标,试图在小白山及其以南寻找分水岭划界的原因。

第四,考证和辨别了光绪十三年第二次勘界谈判结束以后,中方代表拟沿小白山、石乙水设立"华夏金汤固,河山带励长"的"十字碑",由于朝方的反对并未树立,因而所谓"毁碑说"不能成立。

第五,概述了明清以来中朝边界的形成、演变过程及其特点。具体而言,概述了高丽、朝鲜王朝的"北拓"政策,康熙五十一年穆克登定界,光绪十一年、十三年中朝共同勘界,1909年中日《间岛协约》的签订,以及1962年《中朝边界条约》的签订等内容,从中归纳和总结了中朝边界形成的特点。

本书的第三编是有关"间岛问题"的四篇论文,包括以下内容:

第一,分析了1907—1909年日本调查"间岛问题"的内幕,即分析了日本通过实地踏查和文献研究,认识到间岛属韩的证据薄弱并制定谈判策略的过程。

第二,分析了中日两国围绕"间岛问题"和东三省"五案"

的谈判过程，特别是分析了双方相互交换利益和讨价还价的详细内幕，对中方为了维护国家领土主权而进行的斗争以及受当时国际环境和条约的制约而不得已在铁路、煤矿等利权上做出让步等方面，进行了细致的分析和客观的评价。

第三，分析了间岛名称的由来和日本介入的背景，"统监府派出所"界定间岛假定区域及其扩张活动，中方边务公署的反制措施，以及在签订《间岛协约》时日本外务省减缩间岛范围及其原因。

第四，分析了中韩两国学者研究"间岛问题"的思路和存在的问题，指出韩国学者在研究中应克服殖民地被害意识，中国学者也应克服从自身利益出发的主观片面性。

本书的第四编是笔者从2011年至2015年对中朝边境及长白山地区进行实地考察的踏查记，不仅对图们江、鸭绿江发源地进行了考察，还对分处于中朝两国境内的黑石沟进行了考察，并在黑石沟的东南岸发现了石堆、土堆等遗迹，还经由朝鲜三池渊登上了长白山天池东坡，确认了位于天池东南麓约4公里处的碑址（穆克登的立碑处）。

本书综合运用中韩日三方史料，同时综合参考中韩日三国学者的研究成果，再结合笔者实地考察的成果，对中朝边界史的难点、疑点问题进行了深入的剖析，在此基础上，力求对中朝边界的形成、演变过程进行系统的梳理。

本书的时间范围大致从康熙五十一年（1712年）穆克登定界开始，截止至1964年《中朝边界议定书》的签订。有关20世纪60年代中朝边界谈判的过程及内幕，由于受到档案尚未解密的限制，无法进行深入分析，这将是今后的研究课题。只有将这部分内容补齐，方得以构筑中朝边界史的完整体系。

第一编

康熙五十一年穆克登定界研究

穆克登立碑位置再探

有关康熙五十一年（1712年）穆克登立碑的位置，中韩两国学者持不同的观点。韩国学者一般认为，穆克登的立碑处位于长白山天池东南10余韩里，碑文记载"西为鸭绿，东为土门，故于分水岭上勒石为记"，确定以西边的鸭绿江源、东边的"土门江"源为界；碑以东连置土石堆连接到松花江上游，即碑文中的"东为土门"指的是松花江上游，而不是指豆满江（今图们江），主张土门、豆满"二江说"。中国学者如张存武、杨昭全等，虽然并不认同所谓土门、豆满"二江说"，但是对于韩国学者所主张的碑址位于天池东南10余韩里处，没有异议。① 但是近年来有一些学者对位于天池东南麓的碑址提出质疑，提出所谓"移碑说"，认为碑址最初位于鸭绿江、图们江真正的分水岭——小白山顶，定西边的鸭绿江和东边的图们江（指红丹水）为界，后来朝鲜人意在拓地，将碑址从小白山顶暗移到了天池附近。

笔者通过2005年发表在《欧亚学刊》的一篇论文《康熙年间中朝查界交涉与长白山定界》，曾探讨过中朝两国的定界思路和碑址位置等。针对近年来一些学者所主张的"移碑说"，本文试利用1712年穆克登定界时的第一手资料，包括跟随穆克登参与定界的朝鲜译官的日记、清朝画员绘制的山图，再结合光绪年

---

① 参见张存武：《清代中韩边务问题探源》；杨昭全、孙玉梅：《中朝边界史》。

间勘界时双方代表的报告书等,对穆克登立碑的位置,以及碑址是否被挪移等问题,再做深入探讨,以求还原历史的真实面貌。

一、通过《北征录》《白头山记》看立碑处

1711年、1712年,清朝两次派乌喇总管穆克登调查中朝边界和长白山,主要是为了编纂《一统志》和制作《皇舆全览图》。① 有关这两次踏查活动,中方留下的文献资料极其有限,以至于后来光绪年间勘界时,中方因找不到康熙年间的旧档,怀疑1712年清廷派穆克登到长白山查边、定界是否确有其事,甚至对天池附近的碑的真伪产生怀疑。②

然而真实情况是,1712年穆克登到长白山调查鸭、图二江水源,立碑于分水岭,不但绘制了地图,还写有奏本,③ 可惜这

---

① 有关康熙年间清朝派人调查中朝边界及长白山的目的,详见李花子:《清朝与朝鲜关系史研究——以越境交涉为中心》,第84~120页;李花子:《明清时期中朝边界史研究》,第174~222页。

② (朝鲜)统理交涉通商事务衙门编:《问答记》,1885年,首尔大学奎章阁收藏,奎21041,胶片第2~3、32~33页。

③ 有关穆克登写的奏本和绘制的山图,可参见如下资料:据金指南的《北征录》记载,(1712年)五月十七日,在茂山,"笔帖式苏尔禅率从人三名,赍持总管(指穆克登)之奏本,从白山而驰到"。又记载,五月二十三日,"总管以出山图示余(指金指南)曰:'此白山以南朝鲜地方图本也。画出二本,一则归奏皇上,一则当送国王,而缮写未完,完后出给。你告重臣(指朴权),归达国王前可也'"(东北亚历史财团编:《白头山定界碑资料集》06,2006年,第92、100页)。此外,《朝鲜肃宗实录》卷51,肃宗三十八年六月乙卯(六月三日)条(《朝鲜王朝实录》,国史编纂委员会1970年影印本),所载朴权、李善溥的状启,也有相同内容。

些原始资料由于清朝内阁大库失火而荡然无存①。如此一来，中方文献记录穆克登查边的，只有《清圣祖实录》康熙五十年（1711年）五月癸巳条和八月辛酉条，其内容为：康熙帝谕令穆克登前往调查鸭绿江、图们江边界和长白山形势，要求他溯鸭绿江而上到达长白山，再前往土门江调查；还谕令他在第二年即康熙五十一年春前往调查，如果遇到道路不通处，可以"令朝鲜人供应"。② 除此以外，可资参考的资料还有康熙五十六年（1717年）制作完成的《皇舆全览图》、乾隆《会典图》，以及乾隆年间由齐召南编写的《水道提纲》等，特别是其中有关鸭绿江源、图们江源和长白山的描绘或者叙述，反映了穆克登查边、定界的结果，所以仍具有较高的参考价值。

与之相比，朝方留下大量有关穆克登定界的第一手资料。例如朝鲜译官金指南留下了长白山日记即《北征录》，担任随行译官的其子金庆门托友人洪世泰写了《白头山记》，后者记录了穆克登登上天池及下山查水源、立碑的详细过程。另外，接待清使穆克登的朝鲜接伴使朴权也写了《北征日记》，虽然内容不如前者详细，但仍不失为第一手资料。金指南、金庆门父子还编写了朝鲜司译院的志书——《通文馆志》，初刊于1720年，③ 书中多处提到了穆克登定界。此外，朝鲜官方史料《朝鲜王朝实录》《备边司謄录》《承政院日记》等，收录了接伴使朴权、咸镜道观察使李善溥二人写的状启，以及参与定界、设栅工程的朝鲜差

---

① "中央研究院"近代史研究所编：《清季中日韩关系史料》第5卷，1972年，第1961～1962、2041～2042页。

② 《清圣祖实录》卷246，康熙五十年五月癸巳，中华书局1986年版，第6册，第441页；卷247，康熙五十年八月辛酉，第6册，第448页。

③ 《通文馆志》，"金庆门序"，世宗大王纪念事业会1998年影印本，第1册附录，第1页。

使员（许梁、朴道常）的口供，等等，这些都属于朝方亲历者的第一手资料。

在这些资料中，最详细地描述穆克登立碑过程的，当数金指南的《北征录》和洪世泰的《白头山记》。金指南的《北征录》以日记体的形式，记录了穆克登溯鸭绿江而上登上长白山顶天池，下山查水源、立碑之后，顺图们江而下，一直走到图们江入海口的全过程。《北征录》内容的真实性，可以通过《朝鲜肃宗实录》《同文汇考》等官撰史料相互印证。考察《北征录》的版本，最初由金指南的另一个儿子、译官金显门于1713年抄写完成，之后由其后孙秘藏保管200多年，1930年由朝鲜总督府"朝鲜史编修会"抄录和公布于世。①

另据史料记载，译官金指南由于年老，未能与穆克登一起登上天池，也没有参与查水源、立碑的过程，但是《北征录》转引了陪同穆克登一起登上天池的朝鲜军官李义复、译官金应瀗及金庆门等的驰报和手本内容。其中，军官李义复的驰报记载如下：

> 十一日（阴历1712年五月十一日），总管（指穆克登）登白头山巅，则鸭江之源，果出于山腰南边，故既已定界。而土门江源，则白山东边最下处有一微派东流，总管以此为豆江之源。两水间岭脊上欲竖一碑，以定界限。而竖碑定界，出于皇旨，重臣、道臣亦当刻名于碑上，探问可否。②

---

① 参见金指南：《北征录》，"金世穆序"第49～50页；李相泰等译：《朝鲜时代士人的白头山踏查记》序，首尔：慧眼1998年，第6页。
② 金指南：《北征录》，（1712年）"五月十五日"，第90页。

如上文，穆克登登上长白山顶天池，发现鸭绿江源出于山腰南边，即长白山山腰南边，于是定为水源。而土门江源，则位于长白山东边，他指定了一条东流的小水，并在鸭绿、土门二源之间的岭脊上欲立碑，以作为两国界线。从上引文我们可以确认：鸭绿江源位于长白山天池南边不远处，图们江源则位于天池东边并向东流，那么立碑的所谓岭脊位于天池东南边。李义复的这份驰报后来被朴权状启所引用，载入《朝鲜肃宗实录》中，实录只是把其中的"总管登白头山巅"简写为"总管登白山巅"①，即略掉了"头"字。有的学者据此认为穆克登登的是小白山顶，而非长白山顶，主张穆克登立碑于小白山顶，而非长白山顶，② 显然是对史料把握不够全面，分析出现了错误。

洪世泰的《白头山记》是根据金庆门的口述而写成的，较详细地描述了穆克登上天池、下山查水源及在分水岭上立碑的过程。据《白头山记》记载：穆克登登上长白山顶观看天池，之后率领众人向东行，"从岗脊冉冉而下，约三四里，而始得鸭绿之源"（a），这是鸭绿江西源，位于天池南边的山脊。由此向东"转逾一短岗，得一泉西流"，这是鸭绿江"西泉"（b）。又"走了三四十步，而别出二派"，这是两个"中泉"，其中一派（c）与鸭绿江西泉汇合，实为鸭绿江东源；另一派（d）向东流，"其流甚细"，实指所谓的图们江源，再向东过一山岗，与

---

① 《朝鲜肃宗实录》卷51，肃宗三十八年五月乙巳条记载："总管登白山巅审见，则鸭绿江源，果出于山腰南边，故既定为境界。而土门江源，则白山东边最下处，有一派东流。总管指此为豆江之源，曰：'此水一东一西，分为两江，名为分水岭可也。'岭上欲立碑，曰：'定界立石，乃是皇旨，道臣、傧臣，亦宜刻名碑端。'臣等以既不得同往看审，而刻名碑端，事不诚实，为答矣。"

② 刁书仁：《康熙年间穆克登查边定界考辨》，第52页。

另一个东流之泉（e）汇合。① 于是穆克登"坐中泉汊水间"（c、d之间），即鸭绿江东源和向东流的细流之间，对朝方译官金庆门等说："此可名分水岭，立碑以定界乎。"金庆门回答："甚善明。公此行此事，当与此山而终古矣。"这里的"此山"指长白山，表明金庆门十分赞同穆克登立碑于长白山东南麓分水岭的做法。接下来，穆克登考虑"土门源流间断，伏行地中"，于是指出"土门源断处，可筑墩，接其下流，以表之"，② 即将图们江源的断流处用土墩连接起来。

从以上《白头山记》的内容可以看出，穆克登从天池岭脊下来后，行三四韩里找到了鸭绿江西源，之后找到了鸭绿江东源，于是他决定在鸭绿江东源和东流的细流之间的分水岭上立碑。这个东流的细流实际上并不是真正的图们江源，因为天池附近没有图们江水发源，可能是指位于天池东南麓的黑石沟（黄花松沟子），即黑石沟被认为是图们江源"入地暗流"的部分，其方向恰好是从天池东南麓向东延伸，那么立碑处则位于鸭绿江东源和黑石沟之间的分水岭上（参见图1）。

---

① 这里所说（洪世泰：《白头山记》，东北亚历史财团编：《白头山定界碑资料集》06，2006年，第137～138页）的图们江中泉、东泉，可能是指黑石沟的两条支汊。黑石沟只有在雨季时部分地段有水流，其他季节没有水流，基本属于干沟。

② 洪世泰：《白头山记》，第137～138页。

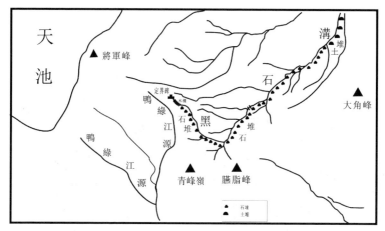

图1 天池东南麓碑址及黑石沟上游土石堆分布

二、通过《白山图》《通文馆志》等看立碑处

1712年穆克登定界时,随行的清朝画员绘制的山图的模本,现收藏于首尔大学奎章阁,这就是《舆地图》(古4709-1)中的《白山图》,此图为我们了解穆克登的立碑处和所确定的江源提供了参考依据。《舆地图》由十几幅地图构成,除了这张《白山图》以外,还包括朝鲜八道图[①]、《天下诸国图》、《中国图》、《东国八道大总图》、《盛京舆地全图》(图2)[②]、《琉球图》、《日本图》等。这些图按照顺序前后黏连起来,便构成了折叠式

---

① 奎章阁收藏的《舆地图》(古4709-1)中的朝鲜八道图,包括京畿道图、忠清道图、全罗道图、庆尚道图、咸镜道图、黄海道图、平安道图、江原道图等。

② 《盛京舆地全图》系康熙二十三年(1684年)编的《盛京通志》的插图,原图是黑白图,朝方的模本是彩图。

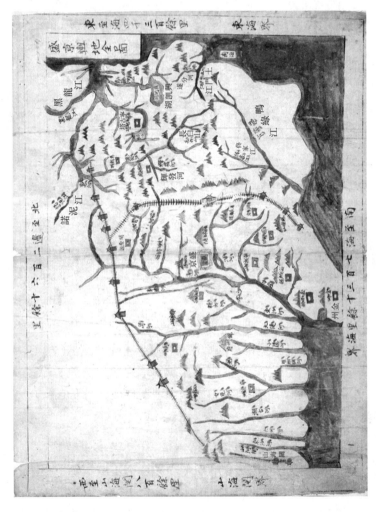

图2 《盛京舆地全图》(收入《舆地图》)

的《舆地图》。

考察《白山图》（图3），右上端写有如下题记："康熙五十一年，我肃宗三十八年壬辰，穆胡克登定界时所模，朴权定界使"，表明该图是1712年穆克登定界时绘制的山图的模本。该图最明显的特征是绘制了两条不同的登山路线，其中一条是穆克登带领家丁、朝鲜军官、译官及指路人等，登上长白山天池和下山查水源的路线；另一条是清朝侍卫和朝鲜接伴使朴权、咸镜道观察使李善溥等年老者从甫多会山北路，经过三池渊、天坪一带，来到茂山的路线。这两条路线分别用小三角形和小圆圈标注了一行人的住宿处。以上登山路线、住宿处及地名等与金指南《北征录》的记载完全吻合。

仔细观察图3，左上端画有长白山天池，标为"白头山"。从长白山发源的三个水系分别是北流的松花江、南流的鸭绿江、东南流的图们江。其中，松花江作了简化处理，鸭绿江、图们江上游描绘得很详细。鸭绿江主要表现的是惠山以上的水流，图们江主要表现的是茂山以上的水流。碑则立在天池东南边，西边标有"鸭绿江源"，东边标有"土门"，碑的下方标有"江源碑"三个字，表明这里是鸭、图二江发源地。此外，碑的西南有"小白山"，再向东有"妍芝峰""大角峰"，往南有"虚项岭"，再往东有"三池渊"。从三池渊往南有"甫多会山"，再往南有"缓项岭""雪岭"和镜城"长白山"等。以上自天池东南立碑处向东南延伸的一系列山脉构成了天然的分水脉，其西边是鸭绿江水系，东边是图们江水系，而立碑处靠近天池东南边，位于此分水脉的最北边。

再看一下图3，在图们江上游有一条断流之水，标为"入地暗流"，在甘土峰复流为图们江，标有"水出"二字。甘土峰以

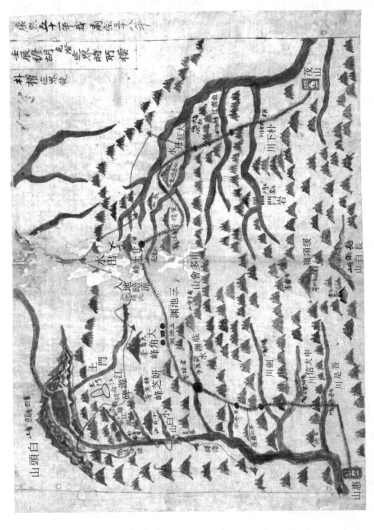

图3 《白山图》（收入《舆地图》）

东有四条图们江支流发源,汇合后向东南流,它实际上是红土山水。其下有"长坡水"(红丹水)①、"鱼润江"和"朴下川"等支流汇入,一直流到茂山。从这条断流之水的方向及向东延伸经过大角峰等情况来看,不难判断它就是黑石沟,那么立碑处位于鸭绿江东源和黑石沟之间。

除此以外,我们还可以通过负责设标工程的朝鲜北评事洪致中的报告,了解立碑处的位置等情况。1712 年八月,洪致中从茂山驰进长白山时,报告如下:

> 自茂山七十里,至临江台,又十里,渡渔润江,到山下地。广漠无人烟,路险百折而上,及其登览,则非山而即野也。白山、渔江之间,杉树蔽天,不分天日者,殆三百里,行五里〔日〕② 始到立碑处。碑甚短狭,厚不过数寸,琢磨不精,竖之亦不牢。穆差(指穆克登)以贵幸臣,奉命定界,而虚疏至此,其无致力之意,可知矣。自立碑处望见,有斗绝最高峰,攀附而上,十四峰罗立拱抱成一洞府。有大泽,色深黝,不知其几丈。舆志中称以八十里周回,而以臣所见,亦当为四十余里。山体皆沙石,而草树不生,积雪四时不消,白头之名,似以此也。③

---

① 据《朝鲜肃宗实录》(卷 51,肃宗三十八年六月乙卯条)记载,朴权指出穆克登定的水不是真豆江,而是大红丹水上游。大红丹水,从《白山图》来看,指的是"长坡水"和甘土峰水的合流之水,长坡水显然是"小红丹水"(从粗细来看长坡水比甘土峰水小),那么所谓"大红丹水上游"似指甘土峰水,亦即后来的红土山水,今天的图们江干流。而朴权所说的"真豆江"指红旗河。

② 据《朝鲜肃宗实录》(卷 53,肃宗三十九年正月庚子条)记载,"行五里始到立碑处",这是误记。另据《承政院日记》(国史编纂委员会 1961—1964 年影印本,第 475 册,肃宗三十九年正月二十二日)记载,"行五日始到立碑处",这是正确的。

③ 《朝鲜肃宗实录》卷 53,肃宗三十九年正月庚子。

如上引文，洪致中从茂山走了 70 韩里到临江台，从临江台走了 10 韩里到渔润江（今西豆水，崇善附近），渡过渔润江后又走了 300 韩里到达立碑处，总共花了 5 天时间。到了立碑处，他看到了前面的"斗绝最高峰"，登上去便是"十四峰罗立拱抱"的长白山天池，可见立碑处位于天池山脚下。

其后由译官金指南、金庆门父子编写的《通文馆志》，则记载碑立于天池水畔，如该志"金指南"条记载：

> 壬辰，帝令乌喇总管穆克登，行审鸭绿江以上至土门江入海处，查明边界。先是，我东虽知两江为界，而白头（中原人则谓此山为长白）以南、长白（指咸镜北道冠帽峰）以北，幅员几千余里，自古荒废。舆志所载语多谬误，故朝野骇惑多过虑，至于交章论说。接伴使朴尚书权，启带公（指金指南）往与论辨，公谓穆曰：夫两江作界，自古已定。而两江之源出自白头山顶潭水，潭之北为上国之界，其南即吾地。反复晓告，穆果大悟。遂导至山巅，立碑潭畔，以为界。又画山形、疆域作为二本，一进皇帝，一置本国，以为左契。①

如上引文，金指南向穆克登解释说，中朝两国以鸭绿江、图们江为界，而两江发源于长白山天池，故天池以北属于中国，以南属于朝鲜。穆克登果然大悟，于是将其导引至天池，"立碑潭畔，以为界"，表明立碑处靠近天池，位于天池水边，中朝两国则以

---

① 《通文馆志》卷 7，"人物·金指南"，第 2 册附录，第 12～13 页。

天池为界。此外,《通文馆志》肃宗三十八年(1712年)条也有类似记载,如穆克登"穷江源至白头山顶,潭水边刻石立碑"①,同样表明立碑处位于天池边上。

三、《同文汇考》记载的碑以东的堆栅

我们在考察立碑处的位置时,除了要注意碑立于天池附近和靠近鸭绿江东源,还要注意朝鲜在碑以东的图们江断流处设置了土石堆和木栅。这是由穆克登和朝鲜二使(朴权、李善溥)在茂山讨论决定的。下面的引文是穆克登向朝鲜二使询问设栅便否的咨文:

> 奉旨查边大人穆等移咨朝鲜接伴使、观察使为查边事。我亲至白山审视,鸭绿、土门两江,俱从白山根底发源,东、西两边分流。原定江北为大国之境,江南为朝鲜之境,历年已久不议外,在两江发源分水岭之中立碑。从土门江之源顺流而下审视,流至数十里不见水痕,从石缝暗流,至百里方现巨水,流于茂山。两岸草稀地平,人不知边界,所以往返越境结舍,路径交杂。故此与接伴、观察同商议,于茂山、惠山相近此无水之地,如何设立坚守,使众人知有边界,不敢越境生事。庶可以副皇帝轸念生民之至意,且你我

---

① 《通文馆志》卷9,"纪年·肃宗三十八年",第2册附录,第49页。

两边无事。为此相议咨送。康熙五十一年五月二十八日。①

如上引文，穆克登指出鸭、图二江从长白山根底发源，即从天池山脚发源，东、西两边分流，江北属于清朝，江南属于朝鲜，立碑于两江发源的分水岭上。然而图们江源流至数十韩里断流，"不见水痕"，至百韩里"方现巨水"，一直流到茂山。于是他要求在图们江源无水地段"设立坚守"，"使众人知有边界，不敢越境生事"。

对于穆克登询问设栅便否，朝鲜二使（朴权、李善溥）的答复如下：

> 朝鲜国接伴使议政府右参赞朴权、咸镜道观察使李善溥等谨呈，为审定境界、树栅立标、以杜日后之弊事。伏以金大人钦承皇命，辱莅敝邦，跋履险阻，查明交界，分水岭上立碑为标。而又虑土门江源暗伏潜流，有欠明白，既以图本亲自指示立栅之便否，复为面询，犹恐其不能详尽，有此送咨更问之举。其所以仰体皇上一视之仁，俯轸小邦生事之端，委曲谆复一至于此，感激钦叹无以为喻。日者阁下以设栅便宜，俯赐询问。职等以木栅非长久之计，或筑土或聚石或树栅，趁农歇始役之意，及大国人监董与否仰禀。则大人以为既已定界之后，则立标之时，似无大国人来监之事。而农民不可出役，且非一日为急之事，监司（指观察使）主张随便始役，虽至二三年后完毕亦且无妨。每年节使之来，以

---

① 参见《同文汇考》原编卷48，"疆界"，第8页，国史编纂委员会1978年影印本，第1册，第907页；另参见金指南《北征录》，（1712年）"五月二十八日"（第106页），也有相同内容。

举行形止言及通官,传至俺处,则或不无转达皇上之道为教。故职等辞退后,以此意状闻于国王。咨文中两边无事之道,此外更无所达矣。且回咨则有所不敢,谨以呈文仰答。伏惟阁下曲加恕察,不胜幸甚。合行具呈,须至呈者。右谨具呈。康熙五十一年六月初二日。朝鲜国接伴使议政府右参赞朴权、咸镜道观察使李善溥。①

如上引文,穆克登问:立碑处和图们江源之间是否要设立木栅;朝鲜二使回答:"木栅非长久之计,或筑土或聚石或树栅,趁农歇始役"。朝鲜二使又问:清朝是否派人来监役;穆克登回答:不会派人来,由咸镜道观察使负责使役,趁农闲慢慢举行,不要给农民增加负担,只需把举行的情况,由朝鲜冬至使通过清朝通官转告穆克登,再由穆克登转奏皇帝即可。另据史料记载,后来按照穆克登的吩咐,朝鲜在碑以东连设石堆、土堆及木栅,一直连接到了图们江发源地。②

后来到了光绪年间共同勘界时,双方代表发现碑位于天池东南10余韩里(约4公里)处③,碑西有一沟为鸭绿江源,碑东有一沟即黄花松沟子(黑石沟),此沟东南岸连设有石堆、土

---

① 参见《同文汇考》原编卷48,"疆界",第1册,第907页;另参见金指南《北征录》,(1712年)"六月二日"(第109~110页),也有相同内容。
② 有关康熙五十一年穆克登确定的图们江源及朝鲜设置的堆栅,详见李花子:《明清时期中朝边界史研究》,第56~87页。
③ 朝方史料记载碑位于天池东南约13韩里处,参见李重夏:《乙酉状启》,1885年,收入《土门勘界》,首尔大学奎章阁收藏,奎21036;《勘界使交涉报告书》,1887年,首尔大学奎章阁收藏,奎11514之2,胶片第26页。

堆，相沿数十里。① 由此沟向南最近的是红土山水，有缓坡相隔，相距40余韩里。另外，此沟向东北距离松花江五道白河也不远，相隔也有数十韩里。②

值得一提的是，在此次勘界时，朝方代表李重夏在红土山水附近发现了堆标的遗迹。他结合文献资料认识到，起初黑石沟和红土山水是相连的，其间设有40余韩里的木栅，后来随着时间的流逝，木栅全部朽烂，所以看起来二者不相连。他将这一情况秘密地报告给了本国政府，载于首尔大学奎章阁收藏的《追后别单》。③

基于上述，我们在判断立碑处的位置时，既要考虑到碑址靠近天池和鸭绿江东源，还要考虑到从立碑处到图们江发源地设有堆栅。光绪勘界时发现的碑址和碑以东的堆址，均符合1712年穆克登定界的情形，因此可以认为穆克登确立的碑址，直到光绪年间勘界时没有什么变动。

---

① 后世记载的黑石沟（黄花松沟子）的长度因人而异。如光绪勘界时双方代表的报告书记载：土石堆相沿80～90里；1907年吴禄贞踏查后，记载沟长30余华里；1908年刘建封等踏查后，记载沟长40余华里；1907年日本测量手记载沟长约22公里［参见国史编纂委员会编：《统监府文书》2，"間島問題에 관한書類一－三"，第111条：来电"白头山探险测量手的现地状况报告件"（1907年10月2日），1998年版，第369页］；等等。

② 从黑石沟沟尾到松花江上游的距离，参见总理衙门辑：《吉朝分界案》（全国图书馆文献缩微复制中心编：《国家图书馆藏清代孤本外交档案续编》第5册，2005年，第1810～1814页）；李重夏：《乙酉状启》《乙酉别单》（1885年，收入《土门勘界》）、《光绪十一年十一月初八日照复》（收入《白头山定界碑关系书类》，首尔大学奎章阁收藏，奎26302）等。

③ 李重夏：《追后别单》，1885年，收入《土门勘界》，胶片第10页。

四、小白山地理形势分析

之所以要分析小白山的地理形势，是因为有人提出"移碑说"，即认为穆克登碑址原立于小白山顶，后来被人移到了天池附近。碑有可能被人为移动的观点，最初由光绪勘界时中方代表提出。他们发现天池附近的碑址、堆址和松花江上流相连，与碑文所记"西为鸭绿，东为土门，故于分水岭上勒石为记"不符，因而怀疑碑址从别处潜移至天池附近。① 不少学者提出碑址原来在小白山一带，这里才是鸭、图二江的真正的分水岭，后来朝鲜人意在拓地，将碑从小白山顶暗移至天池附近。

那么，我们不妨考察一下，小白山的地理形势是否和史料所载1712年穆克登定界的情形相吻合，即立碑处是否靠近天池，是否靠近鸭绿江东源，以及立碑处的东边是否建有土石堆和木栅。

第一，从小白山所处的地理位置看，位于长白山天池以南约30公里，显然不如天池东南约4公里的立碑处靠近天池（小白山的位置参见图4）。另外，小白山西边虽有鸭绿江支流发源（小白水），但却不是靠近天池的鸭绿江头源，在它之前已有数条鸭绿江支流汇入，所以和史料所载穆克登从天池南麓下山确定鸭绿江东源的情形不吻合。②

---

① 《勘界使问答》，1885年，首尔大学奎章阁收藏，奎21038，胶片第16页。
② 穆克登从天池下山查找鸭绿江东源的情形，详见洪世泰：《白头山记》，第137～138页。

第二，主张移碑说的人认为，小白山东、西两边鸭、图二江对源，所以这里才是真正的分水岭。但是据史料记载，小白山西边发源的鸭绿江（小白水）和东边发源的图们江（石乙水）并不是靠得那么近，二源相距约42里。① 所以说，即使上了小白山顶也看不到"西为鸭绿，东为土门"的一幕。相反，天池东南10余韩里的立碑处，东、西两边的沟子"分作人字"相对，所谓"西为鸭绿，东为土门"指此。②

如前述，鸭、图二江的大分水脉，自长白山天池开始向东南由一系列的山脉构成，包括立碑处的"分水岭"、胭脂峰、小白山、虚项岭、甫多会山等，其西边有鸭绿江支流发源，东边有图们江支流发源。其中，立碑处属于天池南边初开的东、西沟壑③，属于鸭、图二江头源的分水岭。由此向南行约20公里，才是小白山分水岭，再向东南行约20公里是三池渊分水岭。但无论是小白山还是三池渊，都不是头源的分水岭，可以算作次源的分水岭，也不是唯一的分水岭。

第三，小白山的东边并无土石堆的标记，所以小白山不可能是碑址所在地。主张碑址最初在小白山顶的人，往往否认黑石沟的土石堆为当年界标。例如，有人认为这是武默讷为"登山记路所筑"（1908年刘建封）④，也有人认为清初作为封禁的标识

---

① 总理衙门辑：《吉朝分界案》，第1848页；李重夏：《牒呈》，1885年，收入统理交涉通商事务衙门编：《土门地界审勘誊报书》，首尔大学奎章阁收藏，奎26677。

② 据洪世泰的《白头山记》（第137～138页）记载，分水岭的"水势分作人字"，指的是东、西两边的沟子成"人字"形相对。

③ 统理交涉通商事务衙门编：《问答记》，胶片第35页。

④ 刘建封：《长白山江岗志略》，李澍田主编：《长白丛书》初集，吉林文史出版社1987年，第370页。

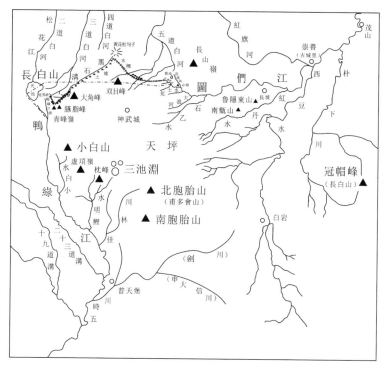

图 4　长白山及鸭绿江、图们江上游简图

物先有了黑石沟的堆栅（1907 年吴禄贞），后来朝鲜人意在拓地，将碑从小白山顶暗移到了天池边的堆栅旁①。但这些说法难免牵强附会，缺乏史料依据。清初武默讷的登山路线是从松江河溯流而上到达天池，归途也是原路返回，他不可能到达天池东边向东北延伸的黑石沟。② 另外，作为封禁的标识物，清朝也不可

---

① 吴禄贞：《延吉边务报告》，李澍田主编：《长白丛书》初集，吉林文史出版社 1986 年，第 73～75 页。

② 有关康熙年间历次长白山踏查活动，详见李花子：《明清时期中朝边界史研究》，第 174～222 页。

能在黑石沟设置土石堆。

第四，考察1711年、1712年有关穆克登查边、定界的资料，没有多少是记录小白山的，如果像一些学者所说，小白山顶的确是当年的立碑处，那么不应对此山如此疏忽。史料中但凡记作"白山"的，主要是指长白山，也就是朝鲜所称之"白头山"，而小白山明确记作"小白山"。另外，史料没有穆克登立碑于小白山顶的记录，所谓朝鲜人暗移碑址也是子虚乌有。有的人甚至认为朝鲜人不止一次暗移碑址，而是有两三次，其主要依据是后人游记所录碑址。后人记录的碑址如果是目测的结果，可能会有些偏差，相差三五韩里可以忽略不计；但据此认为碑址被移动数次，显然是考虑欠周详的。①

五、小 结

考察1712年穆克登立碑处，应从当年留下的第一手资料入手。中方的资料因清朝内阁大库失火而荡然无存，但朝方保留着大量第一手资料，如随行译官的日记，差使员、军官及译官的驰报、手本，以及接伴使的状启等。另外，首尔大学奎章阁收藏的《白山图》，似为穆克登定界时由清朝画员绘的山图的摹本，很直观地反映了穆克登查水源、立碑的结果。

根据这些第一手资料来分析穆克登的立碑处，可以归纳出以

---

① 陈慧：《穆克登碑问题研究——清代中朝图们江界务考证》，第165～177页。

下三点：其一，碑址靠近长白山天池；其二，碑址靠近鸭绿江东源；其三，立碑处以东到图们江上游设有堆栅。过去人们一直以为黑石沟（黄花松沟子）与松花江上游相连，但实际上黑石沟并不与松花江相连，而是与图们江头源红土山水相连，其间原设有40余韩里的木栅，只是这一段木栅年久朽烂，才造成黑石沟似与松花江相连的假象。可以确认1712年穆克登立碑处位于天池东南麓10余韩里（实为约4公里），这一位置直到光绪年间勘界时都没有变动，所谓"移碑说"是不成立的。

所谓小白山分水岭，位于天池以南约30公里，显然不如天池东南约4公里处靠近天池。小白山西边虽有鸭绿江支流（小白水），但却不是靠近天池的头源。另外，小白山和其东边发源的石乙水之间，也没有堆栅相连。所以说，小白山和其南边的三池渊，虽然是鸭、图二江大分水脉中的一部分，却不是鸭、图二江头源的分水岭，也不是唯一的分水岭。

试析穆克登立碑的性质

一、中韩两国学者的不同观点

有关1712年穆克登奉康熙帝之旨,调查鸭绿江、图们江边界及立碑于分水岭,有的学者认为这是中朝两国的定界,称穆克登立的碑为"定界碑";也有学者认为是清朝单方面的查边,称此碑为"查边碑"或者"审视碑"。

我国台湾学者张存武最早关注穆克登立碑的性质。他在1971年撰写的《清代中韩边务问题探源》一文中指出,穆克登查边是一次定界,其结果是清朝丧失了长白山以南、以东的大片土地,而朝鲜发扬自新罗以来的北拓传统,获得了这些土地。该文论证穆克登定界的依据为:其一,分析康熙五十年五月癸巳上谕,所谓"中韩官员会同阅视,查明'边界',实即会勘边界"。其二,康熙五十年礼部官员和朝鲜贡使对话中指出,"会同查勘,分立边界"。其三,康熙五十一年四月穆克登在鸭绿江畔初遇朝鲜译官金庆门时问道:"尔知两国边界耶?"其四,穆克登指定初派水为图们江正源后,表示"尔国多得地十余里"。其五,穆克登要求朝鲜人在石碑上列名,据此认为"如只查边,无此必要"。其六,朝鲜上了《谢定界表》。①

---

① 张存武:《清代中韩边务问题探源》,第484~485页。

杨昭全、孙玉梅于1993年著有《中朝边界史》，这是打破学术禁忌、尝试研究中朝边界史这一敏感主题的第一部力作。该书涉及的中朝边界史的时间范围很广，包括从上古时期到近现代中朝边界的沿革历史。该书作者也谈到了穆克登立碑的性质，指出由于中朝两国在鸭绿江、图们江之间的陆地边界不清楚，所以康熙帝派穆克登去查边，这理应由双方共同派代表"会勘定界"，但是康熙帝却没有这样做，其原因"恐系康熙以宗主国皇帝派出之钦差大臣决定一切，而令附属国唯上国意志是从之想法有关"。该书还指出，清朝没有对长白山以南地区划界事先做出充分准备，也没有派出得力的官员，"而是派一个勇猛有余才智不足的地方官员，担负勘界、划界、定界的重任"，其结果穆克登为朝鲜人所诱引，糊里糊涂地将本属于清朝的领土"白白送给朝鲜，而且将本属本国的长白山，将天池以南割给朝鲜，使长白山的一半也成为朝鲜国土"。以上观点和前述张存武的观点类似，认为清朝失地了，即把本属于清朝的长白山以南地区割给了朝鲜。对于立碑的性质，该书指出："穆克登视查本国边界所立之审视碑，实际是界碑，定界碑，尽管其碑上书'大清'两字，并在碑文中明确指出穆克登系奉旨查边字样，也是如此。因为划定本国国界的边界石碑，亦是划定中朝两国边界的界碑。"总之，作者认为由宗主国清朝主导的穆克登查边，虽然形式上是清朝单方面的行动，但是其结果立碑于长白山以南，这是划分两国边界即是定界，因此，此碑既是"审视碑"又是"定界碑"，即穆克登查边是一次定界。[①]

徐德源于1997年发表了题为《穆克登碑的性质及其凿立地

---

① 杨昭全、孙玉梅：《中朝边界史》，第194～196页。

点与位移述考——近世中朝边界争议的焦点》的论文，专门讨论了穆克登立碑的性质及碑址被挪移的问题，从六个方面论证这是清朝单方面的查边，而不是两国的定界。其一，分析康熙五十年上谕，指出"穆克登奉旨到中朝边界，只是去查看，并不是去划界、定界"。其二，分析康熙五十一年礼部咨文，指出，"康熙皇帝派遣穆克登完全是'查我边境，与彼国无涉'的国内事务，并未向李氏朝鲜政府提出会勘边界"。其三，朝鲜派出的"是没有会勘边界全权的接待、陪伴、观察的官员"，而且穆克登没有带朝鲜官员共同察看。这里作者搞错了朝鲜咸镜道"观察使"的官称，这不是为了观察而派出的官员，而是咸镜道的最高长官名称，相当于省长一级。其四，"历史文献中并未留下双方官员进行过划界谈判的记录"。其五，穆克登立的碑与现代的界碑有差异，并没有与"大清"并列的"朝鲜"二字，只是在记录随行官员名单时写进"朝鲜"。其六，碑铭中只有"查边""审视"等，而没有"勘界""划界""定界"字样。总之，作者从康熙上谕、礼部咨文、朝鲜随行官员的地位及碑铭等方面着手，分析认为穆克登立碑不符合定界、划界的规范，因而是清朝单方面的查边，而不是双方共同派代表进行的定界或者划界。另外，该作者还主张碑址被朝鲜人移动过，即从小白山顶被移至天池附近，碑以东的土石堆也是朝鲜擅自筑设的"伪边界线"。即先有非法筑设的土石堆，之后朝鲜人将碑挪移至此。① 总之，一方面强调穆克登立的碑是"审视碑"；另一方面又指朝鲜为了多占地方挪动了碑址，制造了所谓的"伪边界线"。这在逻辑上

---

① 徐德源：《穆克登碑的性质及其凿立地点与位移述考——近世中朝边界争议的焦点》。

是自相矛盾的，只有当此碑是界碑时，才有价值挪动它，以及制造所谓土石堆等"伪边界线"。

刁书仁在2003年写的《康熙年间穆克登查边定界考辨》一文中，论述了穆克登立碑的性质，指出："如果我们仔细研究与穆克登查边有关的中朝两国文献，就不难看出，穆克登查边是确定中朝两国边界。"另外，作者在分析康熙五十年礼部招问朝鲜使臣时曾传达"会同查勘，分立边界"，以及分析康熙帝有关查界的谕旨后指出："清廷乘审李万枝案之便查边定界的意图是十分明确的。"而此事之所以密谕，"是因为朝鲜对清廷派人调查长白山、中朝边界地区暗中阻挠，拒绝指路、供应的缘故"。作者还列举以下事实证明这是"界碑"：穆克登和朝鲜译官金庆门、金指南之间有关中朝边界的对话；穆克登登上白山巅，欲在分水岭上立碑时，向同行人表示："定界立石，乃是皇旨。道臣、倅臣亦宜刻名碑端"；穆克登在给朝鲜接伴使、观察使的咨文中，要求在图们江源头无水地段设立木栅、堆石等标志物，并指出"使人知有边界，不敢犯越生事"；穆克登回国以后，同年十一月朝鲜上了《谢定界表》；等等。① 如上，作者在承认穆克登查边、立碑是定界的同时，与前面的徐德源一样也主张"移碑说"，指出穆克登立碑的位置在小白山分水岭。作者甚至指出穆克登并没有登上长白山顶，而是登上了小白山顶；后来朝鲜人意在拓地，先是擅自改变土石堆的筑设地点，然后将碑从小白山顶移到了土石堆近处。② 显然作者有关移碑、移堆的观点没有史料支撑，属于无根据的猜测。

---

① 刁书仁：《康熙年间穆克登查边定界考辨》，第45～49页。
② 刁书仁：《康熙年间穆克登查边定界考辨》，第51～56页。

李花子在 2006 年写的《清朝与朝鲜关系史研究——以越境交涉为中心》一书中，用小篇幅讨论了穆克登立碑的性质，指出礼部咨文之所以提出"此去特为查我边境，与彼国无涉"，这有两方面的原因：一是清朝于康熙三十年、五十年曾两次计划派人考察长白山，都因朝鲜的阻挠而搁浅，所以意在排除朝鲜的干扰；二是由清朝主导定界，朝鲜只需指引道路。该文还从两国宗藩关系的性质及对边疆政策的影响等方面论述了穆克登定界的意义，例如，划分了从前模糊不清的长白山以南边界；朝鲜获得长白山以南地区以后，"获得领土上的安全感"，"这有利于固结朝鲜的向心力，融入以清朝为中心的天下秩序"，等等。①

陈慧在 2011 年写的《穆克登碑问题研究——清代中朝图们江界务考证》一书中，探讨了穆克登立碑的性质，指出虽然这"主要还是清王朝对边境地带所进行的单方面的查看"，但是"不可否认，穆克登查边是政府行为，代表的是清王朝的立场，作为古代社会定界的形式之一，以上行为具备了古代社会定界的特征，穆克登寻源、立碑之举，在客观上的确起到了分界的作用。从这一角度考察，石碑作为这条连线中最为主要的一部分，实际上已成为定界的标志物"。还指出"必须注意的是，穆克登碑所起到的'定'的作用，仅仅是确定鸭绿江和图们江的上游，而不是将界河规定为'鸭绿'和'土门'。因为中朝两国以鸭、图为界早已是既定的事实"。因此，将该碑"称之为'审视碑'是不够完善的；称之为'定界碑'则又与事实不能完全相符"，②

---

① 李花子：《清朝与朝鲜关系史研究——以越境交涉为中心》，第 116、206~231 页。

② 陈慧：《穆克登碑问题研究——清代中朝图们江界务考证》，第 178~181 页。

所以将该碑称为"穆克登碑"。以上论述表明该作者对穆克登查边、定界过程中程序的不足感到无可奈何。

陈慧和徐德源、刁书仁一样也主张"移碑说",认为穆克登立碑于小白山顶,定的是其东边的红丹水,后来朝鲜人几次(两三次)挪动碑址,最后移至天池附近的土石堆旁。① 不过陈慧所说的几次移碑的位置,包括天池以南"10 余里(韩里)""10 里(韩里)许""1 日本里(约等于 4 公里)"等,其实差距并不大,如果属于不同游历者的目测结果,可以忽略不计;但作者据此提出数次"移碑说",这值得商榷。以上学者提出的所谓"移碑说",共同存在的问题是:史料证据不足,不能通过史料证明碑在何时、被何人、从何地挪移了。关于这一点,陈慧在著作中承认"综观穆克登碑的几次位移","被挪移的原因、时间以及实施挪移者难以考证"。② 这三位学者的唯一依据是认为碑文记载"西为鸭绿,东为土门,故于分水岭上勒石为记",而天池东南麓的碑址并不是鸭、图二江分水岭,而是鸭、松二江分水岭,所以主张碑应该在鸭、图二江真正的分水岭小白山顶,却被挪移到了天池附近。这个观点实际上继承了光绪勘界时中方勘界代表的主张。

考察以上观点,多数学者认为穆克登查边、立碑虽然有这样那样的缺点和不足,但是从整个过程和结果来看,属于两国间的定界,即确定了从前模糊不清的鸭绿江、图们江之间的长白山陆地边界,将过去属于女真后应该属于清朝的长白山天池以南大片土地割给了朝鲜。换言之,清朝失地而朝鲜得地了。

---

① 陈慧:《穆克登碑问题研究——清代中朝图们江界务考证》,第 165~176 页。
② 陈慧:《穆克登碑问题研究——清代中朝图们江界务考证》,第 175 页。

韩国学界对穆克登立碑的性质没有太大的争论，基本认同是一次定界，并将该碑称为"定界碑"或"白头山定界碑"。① 不过，韩国学者在评价穆克登定的江源，特别是解释碑文"东为土门"时，存在错误。他们认为"东为土门"不是指豆满江（今图们江），而是指松花江上游，即主张土门、豆满"二江说"。

1907年曾担任"统监府临时间岛派出所"总务课长的筱田治策，在《白头山定界碑》一书中系统阐述了"二江说"。② 战后韩国学者基本承袭了这一观点，不过姜锡和是个例外。他在《朝鲜后期咸镜道与北方领土意识》一书③中，承认1712年穆克登定界的水源是豆满江（今图们江），朝鲜认识到土门江和豆满江是同一条江，以及朝鲜获得了长白山天池以南大片空地。该作者尊重史料，客观论证，这在韩国学界实属不易。即便如此，作者仍没有摆脱"二江说"的影响，如他指出，虽然当时穆克登定的是豆满江，但实际上确实存在着区别于豆满江的"土门江"（指黑石沟和松花江上游），只是当时的人们没有认识到这一点而已。④ 他还指出，朝鲜人发现穆克登定的豆满江源出现错误以后移设了堆栅，本想连接到正确的豆满江源上，结果仍错误地连接到了松花江上游，此即"土门江"，⑤ 即认为黑石沟的土石堆与松花江相连，这是朝鲜人误连的江源。

韩国学界几乎不存在碑址是否被人为移动的讨论，认为天池

---

① 朝鲜称穆克登立的碑为"定界碑"，这在18世纪朝鲜古地图中有标注。
② 筱田治策：《白頭山定界碑》，東京：樂浪書院1938年。
③ 姜锡和：《朝鲜后期咸镜道与北方领土意识》，首尔：经世苑2000年。
④ 姜锡和：《朝鲜后期咸镜道与北方领土意识》，第57页。
⑤ 姜锡和：《朝鲜后期咸镜道与北方领土意识》，第67页。

东南麓的碑址和其东边的堆址都是康熙年间遗留的,这些都是合法的边界线。针对一些学者提出所谓"移碑说",韩国学者裴城浚认为:"所谓移设白头山定界碑的主张,如果根据当时的文献和地图来看,很难成立。根据参与设立白头山定界碑的人们的记录以及当时的地图,还有白头山定界碑设立以后登上白头山看到白头山定界碑的人们的记录和各种古地图来看,白头山定界碑的位置大体上是一致的。"①

综上所述,有关穆克登立碑的性质,中韩两国的多数学者认为这是一次定界。不少中国学者认为,虽然从形式上看像是清朝单独的查边活动,但实际上是两国之间的定界,即确定鸭绿江、图们江之间的陆地边界。然而在如何看待此次定界的结果上,两国学者的差距很大。中国学者关注的是中方失去了长白山天池以南地区。韩国学者关注的是图们江以北的所谓"间岛"地区与此次定界的关系,他们解释碑文"东为土门"存在问题,是在沿袭已经被朝鲜纠正了的从前的错误,特别是日本人筱田治策错误的观点。

总之,有关穆克登查边、定界,尽管两国学者进行了长时间的研究,仍存在争议,包括立碑处的位置、碑址是否移动、确定的江源以及中间的陆地边界等,都需要学者们下大力气进行进一步考察和探究。

---

① 参见裴城浚:《韩中两国的间岛问题认识和对立结构》,第354页。

二、穆克登奉旨查边及朝鲜
接伴使的使命

康熙五十年、五十一年，康熙帝两次派遣乌喇总管穆克登到长白山调查中朝边界，主要是为了制作《皇舆全览图》，体现了康熙帝对长白山发祥地的重视及严谨求实的科学态度。此前，为了编纂《一统志》，他曾计划于康熙三十一年（1692年）派五位使臣前往长白山考察，但是朝鲜以道路险峻为由阻挠，于是不得不放弃考察。① 随着《皇舆全览图》的制作，长白山考察再次提上议事日程。康熙五十年五月，康熙帝派穆克登前往长白山的谕旨如下：

> 朕前特差能算善画之人，将东北一带山川地理，俱照天上度数推算，详加绘图视之。混同江，自长白山后流出，由船厂打牲乌拉向东北流，会于黑龙江入海，此皆系中国地方。鸭绿江，自长白山东南流出，向西南而往，由凤凰城、朝鲜国义州两间流入于海。鸭绿江之西北，系中国地方，江之东南，系朝鲜地方，以江为界。土门江，自长白山东边流出，向东南流入于海。土门江西南，系朝鲜地方，江之东北，系中国地方，亦以江为界。此处俱已明白。但鸭绿江、

---

① 有关康熙三十一年的"壬申查界"，详见李花子：《清朝与朝鲜关系史研究——以越境交涉为中心》，第88~93页。

土门江二江之间地方,知之不明。前遣部员二人,往凤凰城,会审朝鲜人李玩〔万〕枝事,又派出打牲乌喇总管穆克登同往。伊等请训旨时,朕曾密谕云:"尔等此去,并可查看地方,同朝鲜官沿江而上。如中国所属地方可行,即同朝鲜官在中国所属地方行;或中国所属地方有阻隔不通处,尔等俱在朝鲜所属地方行,乘此便至极尽处,详加阅视,务将边界查明来奏。"想伊等已由彼起程前往矣。此番地方情形,庶得明白。①

如上引文,康熙帝指出中朝两国以鸭绿江、图们江为界"俱已明白",只是"二江之间地方,知之不明",他密谕穆克登借审查李万枝越境案②,"至极尽处,详加阅视,务将边界查明来奏"。这里的"极尽处",指的是鸭、图二江发源地长白山。从表面上看,康熙帝下达了派穆克登到长白山查界的谕令,但由于那里的边界本来就不清楚,等于下达了到长白山定界的命令。

那么,康熙帝为什么谕令穆克登和朝鲜官员一起去"查看""查明",而不是"定界""划界"呢?一些学者据此认为这是清朝单方面的查边,而不是两国的定界。但笔者分析认为,所谓"查看""查明",一来可能和康熙帝使用的语言习惯有关,二来可能和康熙帝对藩属国朝鲜的态度有关,在他看来,作为接受"丙子下城"和"再造之恩"的朝鲜,是没有资格和清朝平起平坐定界、划界的,这反映出康熙帝对藩属国居高临下的态度。另外,他之所以密谕穆克登查界,可能和朝鲜的阻挠有关,即为了

---

① 《清圣祖实录》卷246,康熙五十年五月癸巳,第6册,第441页。
② 有关康熙五十年,清朝借审查李万枝越境案(渭源事件),派穆克登进行查界,详见李花子:《清朝与朝鲜关系史研究——以越境交涉为中心》,第93~100页。

排除朝鲜的干扰,这反映了康熙帝不强迫朝鲜为其所难的宽容态度。

然而清廷以密谕的形式查界,反而加重了朝鲜的疑虑。当时朝鲜国内"宁古塔败归说"甚嚣尘上,认为清朝查界是为了将来败归宁古塔时预查道路。① 为了避免清朝败归可能给朝鲜带来的二次伤害,朝鲜百般阻挠穆克登经由朝鲜境内前往长白山。无奈之下,穆克登只得提前结束考察,未能按计划到达长白山。②

康熙帝没有就此罢休。他趁这一年朝鲜贡使来京的机会,要求朝鲜配合第二年即康熙五十一年春穆克登查界。有关第二次查界的谕旨,清廷通过礼部咨文转给了朝鲜。对照礼部咨文和《清实录》所载康熙谕旨,会发现其内容虽相同,但语感略有差异。《清实录》所载穆克登查界的谕旨如下:

> 前差打牲乌喇总管穆克敦〔登〕等,查看凤凰城至长白山边界,伊等业将所查地方,绘图呈览。因路远水大,故未能至所指之地。着于来春冰解之时,自义州乘小舟,溯流而上;至不可行之处,令其由陆路向土门江查去。但道里辽远,万一途中有阻,令朝鲜人供应。将此情由,令该部晓谕来朝正之朝鲜国官员,书旨给与带付伊王。③

礼部咨文中的谕旨如下:

---

① 有关"宁古塔败归说",详见裴佑晟:《朝鲜后期国土观与天下观的变化》,首尔:一知社1998年,第64~124页;李花子:《清朝与朝鲜关系史研究——以越境交涉为中心》,第232~247页。
② 有关1711年穆克登第一次查界,详见李花子:《清朝与朝鲜关系史研究——以越境交涉为中心》,第93~100页。
③ 《清圣祖实录》卷247,康熙五十年八月辛酉,第6册,第448页。

今年（1711年）穆克登等，自凤凰城至长白山，查我边境，因路远水大，未获即抵彼境。俟明春冰泮时，另差司员同穆克登，自义州江源，造小船溯流而上，若小船不能前进，即由陆路往土门江，查我地方。此去特为查我边境，与彼国无涉。但我边内路途遥远，地方甚险，倘中途有阻，令朝鲜稍为照管。①

如上引文，礼部咨文三次提到派穆克登前往长白山，是为了"查我边境""查我地方"，以及"此去特为查我边境，与彼国无涉"，而《清实录》却没有这些内容。显然，礼部在撰写咨文时加进这些内容以加强语气，目的是排除朝鲜的干扰。与此同时，为了顺利地完成第二次查界，穆克登奏闻皇帝免除了朝鲜贡物中的白金和豹皮两种贡品，还为朝鲜修治了贡使留宿的察院，希望通过这些措施来软化朝鲜，使其配合第二次查界。②

当礼部咨文到达朝鲜时，朝鲜并没有认为清朝的查界与自己无关。朝鲜使臣在康熙四十九年（1710年）底在畅春苑受到康熙帝接见时，已被问及"分立境界"之事，所以了解派穆克登查界是为了划分边界，于是君臣上下齐议对策。③ 朝鲜最担心的莫过于长白山以南地区，这里曾经是女真人的领地，在女真人撤走近百年来一直留为空地，朝鲜的镇堡、把守均位于天池以南五六日路程。例如一些臣下指出，女真人撤走已有百年，这一块空

---

① 《同文汇考》原编卷48，"疆界"，第1册，第905～906页。
② 《朝鲜肃宗实录》卷51，肃宗三十八年四月丙辰。
③ 《备边司誊录》第64册，肃宗三十八年三月七日，国史编纂委员会1959—1960年影印本。

地理应属于朝鲜，但是苦于"既无地名标识，又无文书可据"。另有一些臣下建议，根据《盛京通志》（康熙二十三年编）中《乌喇宁古塔形势图》所载："南至长白山一千三百余里朝鲜界"，主张长白山天池以南属于朝鲜。国王采纳了后者的建议，下令接伴使朴权"疆域定限，所关甚重，必须终始力争"①，即下令朴权力争长白山天池以南属于朝鲜，这成为朝鲜的定界目标。

一些学者在研究中指出，朝鲜派遣的接伴使是为了接待穆克登一行的，不具有定界的规格和全权，然而这不过是宗藩关系下的表象而已。由于康熙帝谕令朝鲜"稍为照管"，所以朝鲜派遣了接伴使，即接待、陪伴穆克登一行的使臣，朴权即是国王任命的接伴使。朝鲜派遣的另一位高官是咸镜道观察使李善溥，朴、李二人被称作朝鲜二使。从表面上看，二使的任务是接待和陪伴钦差一行的，但实际上正如《白山图》题记所标，朴权是"定界使"。他是以议政府右参赞的名义派出的，位列二品堂上官，具备了定界的规格和全权。

还有一些学者指出，朴、李二使没有和穆克登一起上山查水源，也没有参与立碑的过程，所以不构成会勘边界。诚然，朝鲜二使被排除在查水源、立碑的关键环节，这不能不说是程序上的一大欠缺。二人曾要求和穆克登一起上山，或者带其中一人上山。但是穆克登考虑到他们年纪太大，怕耽误行程，所以婉拒了登山请求，只带领朝鲜年轻的军官、译官及差使员登上了天池。尽管这些朝鲜人身份低下、职位卑微，但是他们不辱使命，出色

---

① 《备边司誊录》第64册，肃宗三十八年三月七日、九日、十五日、二十四日。

地完成了接伴使交给的任务。在他们的引导下,穆克登登上长白山天池,再从天池南下,在靠近天池的东南麓立碑、定界。其结果,朝鲜不仅获得了长白山天池以南大片空地,还获得了天池以东的图们江上游地区。

那么,作为定界使的朴权起了什么作用呢?由于朴权作为朝方首席代表没有身体力行,和穆克登一起上山查水源和立碑,所以他作为定界使的资格一直受人诟病。但是除去这一点,他实际上一直指挥朝方人员与穆克登周旋。例如在登山之前,按照朴权的命令,译官金指南向穆克登转达了天池以南为朝鲜界的定界目标。① 在穆克登结束立碑下山以后,朴权还和穆克登争论哪一条水是图们江正源。穆克登确定红土山水为图们江正源,顺流而下到达鱼润江(今西豆水)边时,朴权提出质疑,指出在临江台(鱼润江南边10韩里)近处有一条水汇入图们江,这才是"真豆江"。据考证,这个"真豆江"指今天的红旗河。如果按照朴权的主张以红旗河为界,那么朝鲜会获得更多领土,因为红旗河是比红土山水还要靠北的支流,其发源地位于天池东北约75公里的甑峰岭。穆克登对此表示反对,如果以红旗河为正源,势必要重新查水源来定界,这对于数日露宿野外、辛苦查水源的穆克登来说,是无法接受的,更何况他早已派笔帖式向皇帝奏闻。穆克登表示,如果水源果误,"则国王具奏于皇上,然后可以更审",于是朴权只得作罢。②

此外,作为定界使的朴权还做了两件事。一是让译官金指南向穆克登要求得到清朝画员绘制的山图,这可能是为了弥补他和

---

① 金指南:《北征录》,(1712年)"四月二十九日",第72页。
② 《朝鲜肃宗实录》卷51,肃宗三十八年六月乙卯。

李善溥未能一起登山的欠缺。穆克登答应了这个请求,山图被制成了两份,一份上奏给清朝皇帝,另一份转交朝鲜国王。现收藏于首尔大学奎章阁的《白山图》与此有关,可能是清朝画员绘制的山图的模本。《白山图》有如下题记:"康熙五十一年,我肃宗三十八年壬辰,穆胡克登定界时所模,朴权定界使",可见题记是后来补的,因为国王的庙号"肃宗"不可能出现在国王生前,"穆胡"是对穆克登的贬称。

朴权做的另一件事是在茂山和穆克登一起讨论在图们江"断流处"设标之事。如前述,穆克登问"木栅定限何如",朴权回答:"木栅则其处树木或有或无,且非久远之道。毋宁随其便否,或筑土,或聚石,或设栅",穆克登听从了朴权的意见。①在设标问题上朴权的意见被采纳,多少为他挽回了面子。

那么应该如何评价穆克登在查界过程中的所作所为呢?他撇开朝鲜二使,带领职低位卑的军官、译官及差使员等完成查水源、立碑,从他自己来说,可能考虑的是如何提高办事效率,迅速查找二江之源,以完成皇帝交给的定界任务;但是朝鲜重臣被排除在外,这的确是程序上的重大缺失。另外,在他完成立碑下山以后,也没有征求朝鲜二使的意见,更没有向朝鲜国王通报,而是直接派笔帖式向康熙帝奏闻。这些都说明这是由清朝主导的定界,清朝并没有把朝鲜看作平等的谈判对象,朝鲜处于被动的和次要的地位。之所以如此,首先,是由中朝两国的宗藩关系性质决定的,在清朝看来,朝鲜作为藩属国,无权与清朝平起平坐谈判边界;其次,穆克登之以所速战速决完成定界,这与朝鲜多

---

① 《朝鲜肃宗实录》卷51,肃宗三十八年六月乙卯;《同文汇考》原编卷48,"疆界",第1册,第907页。

次阻挠有关，即是为了摆脱朝鲜不必要的干扰。

三、朝鲜得地的范围

学者们在论证穆克登查边是一次定界时，往往会提到穆克登朝鲜"得地"的说法，那么我们不妨分析一下朝鲜得地的范围是哪里呢？

据史料记载，穆克登两次提到朝鲜"多得"地方。一次是在寻找图们江水源时，他在图们江上游三派水中选择了最北边的初派水为正源，并要求在初派水设栅，而朝鲜人所指正源即"涌出处"为第二派水，位于初派水的南边。穆克登指出："以初派之水设栅，则此于尔国所谓涌出处加远十余里，尔国之多得地方为幸。"① 即按照北边的初派水定界的话，比起南边的第二派水，朝鲜可以多得10余里地。

另一次是在分水岭上立碑以后，穆克登表示朝鲜"得地颇广"。对此，朝鲜军官李义复描述如下：

> 分水岭峡，广三十步许。右边未坤（指西南），左边寅甲（指东北），俱有界谷。而左偏山下，平地微突，上有岩石，以此仍作埌台。清使留此多日，周览分水之形势，勒石为记，依埌凿石而立，顾谓我人曰：尔国得地颇广云。②

---

① 《朝鲜肃宗实录》卷52，肃宗三十八年十二月丙辰。
② 金鲁奎：《北舆要选》，收入梁泰镇：《韩国国境史研究》附录，第340页。

可以看出穆克登在东南边两个界谷之间的垅台上立了碑，此即分水岭峡。穆克登曾向金指南询问长白山以南是否连有把守，金回答："此地绝险，人迹不至，故荒废无把守，有同大国栅门外之地耳"；穆克登又问：所谓大池之南即朝鲜界，是否有文书可据，金回答"立国以来，至今流传，何待文书乎"。① 考虑到这一点，我们就可以想见穆克登所说的朝鲜"得地颇广"，指的是这个荒废无把守的天池以南地方。这时在一旁的译官金庆门高兴地表示："甚善明，公此行此事，当与此山而终古矣"，② 即与长白山一起终古矣。

其实，朝鲜"得地"的范围不仅包括长白山以南地区，还包括长白山以东的图们江上游地区。图们江上游的茂山和朴下川等地，在明初都是女真人的领地，其后女真人撤走近百年来，早已被朝鲜流民占据和开垦。茂山最初位于车逾岭以南，女真人撤走后移到了江边，同时升格为府使镇，筑设了府城，此即后来的茂山府。又如朴下川位于茂山以西，当时已有不少朝鲜流民移入和开垦。但是穆克登定界以前，图们江上游地区归属尚不明确，朝鲜政府对于边民移入和开垦心存疑虑。③ 一旦这些地方被判明为清朝领地，那么移入者就要以"犯越"罪论处，即施以枭示。这些问题经过此次定界得以解决，穆克登确定以红土山水（今赤峰水流）为正源，那么与之汇合的红丹水、鱼润江、朴下川等都成为朝鲜内河，茂山也成为朝鲜内地。

---

① 《朝鲜肃宗实录》卷51，肃宗三十八年五月丁亥。
② 洪世泰：《白头山记》，第137～138页。
③ 《备边司誊录》57册，肃宗三十二年四月十四日；《承政院日记》第470册，肃宗三十八年七月二十日、二十五日。

朴权在《北征日记》中，较全面地描述了朝鲜得地的范围，记载如下：

> 自吾时川至鱼润江，长白山（冠帽峰）以北、白头山以南，周围千余里之地，本是我国之土，而以《舆地胜览》及《北关志》中，皆以"彼地"悬录之。故我国人之采猎者，恐犯潜越之禁，不敢任意往来是白如乎。今则界限既定，沿边之人，皆知此之明为我境。其间西水罗德、虚项岭、缓项岭等地，及甫多会山左右前后，皆是参田是白遣，貂鼠则在在产出是白乎旀。白头山下，所谓天坪、长坡等地，桦木簇立，一望无际。三甲（三水、甲山）、茂山三邑之民，若许采于此中，则衣食自可饶足是白在果。①

如上引文，朝鲜得到了从鸭绿江上游吾时川到图们江上游鱼润江，以及从冠帽峰到白头山之间的千余里之地。此外，西水罗德、虚项岭、缓项岭及甫多会山的人参、貂鼠都可以让边民随意采取和捕猎，天坪、长坡等地的桦木也可以让三水、甲山、茂山之民采取，使百姓衣食饶足。以上列举的地名位于长白山以南和以东地区，过去都是女真人的领地，经过此次定界归属了朝鲜，朴权对此由衷地表示欣喜。

除了朴权以外，朝鲜领议政徐宗泰也表示疆域扩大了，他向国王启闻时指出："北道定界事"，"清官于我国事多顺，不至迟久而得竣。且于定界后，疆域增拓，诚为幸矣"。国王表示：

---

① 朴权：《北征日记》，1712年，东北亚历史财团编：《白头山定界碑资料集》06，第130～131页。

"初则不无白头以南争地之虑，终至顺便定界而归矣。"徐宗泰建议"宜有陈谢之事"，于是国王下令当年的冬至使兼谢恩使，对清朝派使定界表示感谢。①

康熙五十一年十一月，朝鲜以国王的名义上了《谢定界表》，内容如下：

> 去夏，皇华审界之行，不烦外国之供亿，克正边疆之界限，莫非皇上字小之德，庶绝奸民犯禁之患，小邦君臣聚首感颂，不胜瞻天爱戴之忱，谨奉表称谢者。……伏念臣获际昌期，粗奉遗绪，僻处下土，徒结拱辰之诚，视同内封，久沐渐海之化，讵意皇华之枉辱，特轸疆事之修明，严两地之禁防，指水为限，表一山之南北，立石以镌，省陋邦供顿之烦，曲垂睿念，绝奸氓犯越之患，用作永图。……谨奉表称谢以闻。②

即对于清朝派使审界，免去朝鲜的供应，"克正边疆之界限"，使朝鲜人不致因疆界不明而犯越境之罪，表示谢恩。文中的"指水为限"指以鸭绿江、图们江为界；"表一山之南北"指长白山以北属于清朝，山以南属于朝鲜；"立石以镌"指刻石立碑。这份表文，从表面上看，是对清朝派使定界和免去朝鲜供应表示感谢，实际上是以国王文书的形式对穆克登定界的结果表示认同。

不仅如此，国王还题诗表达"争界"疑虑消除的轻松心情。

---

① 《承政院日记》第469册，肃宗三十八年六月二十日。
② 《同文汇考》原编卷48，"疆界"，第1册，第907～908页。

该诗收录于金鲁奎编纂的《北舆要选》中,属于肃宗对《白头山图》的题诗,内容如下:

> 绘素观犹北,登山气若何。云霄谁谓远,星斗定应摩。巅有深深水,流为浩浩河。向时争界虑,从此自消磨。①

诗中的"绘素"指图本即《白头山图》,估计是清朝画员绘制的那幅山图,国王题诗是为此图而作。"绘素观犹北,登山气若何",指长白山位于北边,以此表达长白山成为两国分界;"云霄谁谓远,星斗定应摩",同样表达长白山的遥远和高大;"巅有深深水,流为浩浩河",说明长白山顶天池是鸭绿江、图们江等河流的发源地;"向时争界虑,从此自消磨",指长白山成为两国界山,山以南属于朝鲜,"争界"的疑虑从此消失,表达了如释重负的轻松心情。

最后还有一个问题是穆克登为何如此慷慨地让地给朝鲜?如一些学者所说的他是受朝鲜人诱骗,糊里糊涂地登上天池,然后糊里糊涂地在靠近天池的东南麓立碑、定界吗?从前述穆克登和金指南的对话可以了解,穆克登注意到了长白山以南空地,同时他也了解到朝鲜在那里既没有把守,也没有文书可以证明属于朝鲜,这说明穆克登并不糊涂。但是最终的结果仍使朝鲜获得了大片空地,其原因恐怕不能简单用穆克登糊涂来解释。一方面,当然有朝鲜人积极争取和引导的一面。例如根据朴权的指示,译官金指南向穆克登指出,鸭、图二江发源于长白山天池,天池以南为朝鲜界,这使得穆克登选择了靠近天池的水为正源。又例如朝

---

① 金鲁奎:《北舆要选》,"白头图本考",第337页。

鲜人指出图们江发源于天池，断流百余里（韩里）后涌出地面，这使得穆克登指定黑石沟为图们江"断流处"，其下红土山水为正源，同时要求将黑石沟和红土山水用堆栅连接起来。① 众所周知，红土山水是离长白山最近的支流。

另一方面，穆克登之所以如此慷慨地"让地"给朝鲜，恐怕与当时中朝两国宗藩关系的特定背景，特别是清朝怀柔朝鲜的政策分不开。长白山以南地区在女真人撤走百年来仍留作空地，朝鲜人开发的足迹尚未到达这里，这里的自然条件早寒，不适宜农耕，据史料记载朝鲜的镇堡、把守距离天池五六日路程。但是朝鲜考虑到了此地在关防上的重要性，所以争取得到这一地区。穆克登顺从了朝鲜人所谓"大池之南即我国界"的主张，使这一片地区归属了朝鲜。与之相比，长白山以东的图们江上游地区如茂山、朴下川等地，在女真人撤走以后，已经被朝鲜流民占领和开垦了。同样作为怀柔朝鲜的政策，承认了这里属于朝鲜，使朝鲜边民过上了安居乐业的生活。反过来，假如天池以南和图们江上游地区仍有女真人居住，那么穆克登定界的结果可能会大为不同。

还有一点值得注意的是，宗藩关系下的两国疆界并不像现代国际法下国与国之间的领土、边界那样寸土必争，而是相对宽松。穆克登几次说出朝鲜"多得地方"，换言之就是清朝让地，如果放在现代国与国之间是不可理解的。然而在宗藩关系下则显得相对轻松，对于清朝来说，朝鲜是藩属国，"视同内封"。在两国之间这种特殊亲密的关系之下，才会有穆克登的"让地"

---

① 有关穆克登确定红土山水为图们江正源，详见李花子：《明清时期中朝边界史研究》，第56~87页。

言说，在同样宽松友好的气氛中，图们江发源地的设标工程也是由朝鲜单独完成的，清朝并没有派人监督。

有趣的是，在设标过程中朝鲜不但没有多占领土，反而让出了部分领土。穆克登回国以后，朝鲜在图们江上游无水地段设标时，发现穆克登指定的图们江水源出了差错。按道理，朝鲜理应通告清朝重新划界，但是考虑到如果清廷另派他人，有可能不如穆克登那样顺便，"或于定界处，反有变改减缩之患"，于是朝鲜隐瞒了水源出错的事实。随后朝鲜变更水源，将木栅连接到了正确的图们江源上，此即穆克登本想指定的初派水南边的第二派水。[①] 其结果，朝鲜领土向南减缩了10余里，即让出了穆克登提到的朝鲜"多得地方"的10余里地。

四、穆克登定界的意义和影响

穆克登定界的影响对于清朝来说，主要表现在两个方面。一是通过穆克登的实地考察，搞清楚从长白山发源的鸭、图二江之源各是哪一条，以及立碑于天池东南麓分水岭，从而明确划分了长白山天池以南界线。其后完成的《皇舆全览图》（康熙五十六年）上所标示的长白山及鸭绿江、图们江边界，反映了此次定界的结果，这也说明穆克登为舆图的制作做出了贡献。二是通过穆克登定界可以将朝鲜人北拓的步伐限制在长白山及鸭绿江、图们江以南地区。如前述，在明初长白山以南和鸭绿江、图们江流

---

① 《朝鲜肃宗实录》卷52，肃宗三十八年十二月丙辰。

域都是女真人的领地。1616年随着努尔哈赤兴起和建立后金，女真人逐渐离开原来的住地聚集到兴京地区，被编入八旗，1644年又随着清军入关离开了东北故地。这样一来，在靠近朝鲜的长白山地区及鸭绿江、图们江流域几乎没有女真部落，其原住地要么被朝鲜人占垦（如图们江上游地区），要么留为空地（如图们江以北地区）。而一江之隔的朝鲜边民的越境从未停止过，他们受人参、貂皮等经济利益的诱惑，不时潜入长白山及江北地区采参、打猎及伐木。康熙年间为了保护东北发祥地，清朝不但控制关内汉人出关，同时严禁朝鲜人越入鸭、图二江以北地区，违禁者施以"犯越"罪枭示境上。① 然而经过此次定界，不但使鸭绿江、图们江边界再次得到确认，还明确划分了长白山以南边界，借此可以扼制朝鲜流民频繁的越境活动，特别是将朝鲜人北拓步伐控制在鸭、图二江及长白山以南地区，这对清朝保护东北发祥地及巩固边疆是有利的。

此次定界对于朝鲜的影响极其深远，表现在以下几个方面：

第一，碑文记载"西为鸭绿，东为土门，故于分水岭上勒石为记"，其含义不单单是确定以鸭绿江、图们江为界，等于给朝鲜吃了一剂定心丸，即以鸭绿江、图们江为界，其边界不受侵犯。当穆克登回国以后，朝鲜即刻以国王的名义上了《谢定界表》，其含义也远远超出了定界本身，具有更深的政治含义，既表示认同穆克登定界的成果，同时希望在这一领土范围内的国家安全得到保障。

第二，使"宁古塔败归说"的影响大为减弱。康熙帝几次

---

① 有关清代中朝两国围绕朝鲜人越境问题的交涉，详见李花子：《清朝与朝鲜关系史研究——以越境交涉为中心》，第30～83页。

派人调查中朝边界和长白山地区，朝鲜都以为是清朝为了将来败归宁古塔时预查道路，因而千方百计阻挠查界，使查界计划搁浅。通过此次穆克登定界，朝鲜认识到这与清朝制作舆图和编纂《一统志》有关，随之，"宁古塔败归说"的影响减弱了。此后，清朝国内局势趋于稳定，国力日渐强盛、版图扩大，朝鲜对清朝统治中原的能力越发有了信心，"宁古塔败归说"在18世纪后期终于销声匿迹了。反过来，朝鲜对清的敌意和危机意识减弱，有利于双方增加互信，有利于宗藩关系的稳定发展，促进了双方深层次的文化交流，为朝鲜向清朝学习的"北学运动"的兴起奠定了基础。

第三，使朝鲜的疆域意识空前提高。朝鲜一方面严禁本国边民越入鸭绿江、图们江以北地区，另一方面采取措施防止中国人越入朝鲜境内。康熙五十三年朝鲜曾要求撤走在图们江边耕垦的清朝兵民，使其远离江边居住和开垦，得到了清朝的允准。后来这成为一个惯例，图们江以北清朝一侧禁止清朝兵民居住和开垦。到了雍正、乾隆年间，朝鲜还要求撤回清朝在鸭绿江边设汛的计划，同样得到了清朝的允准。此后留下一个惯例，在鸭绿江以北的沿江地区，清朝不得设置军事设施，居民不得靠近江边居住和开垦。① 显然，这是清朝怀柔朝鲜边疆的政策，而朝鲜利用清朝的怀柔政策及在江北地区实行的封禁政策，达到了在鸭、图二江以北地区构筑一个缓冲区的目的。这当然是为了保护自己的边境不受侵犯，同时具有防备清朝的军事意图。这种单方面空出

---

① 有关康熙年间中朝两国围绕图们江以北造舍、垦田，以及雍正、乾隆年间朝鲜要求撤回在鸭绿江以北设汛的交涉，详见张存武:《清韩陆防政策及其实施——清季中韩界务纠纷的再解释》，《"中央研究院"近代史研究所集刊》第3期，1972年；李花子:《清朝与朝鲜关系史研究——以越境交涉为中心》，第121～150页。

领土的政策，台湾学者张存武称之为"片面瓯脱"，这体现了清朝对朝鲜边疆的怀柔政策，却埋下了近代清朝东北边患的种子。光绪年间朝鲜边民越境开垦，以及由此引发的边界纷争，与这种"片面瓯脱"政策不无关系。

第四，朝鲜的长白山认识发生了变化。过去朝鲜一直称长白山为"胡地"或者"野人地面"，这以后则认为"一半虽为彼地，一半属于我朝"。① 朝鲜人掀起了游长白山的热潮，儒士们留下了许多脍炙人口的游记，在思想感情上朝鲜和长白山的距离拉得更近了。此后，朝鲜还掀起了制作地图的热潮。18—19 世纪朝鲜的官撰、私撰地图，不但标出长白山天池，还标出位于天池东南边的"定界碑"，以及从定界碑到图们江上游的土石堆和木栅，可以看出朝鲜的疆域意识有了很大的提高。后来到了英祖（1724—1776 年在位）时期，朝鲜终于定此山为象征朝鲜王朝的发祥圣山，在甲山建立"望祭阁"，实行春秋望祀。② 在现实上，长白山是两国界山，山以南属于朝鲜，山以北属于中国；但是在思想感情上，长白山已经变成了朝鲜山，被称作"我国白头山""我东之白头"。③

第五，还有利于朝鲜开发边疆和稳定边民的生活。过去朝鲜出于防备清朝的目的，或者是担心边民越境引起和清朝的纠纷，所以采取保守的边疆政策，不鼓励流民开发边疆，更不鼓励边民

---

① 《承政院日记》第 204 册，显宗八年十月三日；第 1269 册，英祖四十三年七月九日。

② 有关朝鲜王朝的长白山祭祀活动，详见姜锡和：《朝鲜后期咸镜道与北方领土意识》，第 103～106 页；李花子：《朝鲜王朝的长白山认识》，《中国边疆史地研究》2007 年第 2 期。

③ 《朝鲜高宗实录》卷 17，高宗十七年九月癸酉；卷 21，高宗二十一年六月己丑。

在江边居住和生活。例如，鸭绿江上游的"废四郡"地区一直留为空地，虽然不少朝臣一直要求许民入住和开垦，但是都因上述两个原因而被放弃。到了18世纪后期，"废四郡"地区终于许民入住和开垦，还复设了"厚州镇"，升格为都护府，鸭绿江上游地区迎来了全面开发的新时期。① 再例如，图们江上游的茂山变成朝鲜内地以后，聚集的流民越来越多，加上土地肥沃，逐渐发展成为朝鲜北道的一座雄邑。② 茂山西边的朴下川、鱼润江也成为朝鲜内地，政府还设置社仓以接济贫民。③ 此外，红丹水以西的长坡于1785年设置社仓以后，年内居民达数十户，3年以后增加到200户。长坡仓的设置成为光绪勘界时朝方坚持以红土山水为界的重要依据。由于长坡仓位于红丹水以西，有100余户居民，已居住了100多年，这就使中方代表不得不放弃以红丹水为界的要求，退一步提出以红丹水以西的石乙水为界，否则长坡就要成为吉林地。④

总之，穆克登定界的结果是不可逆转的，其影响是深远的，对于两国宗藩关系的稳定发展，以及两国的边疆政策均产生了深远影响。尤其朝鲜获得长白山以南地区后，关防形势变得更加有利，国家的安全度得以提高。这有利于朝鲜消除对清朝的戒心和敌意，融入以清朝为中心的天下秩序，促进两国宗藩关系的稳定

---

① 有关18—19世纪朝鲜开发鸭绿江上游"废四郡"地区，详见姜锡和：《朝鲜后期咸镜道与北方领土意识》，第152～178页。
② 有关18—19世纪朝鲜开发图们江上游地区，详见姜锡和：《朝鲜后期咸镜道与北方领土意识》，第130～151页。
③ 朝鲜在图们江上游地区设置的社仓，可参见《北关长坡地图》（1785年），李灿编：《韩国的古地图》，首尔：泛友社1991年影印，第64页。
④ 总理衙门辑：《吉朝分界案》，第1853页；《朝鲜正祖实录》卷46，正祖二十一年二月丙申。

发展。此外，朝鲜还在鸭绿江上游和图们江上游地区获得了开发的机会，通过许民入住、开垦土地和建立行政设施，使这些地区纳入朝鲜版图。不仅如此，朝鲜还利用清朝在东北地区实行的封禁政策和对朝鲜边疆的怀柔政策，在鸭绿江、图们江以北的清朝一侧构筑了无人缓冲区，借以保护其疆域不受侵犯。对于清朝来说，通过穆克登的实地考察，圆满地完成了舆图的长白山部分，明确划分了长白山以南边界。与此同时，通过此次定界，可以将朝鲜人北拓的步伐控制在长白山和鸭绿江、图们江以南地区。这种局面一直维持到清朝对鸭、图二江以北地区实行解禁开发的同治、光绪年间。

五、小　结

1712年穆克登奉康熙帝之旨查边、定界，立碑于天池东南约4公里处的分水岭上，从而明确划分了天池以南界线，即以鸭绿江东源、定界碑、黑石沟连接红土山水为界。从表面上看，这是以清朝派使定界、朝鲜派使接待的方式进行的，而非对等地进行边界谈判。尤其具有定界使资格的朝鲜二使，由于年老的关系被排除在查水源、立碑的过程，也没有在碑上刻名，显然在程序上是欠缺和不完备的。但它仍是两国之间的一次定界，是在宗藩关系下由清朝主导的定界，朝鲜不是平等的谈判对象，而是处于被动和次要的地位。

尽管如此，定界的结果并没有使朝鲜在领土上受损失。穆克登基本顺从了朝鲜人对水源的看法和边界主张，他指定的鸭、图二江之源都是离天池较近的，立碑处也靠近天池，如此一来，朝鲜不仅获得了天池以南大片空地，同时获得了天池以东的图们江上游地区。尤其图们江上游的茂山、鱼润江等地，在女真人撤走近百年来已经被朝鲜人占据和开垦，作为怀柔朝鲜边疆的政策，清朝承认这些地方归属朝鲜，从而使朝鲜边民过上了安居乐业的生活。

穆克登定界对朝鲜的影响是极其深远的。碑文记载"西为鸭绿，东为土门，故于分水岭上勒石为记"，其含义不单单是确定二江之源那么简单，等于让朝鲜吃了一剂定心丸，即给了朝鲜以鸭、图二江为界其领土边界不受侵犯的保证。当穆克登回国以后，朝鲜即刻以国王的名义上了《谢定界表》，一方面表明朝鲜认同穆克登定界的结果，另一方面希望在这一领土范围内国家安全得到保障。总之，穆克登定界，有利于朝鲜克服对清敌意，融入以清朝为中心的天下秩序，有利于两国宗藩关系的稳定发展。

穆克登定界还促进了朝鲜对边疆地区的开发，图们江上游的茂山、鱼润江，以及红丹水流域的长坡等地，都有朝鲜流民移入和开垦，不久朝鲜设置了社仓，使这些地方都纳入了朝鲜的版图。不久，鸭绿江上游的"废四郡"地区也许民入住和开垦，复设了郡邑，鸭绿江上游地区迎来了全面开发的新时期。不仅如此，朝鲜还利用清朝对东北地区的封禁政策，以及对朝鲜边疆的怀柔政策，在鸭绿江、图们江以北构筑了一个无人缓冲区，目的是保护自己的疆域不受侵犯。

穆克登定界对清朝的影响主要表现在：一是通过实地考察，搞清楚从长白山发源的鸭、图二江之源，立碑于分水岭以为界，从而明确划分了长白山以南边界。这一结果反映在康熙《皇舆全览图》（康熙五十六年）及其后制作的清朝舆图中，说明穆克登为舆图的制作做出了贡献。二是通过此次定界，两国以鸭绿江、图们江为界的事实再次得到确认，特别是从前模糊不清的长白山以南、以东边界更加明晰。从此以后，朝鲜人北拓的步伐被限制在鸭绿江、图们江及长白山以南地区，这不仅有利于清朝保护发祥地，也有利于巩固东北边疆。此后双方形成了对边疆地区的统巡会哨制，构筑了一个共禁体制，这种局面一直维持到清朝解禁开发的同治、光绪年间。

图们江上游边界走向考

在以往的研究中，笔者指出1712年穆克登确定的碑址，位于长白山天池东南约4公里处，这是穆克登立碑的初设位置，后世朝鲜并没有挪动它。此观点的依据之一是立碑处的东边设有土石堆和木栅，一直连接到了图们江发源地。后来虽然木栅部分朽烂难辨，但是土石堆却历经300年依然存在。①

本文通过分析《朝鲜王朝实录》等官撰史料所载穆克登定界的经过，首尔大学奎章阁收藏的《白山图》（此图为1712年穆克登定界时绘制的山图的模本），光绪勘界时双方代表的报告书，特别是李重夏的《追后别单》，再结合18—19世纪朝鲜编纂的古地图，以及笔者实地踏查长白山的经验等②，分析1712年穆克登确定的图们江上游边界的走向，他所指定的图们江正源到底是哪一条支流，以及穆克登定界的考虑因素和影响等。

---

① 李花子：《穆克登错定图们江源及朝鲜移栅位置考》，复旦大学韩国研究中心编：《韩国研究论丛》第18辑，世界知识出版社2008年；李花子：《明清时期中朝边界史研究》，第56～87页。

② 笔者从2010年起多次前往长白山考察，包括天池东南麓约4公里的立碑处，黑石沟的石堆、土堆遗址，图们江发源地（赤峰），图们江上游母树林河、弱流河发源地，以及红土水、母树林河汇流处等，详见李花子：《康熙年间中朝边界的标识物——长白山土堆群的新发现》，中国朝鲜民族史学会编：《朝鲜族研究2013》，民族出版社2014年，第115～142页。

一、连接图们江发源地的堆栅的走向

在长白山发源的三大水系即鸭绿江、图们江和松花江水系，除了松花江水源是从长白山天池落下形成瀑布流为二道白河以外，其他两条水系都不是从天池发源的。鸭绿江上游支流中，离天池最近的源头相隔约 300 米。① 另有一条支流，最初是个干沟，称之为"大旱河"，向南行三四公里，沟子始见水，在距离天池约 10 公里处有瀑布流进来，称"思技文瀑布"。② 图们江发源地距离天池较远，最近的红土水③发源于天池以东 80～90 韩里，其下的红丹水发源于天池东南约 130 韩里④，西豆水（又称鱼润江、西北川）发源于天池以南 400～500 韩里的朝鲜吉州境内⑤。

穆克登的立碑处，被称作"分水岭"，指鸭绿江、图们江分水岭。然而这里实际上是鸭绿江发源地而不是图们江发源地，如前述，图们江发源地距离立碑处近百里。正因为如此，穆克登才要求在其间设置堆栅，以便将鸭绿江源和图们江源连接起来（参见图 5）。

---

① 2012 年夏，笔者在长白山东坡（朝鲜境内）旅游时，曾目睹离天池最近的鸭绿江发源地，源头是一处小泉水。
② 思技文瀑布位于鸭绿江上游大旱河，笔者在朝鲜旅游时曾到过这里。
③ 红土水又称红土山水，由红土山（今图们江发源地赤峰）的名称得来，1885 年、1887 年勘界时，命名了这条小河。
④ 李重夏：《牒呈》。
⑤ 统理交涉通商事务衙门编：《问答记》，胶片第 35 页。

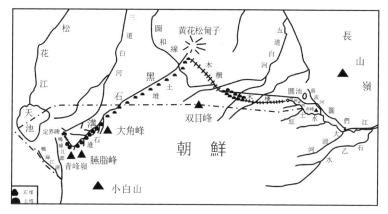

图 5　康熙五十一年穆克登定界简图

其后过了 170 多年，到了 1885 年、1887 年中朝两国共同勘界时，双方代表在黄花松沟子的东南岸发现了石堆和土堆，表明这里就是当年的设标之处。

黄花松沟子又称黑石沟，沟子里有很多黑石，又有落叶松（秋天叶子变黄，故称黄花松），因而得名。从黑石沟的总体走向看，从天池东南立碑处开始，向东北延伸数十里，最初沟道很浅，到了中游越来越深，最深处达百米，到了下游又变成浅沟，直至消失无踪。1908 年奉天候补知县刘建封在踏查时，描述黑石沟如下：

> 黑石沟，一名黑石河。源出清风岭，西北距穆石百余步。河身微细，多黑石，有水之处甚鲜。南岸上游垒有石堆若干，下游积有土堆若干，沟长四十六里①，至黄花松甸

---

① 指华里。晚清 1 华里约等于 576 米，刘建封所说黑石沟长 46 华里，约等于 26 公里。

(指有落叶松的草甸子）即平衍无踪。①

可见，黑石沟的名称是刘建封起的，一直沿用至今。② 此沟是一条干沟，有水之处并不多，只有在夏季短时间内部分地段有水流，史料称之为"干川"。③ 1712年穆克登之所以定此沟为界，同时要求将此沟和图们江源连接起来，除了考虑此沟靠近鸭绿江源以外，可能还考虑到这是天池东边的一条深沟，宛如一道天堑，可以把两边分隔开来，作为边界的标志具有明显的特征。当时陪伴穆克登一起上山并在碑上刻名的朝鲜军官李义复，在描述黑石沟时指出："山高谷深，界限分明，此乃天所以限南北也。"④

然而黑石沟到了下游地形变得平坦，沟道的痕迹也不那么明显。尤其从沟尾到图们江发源地相隔30～40韩里，其间地形平坦，没有太高的山峰阻挡，这里是让穆克登有些担心的。所以他在茂山反复告诫朝鲜人：要在图们江断流处设栅，"使众人知有边界，不敢越境生事"⑤；"断流处及虽有水道而浅涸平夷处，彼此之民易于逾越，比他处甚为要害。立栅设标之后，频频巡审之举，在所不已"⑥，即要求朝鲜在设标之后，不时派人巡审。

按照穆克登的要求，朝鲜不仅在黑石沟的东南岸设置了石堆和土堆，还在黑石沟下游堆尾到图们江发源地之间设置了木栅和

---

① 刘建封：《长白山江岗志略》，第344～345页。
② 《中朝边界议定书》里有黑石沟的名称。《中朝边界条约》（1962年）和《中朝边界议定书》（1964年）详见徐吉洙《白头山国境研究》（首尔：与犹堂2009年）一书附录。
③ 在金正浩制作的《东舆图》（1850年代，首尔大学奎章阁收藏）中，有"康熙壬辰定界""干川"等字样。
④ 金鲁奎：《北舆要选》，"李义复记事"，第340页。
⑤ 《同文汇考》原编卷48，"疆界"，第1册，第907页。
⑥ 金指南：《北征录》，（1712年）"五月二十三日"，第100页。

土墩。然而学者们很少注意到后一段木栅,甚至不了解这里存在木栅。这固然和木栅年久朽烂难辨有关,但同时也与学者们对碑址、堆址的看法不无关系。如一些学者主张"移碑说",即认为穆克登立的碑被朝鲜人潜移向北,从小白山一带挪到了天池附近。既然他们不承认天池附近的碑址是穆克登立碑的原址,那么他们更不会承认碑东的土石堆为边界标识物了,更不会去探究从土堆尽头到图们江源是否连有木栅。韩国学者虽然认同天池附近的碑址和黑石沟的堆址都是当年的界标,但是他们只顾强调黑石沟和松花江相连,所以也不会承认黑石沟和图们江源相连。

但是历史的遗迹是不易被磨灭的。在1885年第一次共同勘界时,朝鲜勘界使李重夏在黑石沟和图们江源之间发现了堆标遗迹,他通过《追后别单》向本国政府做了如下报告:

> 定界碑形便,今以外面见之,则东边土石堆,乃接于松花江上源,当初定界之事实若可疑,然详考古事,则实非可疑。我国以为土门江者,本有其故。穆克登但以碑东沟道是豆满上源,而立碑而刻之,曰:东为土门,故我国于穆克登入去之后,数年为役,自碑东设土石堆,东至豆江源。而豆江之源,本不接于此沟,故平坡则设木栅,以接于碑东之沟,而遂称之以土门江源矣。今则数百年间,木栅尽朽,杂木郁密,旧日标限,彼我之人,皆不能详知,故致有今日之争卞。而今番入山之行,默查形址,则果有旧日标识,尚隐隐于丛林之间,幸不绽露于彼眼,而事甚危悚。其实状里许,不敢不详告。①

---

① 李重夏:《追后别单》,胶片第10~11页。

如上引文，李重夏指出穆克登定界时，在碑东沟（指黑石沟）和图们江源之间的平坡上设置了木栅，其后木栅尽朽，才造成土门非豆满的争论。然而此行他"默查形址"，"则果有旧日标识，尚隐隐于丛林之间"，即他看到了连接黑石沟和图们江源的堆标遗迹，据此他认识到土门、豆满实为一条江，中朝两国以土门江即豆满江为界。①

正因为有了这一重大发现，在1887年第二次勘界时，朝方才承认土门、豆满为一江，即承认中朝两国以今天的图们江（朝鲜称豆满江）为界，同时要求中方妥善安置图们江以北的朝鲜流民。② 不仅如此，朝方还依据李重夏的发现，指出红土水为"大图们江"即图们江正源，要求以碑堆、红土水为界。有关红土水，李重夏在向本国政府汇报时，指出：

> 此事只缘年久栅朽，自堆尾至红土水源，横距四十里之间，无所标识。则在今日所见，界限诚不分明。然至于大图们之源头，则红土水一派的确无疑。必以红土水为□，然后碑堆自可照应。故臣始终以红土水坚执，积月相持，终无决定之期是白如乎。③

不仅如此，李重夏还向中方代表指证黑石沟的土石堆和红土水是连在一起的，如他指出：

---

① "中央研究院"近代史研究所编：《清季中日韩关系史料》第4卷，第1911～1915页。
② 王彦威、王亮编：《清季外交史料》卷69，文海出版社1985年影印本，第1295页。
③ 李重夏：《丁亥别单草》，1887年，收入《土门勘界》，胶片第12页。

图们之源（指红土水），距碑稍远，故沿设土堆而接之也。今见鸭绿无堆，而东边有堆，则可以想知也。又细看堆尾（指黑石沟堆尾）之迤南，则渐可下晰也。①

如果说以上李重夏的发现仍不足以说明从黑石沟的堆尾到红土水之间设有木栅，那么我们可以通过康熙五十一年的定界资料来论证这一段木栅是否存在。

据史料记载，康熙五十一年六月穆克登完成定界回国以后，八月朝鲜派出了以北评事洪致中为首的人员，准备沿图们江上游无水地段设标。此时，差使员许梁、朴道常等发现穆克登指定的图们江水源出了差错。据许、朴二人回忆，穆克登从长白山天池下来后，本想定的是甘土峰下三派水中最北边的第一派水，却误定了位于其北边10韩里外的松花江支流（估计是五道白河）。于是北评事命令从立碑处开始在断流处以上设标，即沿着碑东的黑石沟设标，因为黑石沟长数十韩里，在这里设标颇费时日，而至于从断流处（指黑石沟沟尾）到涌出处（图们江源）之间，他下令暂时不要设标，待他向朝廷报告后再做决定。然而差使员等不顾北评事的命令，不但在断流处以上（黑石沟）设标，还用木栅连接了从断流处到第二派水源。② 同年十二月，差使员许、朴等因擅自变更水源而被押到首尔进行审讯。通过二人供词，我们不妨辨别一下连接图们江源的木栅的走向。二人供词如下：

---

① 李重夏：《勘界使交涉报告书》，胶片第6~7页。
② 《朝鲜肃宗实录》卷52，肃宗三十八年十二月丙辰；《备边司誊录》第65册，肃宗三十九年正月二十八日。

与诸差使员等相议后,自立碑下二十五里段,或木栅、或累石是白遣;其下水出处五里,及干川二十余里段,山高谷深,川痕分明之故,不为设标是白乎弥;又于其下至涌出处四十余里良中,皆为设栅是白乎矣,而其间五六里,则既无木石,土品且强乙仍于,只设土墩为白有如乎。前后实状,不过如斯是白乎等于,具由仰达为白齐。①

如上引文,从立碑处开始向下 25 韩里设置了木栅或垒石,这大概是后世发现黑石沟有石堆的地方,木栅则腐蚀掉了。接下来的 5 韩里为水出处,这是黑石沟有水的地方,只有夏天雨季时这里才有水流。再往下 20 多韩里是"干川",因山高谷深,川痕分明,这里并没有设标,但后世发现这里也有土堆,估计是根据领议政李濡的建议补设了土堆。② 再从"干川"向下到涌出处 40 余韩里"皆为设栅",其间 5～6 韩里设了土墩。这里的"涌出处"指图们江发源地,所以说这最后 40 多韩里的木栅连接到了图们江发源地上。从距离的远近看,红土水符合这个条件,所以说这最后 40 多韩里的木栅、土墩连接到了红土水上。如果把以上堆标的里数全部加起来,大约长 100 韩里,其中前 50 多韩里是黑石沟的长度,其东南岸建有石堆、土堆,后 40 多韩里是从黑石沟的堆尾到红土水的木栅,中间只有 5～6 韩里是土墩(参见图6)。

---

① 《备边司誊录》第65册,肃宗三十九年正月二十八日。
② 《朝鲜肃宗实录》卷53,肃宗三十九年四月丁巳,转引自姜锡和:《朝鲜后期咸镜道与北方领土意识》,第71页。

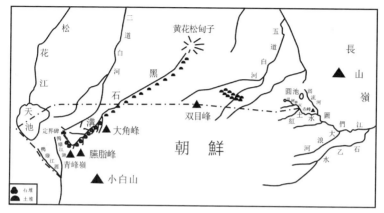

图6 康熙五十一年穆克登定界的石堆、土堆遗迹

综上所述，1712年设置于图们江上游无水地段的堆栅分为两部分，一是从立碑处开始沿黑石沟的东南岸设置的石堆和土堆，二是从黑石沟的堆尾到红土水的木栅和土堆，前者长50多韩里，后者长40多韩里，总长度约100韩里。这恰好和当时朝鲜土人所谓图们江发源于长白山天池，向东"伏流"百余里后涌出地面的说法相符。①

二、图们江发源地及设栅的水源

图们江发源地，史料称之为"涌出处"或"水出处"。与之相比，天池东南麓立碑处，虽然名义上是鸭绿江源和图们江源的

---

① 《朝鲜肃宗实录》卷51，肃宗三十八年五月丁酉、六月乙卯。

"分水岭",但实际上只是鸭绿江发源地,而不是图们江发源地。另据记载,图们江发源地位于甘土峰下,如咸镜道观察使李善溥在报告中曾指出:

> 更令惠山佥使,详审豆满江源,则江源出自白头山巅,中间断流几八九十里,至甘土峰下一息许,始自土穴中涌出,凡三派,而为豆满江源云。①

即图们江从长白山天池发源后,中间断流80～90韩里,再在甘土峰下从土穴中涌出,形成三派水流,此即图们江源。

另外,我们还可以通过奎章阁收藏的《白山图》(图3),来了解在甘土峰下复流的图们江水源。参见图3,在长白山天池东南立有一块碑,标为"江源碑",其西边是鸭绿江源,东边标有"土门",指土门江。土门江向东流,中间断流,标为"入地暗流",表明水在地下伏流。向东隔一块平地有一座山,标为"甘土峰",其上标有"水出"二字,表明伏流之水涌出地面,这就是史料中所说的图们江"涌出处",即真正的图们江发源地。再看一下此图,从甘土峰下发源的三派水流,其流向和汇流情况为:第一派发源于甘土峰的北边,向东南流与第二派汇合。第二派发源于甘土峰的东南脚,向东流与第一派汇合。一派、二派汇合后继续向东南流,与第三派汇合。第三派发源于甘土峰东南稍远的地方,在甑山西北与一派、二派汇合之水合流,向东南流,再向下与自西向东流的红丹水、鱼润江、朴下川等汇合,一

---

① 《朝鲜肃宗实录》卷51,肃宗三十八年五月丁酉。

直流到茂山。

以上所见图们江发源地甘土峰，似可以和今天的双目峰对应起来。① 参见图3，在甘土峰的北边沿着图们江水流方向有一条长长的山脉，似为今天的长山岭，史料称之为"真（镇）长山"。② 这条山脉自西向东延伸，既是松花江五道白河和图们江水系的分水岭，也是图们江支流红旗河与红土山水（赤峰水流）的分水岭。

今天的赤峰被看作图们江发源地，其东边山脚下主要有两条水发源：一是位于圆池东边的今弱流河，光绪勘界时称之为"圆池水"，此水从圆池的东边向东南流，到达赤峰东边山脚下；二是发源于赤峰西边绕流其南边的今红土水，此水在赤峰西边又分为二派，即发源于今朝鲜境内自西向东流的红土水（南支）和发源于圆池西边的母树林河（北支），二水合流后仍称红土水。③ 红土水自西向东流，绕过赤峰南边，流到赤峰东边，再与自北而来的弱流河（圆池水）汇合，合流处以下正式被称作图们江，直至入海。④

如果将图3中甘土峰东面的水流，和今天的图们江上游支流进行对照，那么，图中最北边的第一条水似为今天的赤峰水流即

---

① 李花子：《黑石沟土石堆考》，《清史研究》2014年第1期，第41页。
② 《朝鲜肃宗实录》卷52，肃宗三十八年十二月丙辰；《备边司誊录》第65册，肃宗三十九年正月二十八日、三月十八日。
③ 红土水、母树林河往往被看作同一条水流，光绪勘界时称之为红土水或者红土山水。
④ 根据《中朝边界条约》和《中朝边界议定书》，中朝两国的边界线从红土水和母树林河汇合处起，沿着水流中心线向下，到了赤峰东边的弱流河和红土水汇合处起，以图们江为界。

图们江正源（红土水、弱流河汇合之水），其下第三条水发源于甑山西北，似为今天的石乙水，中间的水流则是无名小水。

另据史料记载，当年穆克登从长白山天池下来后，先送朝鲜人到达图们江涌出处（第二派，似为今母树林河），随后他也追往涌出处。未及涌出处10余韩里他发现了一条小水（误定的松花江支流），认为此水应为流入图们江，于是定此水为图们江源。他还告诉朝鲜人说，以这条水定界，比朝鲜人所谓"涌出处（第二派）加远十余里"，以朝鲜"多得地方为幸"。但是未等朝鲜人高兴太久，他们很快发现穆克登指定的图们江水源出了差错，沿着这条水一直向下，约走30韩里，此水渐向东北流去，而不入图们江。① 另据北评事洪致中记述，穆克登指定的小水是一条伏流后涌出的水，位于"第一派（似指今弱流河）之北十数里外沙峰之下"②。可以想见，穆克登可能误定了发源于赤峰附近的松花江五道白河。

据笔者实地考察，今天的赤峰、圆池附近既是图们江水系的发源地，也是松花江水系（五道白河）的发源地。这里水流纵横交错，加上火山地形的缘故，有很多伏流后涌出之水。前所见穆克登指定的小水是一条伏流后复出之水，又如"董棚水"也是伏流后复出流入五道白河的。③ 另外，五道白河水系和图们江水系靠得很近，如董棚水（五道白河支流）和图们江相隔仅4

---

① 《朝鲜肃宗实录》卷52，肃宗三十八年十二月丙辰；《备边司誊录》第65册，肃宗三十九年正月二十八日。
② 《朝鲜肃宗实录》卷52，肃宗三十八年十二月丙辰。
③ 李重夏：《图们界卞晰考证八条》，1887年，收入《土门勘界》，胶片第33～34页。

韩里,① 最近处相隔只有数百米。

如前述,穆克登在未及涌出处10余韩里处,指定一条小水(A)为图们江源以后,还让两个朝鲜人循流而去,看它是否向东流入图们江。他自己则来到了朝鲜人所说的图们江涌出处(C:第二派,母树林河),并且沿流而下走了八九韩里,又看到一条小流(B:弱流河)自北而来与第二派(C:母树林河)汇合,他以为之前看到的那条小水(A:误定的水流)至此与第二派(C)汇合。② 然而实际上它们是两条不同的水流,一条流入松花江(A:误定的小水),一条流入图们江(B:弱流河)。

即便穆克登指定的未及涌出处10余韩里的小水是错误的,但是从他寻找水流的过程来看,他本想定的是第一派水(弱流河),朝鲜若要设栅理应设栅于此水。然而从事设栅工程的差使员许、朴等人并没有这么做,其理由是第一派(弱流河)不过是"自山谷间数里许横出细流",第二派(母树林河)"源流分明,少无可疑之端",于是他们用木栅连接了第二派水。另外,他们设栅的第二派水和第一派水"相距不过数里",所以即便有领土损失也不是太大。③ 当时朝鲜满足于获得了长白山以东、以南大片空地,所以在确认第二派水(母树林河)确实流入真长山(今长山岭)以内的图们江以后,便默认了差使员等设栅于第二派水的做法。④ 总之,朝鲜设栅的第二派水,可以比定为绕

---

① 李重夏:《勘界使交涉报告书》,胶片第22～23页。
② 《朝鲜肃宗实录》卷52,肃宗三十八年十二月丙辰;《备边司誊录》第65册,肃宗三十九年正月二十八日。
③ 《备边司誊录》第65册,肃宗三十九年正月二十八日。
④ 《承政院日记》第476册,肃宗三十九年三月十五日。

流赤峰南边的今母树林河（红土水的北支）；穆克登本想定的第一派水是今弱流河，而误定的水是弱流河以北的松花江五道白河。

三、从朝鲜古地图看图们江水源和堆栅

有关康熙五十一年穆克登查水源、定界，在中朝两国地图上均有表现。如康熙五十六年（1717年）制作完成的《皇舆全览图》，其上有"土门江色禽"，"色禽"是满语"源"的意思，意即土门江源。乾隆《大清一统舆图》则标为"土门乌喇色钦"，乌喇是"江"的意思，色钦是"源"，亦即"土门江源"。

18世纪朝鲜编纂的古地图也反映了这一结果。在1712年穆克登定界以后，由于朝鲜对北部关防的关注，掀起了制作地图的热潮，涌现出各类官撰、私撰地图。如1740年代郑尚骥制作的《东国地图》之《咸镜北道图》（图7），18世纪中期制作的《海东地图》之《咸镜道图》（图8）和《西北彼我两界万里之图》（图9），1765年官撰《舆地图书》的《北兵营地图》（图10），1770年申景濬依据王命制作的《朝鲜地图》之《咸镜北道图》（图11），18世纪后期制作的《北界地图》（图12），1785年由咸镜北道制作的《北关长坡地图》（图13），1872年由咸镜北道制作的《茂山地图》（图14）等。

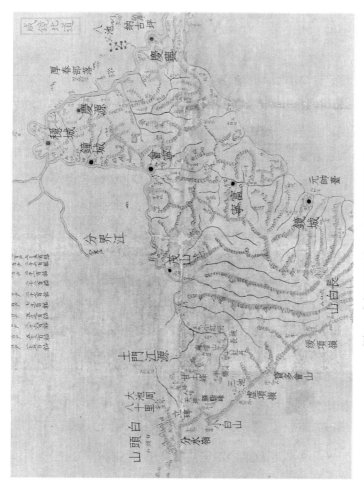

图7 《东国地图》之《咸镜北道图》
（1740年代郑尚骥制作，首尔历史博物馆收藏，首13216）

考察以上朝鲜地图不难发现，在天池东南分水岭有一块碑，标明"定界碑"或者"壬辰定界碑"，壬辰指1712年，即1712年穆克登定界时立的碑。另外，从定界碑到图们江源标有堆标，注明"石堆""土墩""木栅"等。这些堆栅的走向各不相同，可以归纳为以下三种类型：其一，只标示向南的一段木栅，如图8至图10，这个类型实际上只标出了堆栅的最后一部分，即从黑石沟的堆尾到红土水的木栅；其二，堆栅先向东、再向南，如图11、图12，向东的一段由木栅、土墩、石堆组成，向南的一段则是木栅，这个类型与堆栅的实际走向最接近；其三，由向东南的土墩、木栅构成，如图13、图14，这个类型也只标出了堆栅的最后一部分。以上列举的三个类型的共同点是，都标出了向南或者向东南连接图们江源的木栅。另外，以上地图所标示的图们江源是位于东边离天池最近的水流。这些内容可以说基本反映了1712年穆克登立碑于天池东南麓及连接堆栅到达图们江源的事实。

除了标出图们江源以外，不少地图还标出了向东流的另一条支流，标为"分界江"，在多数情况下，它是断流的，如图7至图9、图11至图12等。这条断流之水，复流后在朝鲜钟城、稳城附近流入图们江，其流向与自西向东流的今天的海兰河相似。但是众所周知，海兰河并不是从天池发源的，也不是断流之水。那么，这条向东流的断流之水到底是什么呢？它不是真实存在的水流，而是朝鲜人想象中的水流。它似乎和穆克登指定断流后涌出的水为图们江源有关，又似乎和黑石沟被定义为图们江断流之水也有关系。换言之，它是将黑石沟断流之水和东流的海兰河叠加在了一起。总之，这个向东流的断流之水属于错误的地理认识，缘于对1712年定界的模糊认识。

图8 《海东地图》之《咸镜道图》
（18世纪中期，首尔大学奎章阁收藏）

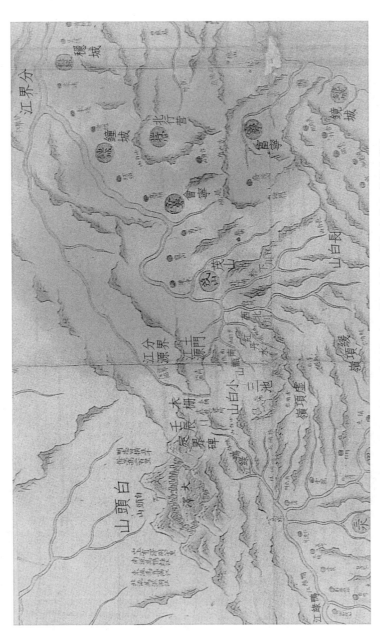

图9 《西北彼我两界万里之图》（18世纪中期，首尔大学奎章阁收藏）

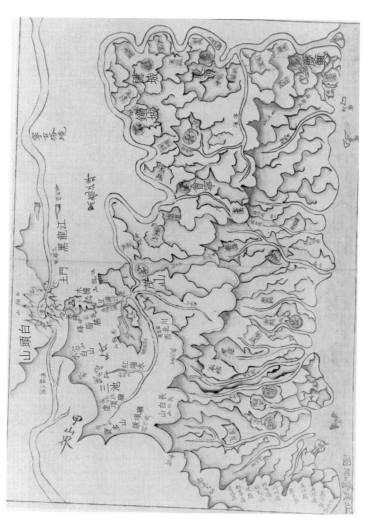

图10 《舆地图书》之《北兵营地图》(1765年,韩国教会史研究所收藏)

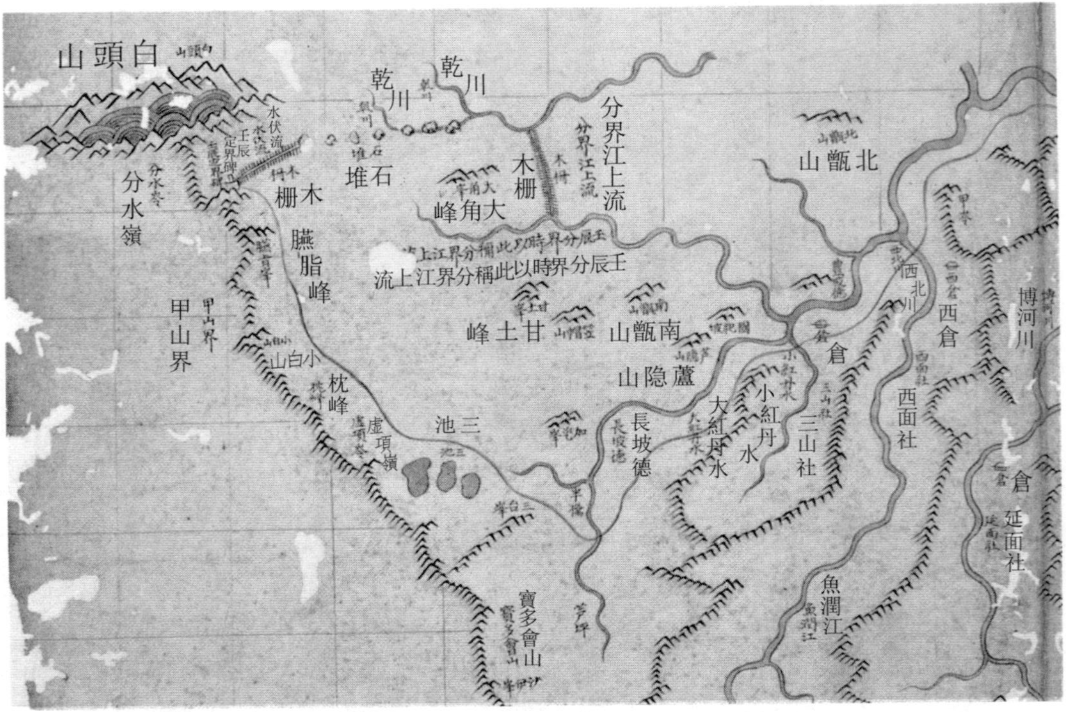

图11 《朝鲜地图》之《咸镜北道图》（1770年申景濬依据王命制作，首尔大学奎章阁收藏）

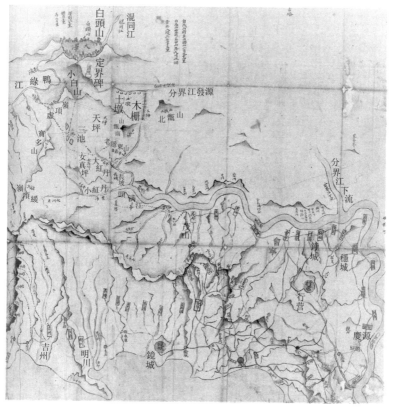

图12　《北界地图》（18世纪后期，首尔大学奎章阁收藏）①

---

① 韩国学者李灿（《韩国的古地图》，解题）认为，《北界地图》制作于19世纪后期，但笔者认为制作于18世纪后期，其理由如下：第一，图中平安道"废四郡"如故，然而1796年朝鲜复设了厚州镇，1823年升格为都护府，改称厚昌郡，对于这些变化该图没有反映，仍标为"废厚州"，据此可以判断该图制作于1796年以前。第二，1800年咸镜北道的"利城"改为"利原"，但图中仍标为"利城"，说明它制作于1800年以前。第三，图中标出了1787年设置的"长津府"，说明是1787年以后的作品。第四，图中标有如下题记："□□桥金承旨宅家藏"，说明该图是担任承旨一职的金姓人家的私藏图。从该图所标示的图们江上游的形状，以及土墩、木栅和天池的形状，分界江的流向等来看，具有18世纪中后期朝鲜地图的典型特征。

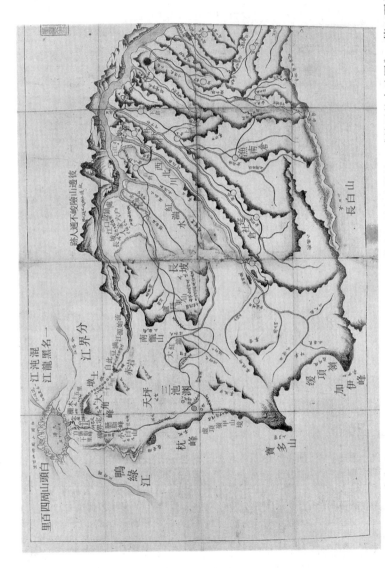

图13 《北关长坡地图》(1785年,韩国国立中央图书馆收藏本,引自李灿编:《韩国的古地图》,第64页)

另外，从上面列举的地图来看，图们江源并没有标出确切的水流名称。在人迹罕至的长白山地区，图们江上游支流出现名称，经历了漫长的岁月。今天赤峰附近的支流被命名是在1885年、1887年勘界以后。红土水、圆池水是在1885年勘界时借附近的红土山（赤峰）、圆池命名的。石乙水是在1887年第二次勘界时被命名，又被称作"岛浪水"，韩语意思是"小水沟"，表明水流不大。这条水自西南向东北流，在南甑山以西汇入图们江。

特别值得一提的是，1908年刘建封踏查时，命名了很多山水，如将"圆池水"改为"弱流河"，这一名称沿用至今。他还在红土水、石乙水之间发现了一条自南边汇入的新支流，命名为"大浪河"。大浪河自西南向东北流，也是一条短支流，不过水量较大。刘建封认为大浪河是图们江正源，中朝边界应从大浪河向西南斜穿七星湖（指三池渊）的南边，再连接鸭绿江为界。① 此前的1785年朝鲜在长坡设仓以后，将附近的一条支流命名为"长坡水"（参见图13《北关长坡地图》），它是从石乙水、红丹水之间自南边汇入的短支流，位于南甑山的东边。

当我们试图通过朝鲜古地图辨别图们江正源是哪一条水流时，有几个标志性地名值得关注。一是地图上标为图们江发源地的"天坪"。据史料记载，天坪的地理范围非常广，从长白山天池向东南到达缓项岭或者冠帽峰，向东北到达长山岭（又称北甑山），向东到达南甑山、芦隐东山，其间数百里，地形平坦，

---

① 参见王瑞祥、刘建封等：《长白山灵迹全影》，1911年，第58页（北京大学图书馆收藏）；刘建封：《长白山江岗志略》，第365、454页；张凤台等：《长白汇征录》，李澍田主编：《长白丛书》初集，吉林文史出版社1987年版，第64页。

均被称作"天坪",三池渊位于其上。① 天坪是女真人住在长白山地区时的旧地名,朝鲜第四代国王世宗为了防备女真人的进攻,曾在天坪设置了间烽。② 如前所见,朝鲜古地图标示图们江发源于天坪,说明这里地形平坦,没有太高的山峰阻挡。正因为地形平坦,才会在这里连设40余韩里的木栅。

有关图们江发源于天坪,在18世纪朝鲜地理书中也有记载。如朝鲜著名地理学家申景濬在《四沿考》中记载:

> 豆满江,祀典系北渎。源出白头山,南流即伏流。伏流处设土墩、木栅,以定两国之界。复流,由天坪中至三山社(在茂山府西一百二十里),与虚项岭以东之水合。③

如上引文,图们江发源于长白山天池后向南伏流,伏流处设置了土墩、木栅以定两国之界。"复流,由天坪中至三山社,与虚项岭以东之水合"。这里的三山社指红丹水汇入图们江处,那里有三座山叫作"三山",朝鲜在三山设置了社仓,故被称作"三山社"或者"三山仓"。④ 即图们江从天坪开始向下流,到三山社附近与虚项岭以东之水汇合。这个虚项岭以东之水,指在虚项岭、三池

---

① 有关天坪的地理范围可参照以下资料:《朝鲜王朝实录》《备边司誊录》《承政院日记》,朝鲜时代士人的游记[朴琮:《白头山游录》,甲申(1764年)5月24日,收入李相泰等译:《朝鲜时代士人的白头山踏查记》],以及1885年李重夏的《白头山日记》(收入李相泰等译:《朝鲜时代士人的白头山踏查记》)等。

② 《承政院日记》第1049册,英祖二十五年十月三十日。

③ 申景濬:《旅庵全书》卷8,《四沿考》,景仁文化社1976年影印本,第281～282页。

④ "三山仓"的位置,可参见1765年制作的《舆地图书》之《北兵营地图》、1770年申景濬制作的《朝鲜地图》之《咸镜北道图》、1785年咸镜北道制作的《北关长坡地图》等。

渊以东发源的红丹水。总之，申景濬认为在天坪发源并与红丹水汇合的北流是图们江正源，其上设有木栅和土墩，两国以此分界。这个图们江正源，与红土山水即今天的赤峰水流很接近了。

此外，申景濬在《东国文献备考》"舆地考"中记载："豆满江源，出白头山之阳，甲山天坪"①。另外，18世纪官撰地理总志《舆地图书》也记载："豆满江源，出于白头山下天坪中，环流六镇，至庆兴鹿屯岛入海。"② 以上都说明图们江发源地位于天坪的事实。

除了天坪以外，另有两个标志性地名值得关注，一个是南甑山，另一个是芦隐东山。从我们已知的地理知识来看，从发源地出发向东南流，流经南甑山、芦隐东山以西、以北，再与红丹水汇合的支流，一定是红土山水（从赤峰向下流）。虽然大浪河、石乙水也是从南甑山、芦隐东山的西边汇入图们江的，但是其流向自西南向东北流，这一点使它们与红土山水（赤峰水流）相区别。在前面列举的古地图中，《北关长坡地图》（图13）的图们江源与实际流向较接近。

《北关长坡地图》现收藏于韩国的国立中央图书馆和首尔大学奎章阁③，是1785年（朝鲜正祖九年）咸镜北道兵马节度使

---

① 《增补文献备考》卷20，舆地考8，东国文化社1959年影印本，第317页。
② 《舆地图书》，"关北邑志"，国史编纂委员会1973年影印本。
③ 《北关长坡地图》之首尔大学奎章阁收藏本，图名为《长坡地图》，有备边司印。韩国学者李灿在《韩国的古地图》（解题）中认为，《北关长坡地图》制作于1880年以后，但笔者认为比这要早。该图标出了在长坡拟设镇的位置和在芦隐东山拟设烽燧的位置，特别是在长坡水汇入图们江的入口处标有"人家六户"字样，这与《朝鲜正祖实录》正祖九年（1785年）七月十四日条中，咸镜北道兵马节度使闵义爀的状启"江口坪，只是六户"完全一致。由此可见，该图是1785年闵义爀要求在长坡设镇而上的《长坡形便图》。

闵义爀要求在长坡设镇、在芦隐东山设烽燧而上的《长坡形便图》。① 如图 13 所示，该图不仅标出了图们江上游各支流和沿岸地名，还标出了沿各条支流设置的社仓、江边把守和烽燧的位置，包括长坡拟设镇的位置和芦隐东山拟设烽燧的位置。另外，该图还标出了从图们江上游通往长白山的道路和连接各社仓、江边把守的道路。可见，该图是一幅反映长白山以南、图们江上游地区关防形势的地图。

考察《北关长坡地图》，从长白山天池发源的水流共有四条：一是向南流的鸭绿江，二是向北流的松花江，三是向东流的"分界江"，四是向东南流的图们江。如前述，"分界江"并非真实存在的水流，而是朝鲜人想象中的水流，属于错误的地理认识。再看一下图中图们江源，从"赤岩"开始向下流，标有"自此豆满江源始流"字样。从赤岩往上有"土墩三十五里""木栅十五里"，再往上有分水岭"定界碑"和长白山天池。这个从赤岩开始向下流的图们江源，其流向为东南流，流经南甑山、芦隐东山以西、以北，之后渐向东北流；自南边有两条小水汇入，即"长坡水"，继续向东流，自南边又有红丹水、西北川、朴下川汇入，经过茂山向东南流。显然，这个从赤岩开始向下流的图们江源与红土山水即今天的赤峰水流十分接近，而木栅、土墩就设在这条水上。

另外，从该图所示"社仓"的位置来看，朝鲜边民开拓的步伐已经到达图们江上游地区，向西越过茂山到达朴下川、西北川（鱼润江）及红丹水沿岸，正准备越过红丹水继续向西前进。

---

① 《朝鲜正祖实录》卷 20，正祖九年七月辛酉。

另据史料记载，1785年闵义爀制作此图（《北关长坡地图》）的目的，就是为了在长坡水汇入图们江的入口"江口坪"设置镇堡，这是为了加强关防。该图不仅标出了"江口坪"拟设镇的位置，还标出了芦隐东山拟设烽燧的位置。特别是在江口坪拟设镇的位置上，注明"人家六户"，这与《朝鲜正祖实录》所载"江口坪，只是六户"吻合，恰好印证了该图制作于1785年。但是由于这里人口稀少，朝鲜政府并没有批准闵义爀设镇的请求，只同意设置社仓，并表示待居民增多后再设镇堡。① 据后来编纂的《茂山府志》记载，1785年在长坡设仓以后，年内居民达到72户，3年后即1788年又增53户，② 到了1797年已经超过了200户③。长坡仓的设置成为1885年、1887年勘界时，中方无法回避的一个考虑因素。由于长坡仓位于红丹水以西，如果按照中方的建议以小白山连接红丹水划界的话，那么长坡就属于吉林地，这是朝方不愿接受的。于是中方让步于长坡以西的石乙水，要求以小白山、石乙水为界，但仍遭到朝方反对。朝方坚持红土山水是大图们江即图们江正源，要求遵守当年旧界。④

与《北关长坡地图》类似的还有1872年由咸镜北道制作的《茂山地图》（图14），该图的内容和《北关长坡地图》一样，表现的是图们江上游和长白山以南的关防形势。该图不仅标出了"长坡仓"的位置，还注明位于"邑西一百十五里"，即茂山以西115韩里。在长坡仓的东边有红丹水，西边有长坡水。长坡水发源于南甑山的东边，向北流入图们江。图们江源出天池以东，其上有"土

---

① 《朝鲜正祖实录》卷20，正祖九年七月辛酉。
② 总理衙门辑：《吉朝分界案》，第1853页。
③ 《朝鲜正祖实录》卷46，正祖二十一年二月丙申。
④ 李重夏：《勘界使交涉报告书》，胶片第20～21页。

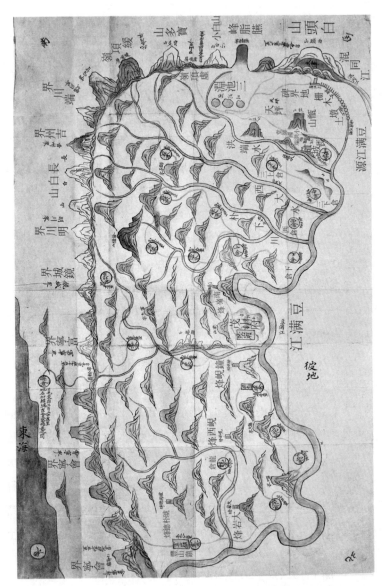

图14 《茂山地图》(1872年,首尔大学奎章阁编:《朝鲜后期地方地图》"江源道、咸镜道篇",2000年影印)

墩""木栅""地界碑"① 相连,再往上则是长白山天池。

不仅如此,《茂山地图》还标出了沿图们江上游各条支流设置的社仓、江边把守和烽燧的位置,以及分别从虚项岭、缓项岭到达茂山的路线。其中,从虚项岭出发,经过三池渊,有两条路径通往天池,其中一条经由天池东南立碑处到达天池东坡。这应该是当时人们游览长白山天池的路线,朝鲜后期的士人们在他们的游记中都记录了这条登山路线。②

另外,《茂山地图》所标示的中朝边界也十分清晰,在图们江以北标出"彼地"即清朝领地,明确中朝两国以图们江为界。图们江源的水流方向,在天坪发源后向东南流,流经(南)甑山、芦隐山北边,自南边分别有长坡水、红丹水、西豆水、朴下川等依次汇入。显然,该图所示图们江源与红土山水即今天的赤峰水流很接近,其上标有木栅、土墩,表明它是1712年定界的图们江正源。

由于《茂山地图》(1872年,图14)的制作年代晚于《北关长坡地图》(1785年,图13),如果将两幅图进行对比,可以发现图们江上游地区变化的情况。如图14所示,除了在长坡水汇入处标出"长坡仓"以外,还在红丹水汇入处的三山标出了"三上仓"和"三下仓",表明随着图们江上游地区的开发,这里聚集的人口越来越多,不得不增设社仓予以接济。即便如此,长坡仓仍然是位于图们江上游最西边的朝方设施,从这里再向西,地势越来越高,气候变得寒凉,直到最西边的长白山天池,其间都是空旷无人区,即被称为"天坪"的高原地带。

---

① 图中的"地界碑"似为"定界碑"之误。
② 参见徐命膺《游白头山记》、李宜哲《白头山记》、朴琮《白头山游录》等。这些游记收入李相泰等译:《朝鲜时代士人的白头山踏查记》。

四、穆克登定界的考虑因素及其影响

首先，穆克登定界的出发点是中朝两国以鸭绿江、图们江为界的事实，以及此二江发源于长白山天池的地理认识。① 基于此，他想要弄清楚的是从天池发源的鸭、图二江水源是哪一条，准备以此来划分界线。由于鸭绿江、图们江都不是从天池发源的，他不得不将查界的重点放在寻找离天池较近的二江水源上。从他的行进路线看，从天池南麓下山后，他首先确定了鸭绿江源，此即鸭绿江东源"大旱河"，其发源地位于天池东南约4公里处，其东边是黑石沟开始的地方。黑石沟被朝鲜土人认为是图们江断流处，指水在地下伏流，到了涌出处再复流为图们江。于是，穆克登按照朝鲜人的说法，要求用木栅将黑石沟和图们江源连接起来。之后，他在鸭绿江大旱河和黑石沟中间立了碑，这就是所谓的分水岭。

其次，朝鲜土人对水源的习惯看法对穆克登定界产生了影响。朝鲜土人认为，图们江发源于长白山天池后，向东伏流百余里涌出地面；还指出伏流之水在"甘土峰下一息许，始自土穴中涌出，凡三派，而为豆满江源"②。按照这个说法，穆克登指定黑石沟为图们江断流处，同时指定甘土峰下三派水中最北边的

---

① 李花子：《康熙年间中朝查界交涉与长白山定界》，余太山、李锦绣主编：《欧亚学刊》第五辑，中华书局2005年版，第195～209页；李花子：《清朝与朝鲜关系史研究——以越境交涉为中心》，第206～231页。

② 《朝鲜肃宗实录》卷51，肃宗三十八年五月丁酉。

第一派（弱流河）为图们江源。虽然他误指其北边的松花江支流为图们江源，但是朝鲜在设栅时纠正了错误，将木栅连接到了图们江第二派（母树林河）水上。

再次，朝鲜对长白山天池以南地区的领土要求，对穆克登定界产生了影响。朝鲜事先经过廷议确定了长白山天池以南为朝鲜境的定界目标，在穆克登查水源的过程中，朝鲜译官金指南、金庆门反复向穆克登说明这一点，① 这对穆克登指定靠近天池的水源划界产生了影响。当穆克登确定天池东南麓（天池东南约4公里）为分水岭、立碑处时，朝鲜译官金庆门高兴地表示："甚善明。公此行此事，当与此山而终古矣。"②

1712年穆克登定界的积极影响是显而易见的。经过此次定界，清朝与朝鲜从前模糊不清的长白山地区的边界变得明晰了，即西边以定界碑—大旱河—鸭绿江为界，东边以定界碑—黑石沟—红土水为界。朝鲜达到了预期的定界目标。由于穆克登选择了两条靠近天池的水源为界，使朝鲜获得了长白山天池以南、以东大片地区。特别值得一提的是，朝鲜获得了长白山天然屏障的保护，国家安全感得以提高。此后，朝鲜不但严禁本国边民越境，还采取措施禁止中国人越入朝鲜境内。由于双方的共同努力，两国的边疆环境保持平安，使边民过上了安居乐业的生活。

另外，朝鲜在图们江上游地区获得了移民开垦的机会。包括茂山及西边的朴下川、鱼润江地区，在女真人离开后，早已被朝鲜流民占据和开垦，而此次定界承认了这些地方属于朝鲜。再往

---

① 参见《朝鲜肃宗实录》卷51，肃宗三十八年五月丁亥；洪世泰：《白头山记》，第133页；金指南：《北征录》，（1712年）"四月二十九日"（第72页）、"五月五日"（第81页）。

② 洪世泰：《白头山记》，第137页。

西是长坡地方，最初无人居住，1785年朝鲜建立社仓以后聚集了越来越多的流民。到了1885年、1887年勘界时，这里已有朝鲜村落百余户，移居有百余年历史。长坡成为朝鲜开发图们江上游的新据点。

尽管如此，在此次定界以后相当长的时期内，图们江干流（北边有长山岭阻隔）及红土山水界线仍束缚住了朝鲜人开垦的步伐。朝鲜人在图们江上游地区开垦的新据点如长坡，也受此边界线的约束，位于此线南边的朝鲜境内。然而到了1880年以后，朝鲜人终于冲破这一界线，如潮水般涌入图们江以北地区开垦和居住。其原因是复杂的，既有朝鲜西北边境得到开发、人口骤增的原因，也有清朝解除对东北的封禁政策，以及朝鲜发生前所未有的自然灾害等主客观因素。

1712年定界中存在的问题到了后世显现出来。首先，从天池东南麓立碑处到图们江发源地的陆地界线，随着时间的推移逐渐变得模糊不清了，特别是从黑石沟的堆尾到红土水之间的40余韩里的木栅，随着岁月的流逝腐蚀殆尽，使双方都搞不清楚界线到底在哪里。这不仅影响了图们江上游边界线，更影响了干流边界线。特别是到了1880年代，朝鲜边民越境开垦图们江以北地区以后，开始否认以图们江为界的事实，提出所谓土门、豆满"二江说"，海兰河是"分界江"，以及间岛地区（今延边）属于朝鲜的主张。① 这固然与朝鲜企图占据由其边民开垦的图们江以北地区有关，但也与图们江上游边界模糊不清有关，以致影响了干流边界的确定。

---

① "中央研究院"近代史研究所编：《清季中日韩关系史料》第4卷，第1910～1913页。

其次，穆克登指定黑石沟为图们江断流处也有问题。如前所述，从黑石沟所处的地理位置看，上游从立碑处开始向东北延伸数十里，下游已然到达天池的东北方，周围尽是松花江支流，包括头道、二道、三道、四道、五道白河，均在其附近发源。尤其五道白河水系和黑石沟靠得很近，方向又都是东北向，所以黑石沟虽然是一条干沟，但是人们很容易把它和松花江联系起来，认为它是松花江支流。而与之相比，图们江正源红土水，位于黑石沟堆尾的东南方，二者相隔约 40 韩里，红土水的水流方向又是东南流，所以从表面上看二者并不相干，当其间设有木栅时，可以了解这里是边界；一旦木栅朽烂，就无从辨认边界了。

总之，1712 年定界是清朝为了制作舆图和编纂一统志而进行的，属于短期行为，缺乏长远的打算和规划。按照此次定界，虽然在鸭绿江、图们江源之间的无水地段设置了堆栅，但是在其后由于无人问津和维护，特别是其中的木栅很快朽烂，因而长白山边界变得模糊不清了。这里的自然环境又属于高寒地带，不适合农作物的生长和从事耕作，由于无人居住和管理，边界标记很快消失了。后来发生围绕图们江的边界争议，不能不说此次定界时埋下了隐患。

五、小　结

1712 年穆克登确定的碑址位于天池东南约 4 公里处，其西边是鸭绿江发源地"大旱河"，东边是黑石沟（黄花松沟子）。黑石沟被认为是图们江断流处，指水在地下伏流，到涌出处再复出地面流为图们江。按照穆克登的要求，朝鲜既在黑石沟东南岸设置了石堆、土堆，又在黑石沟沟尾到图们江源之间设置了木栅和土墩，将二者连接起来。图们江涌出处即第二派水是今天的母树林河（红土水的北支），穆克登本想定的第一派水是今天的弱流河（圆池水），误定的水流是第一派（弱流河）北边的松花江支流（五道白河）。后来朝鲜发现这个错误以后，设栅于图们江第二派水即母树林河，从而纠正了穆克登的错误。

18世纪朝鲜古地图所标示的图们江正源，从其流向和地理形势分析，可以判定就是红土山水，即今天的赤峰水流。古地图标示其上设有石堆、土堆和木栅，并与分水岭上的"定界碑"相连，这表明1712年定界的水就是红土山水。今天的赤峰被认定为图们江发源地显然是有迹可寻的。

穆克登定界的考虑因素，既有中朝两国以鸭绿江、图们江为界的事实依据，也有此二江发源于长白山天池的地理认识，更有朝鲜土人对图们江水源的习惯看法，以及朝鲜对长白山以南的领土要求，等等。基于以上因素，穆克登选择了两条靠近天池的水为鸭、图二江之源，即鸭绿江大旱河和红土山水，立碑处则位于鸭绿江发源地（大旱河）和黑石沟之间，即天池东南约4公里处。其结果，朝鲜获得了长白山天池以南、以东大片地区。不仅如此，朝鲜获得了长白山天然屏障的保护，国家安全感得以提高，这对朝鲜巩固北部边防是有利的。

然而，由于此后中朝双方均疏于边界管理，随着时间的推移，连接图们江上游的堆标中的木栅全部朽烂，造成图们江上游边界模糊不清，以致影响了干流边界线。

特别是到了19世纪80年代，朝鲜边民大规模越境开垦图们江以北地区以后，开始否认以图们江为界，这固然和朝鲜人企图占据图们江以北地区有关，同时与图们江上游边界模糊不清有关，这不能不说此次定界时埋下了隐患。

第二编

中朝边界史的若干疑点探研

中朝边界的历史遗迹
——黑石沟土石堆考

黑石沟位于长白山东麓,是一道天然的沟堑,即从立碑处开始,向东北延伸数十里,其东南岸排列着石堆、土堆。学界对于这些土石堆是不是康熙五十一年定界的标识,以及黑石沟是不是历史上的中朝边界尚存争议。韩国学界一般认为黑石沟是中朝边界的标识,不过认为它连接的是松花江上游,这是碑文中的"东为土门",即主张土门、豆满"二江说"。[1]

国内学界对黑石沟的看法也不一样。有的学者不承认黑石沟是中朝边界的标识,认为它是朝鲜人挪移碑址后设置的伪边界线,即朝鲜人先暗移碑址,将碑从小白山挪移到了天池附近,再沿碑东的黑石沟设置了石堆和土堆。[2] 但是这个主张缺乏史料依据,不能根据史料说明朝鲜人在何时、从何地点将碑挪移至天池附近。

笔者以往通过研究认为,天池东南麓的碑和黑石沟的土石堆都是康熙年间设置的边界标识物,朝鲜人并没有挪动碑址和堆址,只是黑石沟并不像日、韩人所说的那样连接到了松花江上,

---

[1] 申基硕在1955年发表的《间岛归属问题》(《中央大学校30周年纪念论文集》)一文中,主张土门、豆满为二江及间岛属于朝鲜,此后韩国学者多追随此观点。而申氏的主张受到日本人篠田治策《白头山定界碑》一书的影响。

[2] 徐德源:《穆克登碑的性质及其凿立地点与位移述考——近世中朝边界争议的焦点》。

而是连接到了图们江上游红土水上。黑石沟和红土水之间原设有40余韩里的木栅，但由于木栅尽朽，才造成黑石沟似乎与松花江相连而不与图们江相连的错觉。①

本文试利用康熙五十一年穆克登定界的第一手资料，以及光绪勘界时双方的谈判资料和报告书，再结合笔者实地考察的经验，考察和辨别穆克登是否确定以黑石沟为界、其东南岸土石堆的长度等。

一、通过穆克登定界的第一手资料看黑石沟

康熙五十一年五月，乌喇总管穆克登奉康熙帝之旨到长白山定界，随行的朝鲜军官、译官及差使员等留下了报告书和日记。作为亲历者的所见所闻，不失为研究穆克登定界的珍贵的第一手资料。其中，李义复是随行的朝鲜军官，他和穆克登一起登上天池，下山查水源，目睹了穆克登在分水岭上立碑的全过程，他的名字还被刻上了碑端。李义复描述穆克登定界的经过如下：

> 望见白山，西边岗峦雪消露脊，东边巷谷斑雪颓落。穿林攀崖，登临详审，则白头亥壬（西北）为坐，巳丙（东南）为前。俯瞰大泽，神龙屈伸，碧浪空打，甫多会、长白等山，低小若一眉。坎癸方（北）彼地山，寅甲方（东北）六

---

① 李花子：《明清时期中朝边界史研究》，第56～87页。

镇山,皆入眼中。土门江水流入丑寅方(东北),所见为八十里之远。混同江出于大泽,流坎癸方(北),两山壁立,远望如门。……到土门江边,水广可三十余步,白沙平铺,流痕狼藉。沿行五六里,谷转深而岩多,且有流水。复登左边德,上行四五里,渐有升高之势。自北边下山,乃土门江源涌出处。而流二三里,复入地中,隐流三十余里,复涌出,而始成大川。其上无水处,或涧或峡,山高谷深,界限分明,此乃天所以限南北也。分水岭峡,广三十步许,右边未坤(西南),左边寅甲(东北),俱有界谷。而左偏山下,平地微突,上有岩石,以此仍作垅台。清使留此多日,周览分水之形势,勒石为记,依垅凿石而立,顾谓我人曰:尔国得地颇广云。①

如上文,一行人先登上长白山顶俯瞰天池,之后沿土门江下行。对于土门江,他先有一个总括性的描述:"土门江水流入丑寅方,所见为八十里之远",说明土门江向东北方延伸80韩里。之后一行"到土门江边,水广可三十余步,白沙平铺,流痕狼藉",这一段描述与今天朝鲜境内的黑石沟上游很相像。笔者曾到过这里,看见沟子很宽,沟底有很多白沙,还有流水的痕迹。一行继续向下:"沿行五六里,谷转深而岩多,且有流水",这一段描述与黑石沟中游(林间通视道附近)很像。笔者曾到过这里,看见沟子里有很多黑石,7—8月份有水流,沟深达数十米。再往下:"复登左边德(德即高地),上行四五里,渐有升高

---

① 金鲁奎:《北舆要选》,"李义复记事",第337～340页。引文中括号内的方位均为笔者所注。

之势。自北边下山，乃土门江源涌出处。而流二三里，复入地中，隐流三十余里，复涌出，而始成大川。"即登上了左边的高地，估计爬上了西侧沟顶，之后沿着沟岸向前，山势越来越高，从前边（北边）的沟顶下到了平地上，前往图们江源涌出处。水流过二三韩里后渗入地下，向下30余韩里没有水流，之后涌出地面形成大川，流为图们江。这应该是指从黑石沟下游到图们源头的平地。于是李义复总结道："其上无水处，或涧或峡，山高谷深，界限分明，此乃天所以限南北也。"即"涌出处"之前的地貌为：或是山涧，或是峡谷，山高谷深，所以说是天然的南北界限，很明显这是一个绵长的沟堑。

在上引文的末尾，李义复描述了立碑处的地望：分水岭峡，广三十步许，西南、东北两边均有界谷，这大概是指西边的鸭绿江沟和东边的松花江沟等①；碑则立在东南边（左偏下）一块"平地微突"处，位于一个垅台上面。清使穆克登"依垅凿石而立，顾谓我人曰：尔国得地颇广"，即穆克登表示朝鲜获得了很多地方。以上李义复描述的立碑处的地望，与今天朝鲜境内的碑址所在地十分相似。笔者曾到过这里，确认碑址位于天池东南约4公里，从这里看过去，西南边有鸭绿江沟，东北边有松花江沟，东南边有黑石沟，碑则立在两侧山谷中间的平地上，碑下是一个稍低的垅沟（图15），这与李义复描述的"依垅凿石而立"基本相符。

---

① 据笔者实地考察，立碑处的西南边有鸭绿江沟，东北边有松花江干沟，东南边有黑石沟等。

图 15　天池东南麓立碑处（摄于 2012 年夏）

除了以上李义复的记事以外，我们还可以通过在图们江断流处设标的朝鲜差使员的供词来辨别碑东的沟道。如前述，立碑处虽然和鸭绿江沟靠得很近，但是和图们江发源地（涌出处）相隔较远，所以穆克登要求在其间设置标记，以便将鸭绿江源和图们江源连接起来。在穆克登回国以后，同年（1712年）夏，朝鲜派出了以北评事洪致中为首的设标人员，准备在图们江断流处设标。此时差使员许梁、朴道常等人发现穆克登指定的第一派水出错，此水向东流过一段后，渐向东北流去，而不入图们江。于是北评事命令只许在"断流处以上"设标，至于涌出处暂时不要设标，待他向朝廷报告后再做决定。然而差使员等惧怕承担错定江源的责任，不顾北评事的命令，不但在"断流处以上"设标，还将木栅连接到了第二派水（涌出处）上。同年十二月，许、朴二人因擅自变更水源而被押到汉城受审，有关设标的二人

供词如下:

> 故与诸差员等相议后,自立碑下二十五里,则或木栅、或累石。其下水出处五里,及干川二十余里,则山高谷深,川痕分明之故,不为设标。又于其下至涌出处四十余里,皆为设栅,而其间五六里,则既无木石,土品且强,故只设土墩。前后实状,不过如斯。①

如上引文,从立碑处开始25韩里设置了木栅或累石,这应该是后来发现黑石沟东南岸有石堆、土堆的地方。②"其下水出处五里,及干川二十余里,则山高谷深,川痕分明之故,不为设标",这是黑石沟山谷较深的地方,这里夏天有水流,流长四五韩里,再下20余韩里是"干川"即无水的干沟。当时这里并没有设标,后来根据领议政李濡的建议进行了补设,③ 这是后来发现黑石沟东南岸有土堆的地方。如果把以上的里数加起来,长50多韩里,这实为北评事要求在"断流处以上"设标的部分。换言之,北评事要求在黑石沟东南岸设标。再往下:"又于其下至涌出处四十余里,皆为设栅。而其间五六里,则既无木石,土品且强,故只设土墩。"这是从黑石沟的沟尾向东南到达图们江涌出处,设置了40余韩里的木栅,中间只有五六韩里是土墩。这最后40余韩里的木栅、土墩,不可能再沿黑石沟向下了,否

---

① 《朝鲜肃宗实录》卷52,肃宗三十八年十二月丙辰。
② 据许梁供词,木栅、石堆长约25韩里,但后来发现石堆只有约12韩里。这可能是根据领议政李濡的建议,在二次补筑时,将部分石堆改筑为土堆,所以石堆缩短、土堆变长了。
③ 《朝鲜肃宗实录》卷53,肃宗三十九年四月丁巳。

则就要连到松花江了，它折向东南到达图们江第二派水（涌出处），这就是差使员等违背北评事的命令擅自变更水源的部分。①

此外，首尔大学奎章阁收藏的《白山图》（图3）也反映了穆克登定界的情形。如该图所示，在天池东南边立有一块碑，标为"江源碑"，表明这里是鸭、图二江的发源地。碑的西边有"鸭绿江源"，碑的东边有一条水标为"土门"即图们江。图们江从天池边向东南流，流过一段后断流，标有"入地暗流"。其东边隔一块平地，有一座山叫"甘土峰"，标有"水出"二字，表明断流之水在甘土峰下涌出地面流为图们江。这与《朝鲜王朝实录》所载"江源出自白头山巅，中间断流几八九十里，至甘土峰下一息许，始自土穴中涌出，凡三派，而为豆满江源"的内容相符。② 再看一下此图，在断流之水的东北边有数条松花江支流发源并向北流去，但是断流之水和松花江并不相连，而是在甘土峰下复流为图们江。

再看一下断流之水的方向，从天池边开始向东南流，经过立碑处、大角峰之北，向东延伸，其方向虽有些偏差，但基本可以断定为黑石沟（黄花松沟子）。这幅图绘制时有些误差，无论是黑石沟的方向，还是图们江的位置、茂山的位置等，整体向南偏斜。即便如此，我们仍可以判断图中标有"入地暗流"的土门江指的是黑石沟。

那么，图们江涌出处甘土峰指哪里呢？据史料记载，朝鲜军官李义复曾报告：穆克登等人为了寻找图们江源，"更向加察峰下涌出之水"进发，③ 这里的加察峰是不是甘土峰呢？参见《北

---

① 《朝鲜肃宗实录》卷52，肃宗三十八年十二月丙辰。
② 《朝鲜肃宗实录》卷51，肃宗三十八年五月丁酉。
③ 朴权：《北征日记》，（1712年）"五月十九日"，第121页。

关长坡地图》（图13），在大角峰的东南边有一座山标为"大加次峰"，相邻的东边有"赤岩"。这个赤岩是图们江发源地，其上连有木栅、土墩到达立碑处。从赤岩的名称和所处地理位置看，似指今天的图们江发源地赤峰。如此一来，赤岩西边的大加次峰（今天的双目峰？）似可以和甘土峰相对应，因为史料记载"加察峰下涌出之水"，还记载"至甘土峰下一息许，始自土穴中涌出"，这里的"一息"相当于30韩里，那么甘土峰或者加察峰（大加次峰）则位于赤峰以西30韩里，似可以比定为今天的双目峰。

如前所述，今天的赤峰是图们江发源地，附近有三条图们江支流发源：一是自北向南流的弱流河（又称"圆池水"，位于中国境内），二是自西向东再向南流的母树林河（红土水北支，位于中国境内），三是自西向东流的红土水（红土水南支，位于朝鲜境内）。红土水和母树林河在赤峰西边汇合后仍称红土水，绕流赤峰南边，流到赤峰东边，再和自圆池方向来的弱流河汇合，自此以下正式称图们江。

当年穆克登指定黑石沟为图们江断流处（伏流处），同时指定涌出处的一条水为图们江源以后，仍担心黑石沟的水流方向，所以他要求清朝大通官和朝鲜军官、译官、指路人等一起沿沟下行，看一看沟子里的水到底流到了哪里。对这一段史事，洪世泰的《白头山记》记载如下：

甲午（康熙五十一年五月十二日），克登谓：土门源流间断，伏行地中，疆界不明，不可轻议竖碑。乃令其二人同爱顺往审水道。金应瀗、赵台相随后行六十余里，日暮，二人者还白，水果东流矣。克登乃使人伐石，广可二尺，长三尺余。……遂镌而立之。既竣事,下山,归到茂山,克登谓二公曰:土门源断处,可筑墩,接其下流以表之。①

此外,译官金指南在《北征录》中,转引其子金庆门的手本,记载如下:

总管方欲立碑定界,而东流之水,令其大通官及我国军官赵台相、译官金应瀗,率指路人等,往审六十余里,明有水道,似无可疑云云。②

以上两段文字出自随行译官金庆门的叙述,《白头山记》是根据金庆门的口述由其友人洪世泰记录的,《北征录》的内容则引自金庆门的手本。如上引文,按照穆克登的要求,清朝的大通官和朝鲜军官、译官、指路人等一起沿着东边的水道向下走了60余韩里,他们回来后报告说:"水果东流",以及"明有水道,似无可疑",穆克登这才放心地在东边的水道和鸭绿江源之间的分水岭上伐石立碑。从穆克登强调"土门源流间断,伏行地中,疆界不明,不可轻议竖碑"来看,这个向东的水道似指黑石沟。也就是说,穆克登担心沟子里的水流向别处,或者流入松花江,所以下令大通官和军官等下探水道。结果大通官等沿东边的水道下行60多韩里,估计走到了沟的尽头,他们不仅确认沟子向东延伸,还确认沟子里的水并不流入松花江。这一点通过《白山图》的断流之水(参见图3,标有"入地暗流")也可以得到

---

① 洪世泰:《白头山记》,第138页。
② 金指南:《北征录》,(1712年)"五月十五日",第129~130页。

佐证。

如上，穆克登在分水岭上立碑以后，仍不放心图们江断流处，到达茂山以后，他在约见朝鲜二使时，反复说明在图们江断流处设标的重要性。接伴使朴权在《北征日记》中记载如下：

> 廿三日，仍留（茂山）。穆差（指穆克登）要与相见，故与监司（指观察使）以戎服进去，行揖礼，就坐。豆江源流断涸处，或设栅，或筑土，或聚石，从便为之事，停当而罢。①

即穆克登与朝鲜二使讨论在图们江源断流处设置木栅及筑土堆、石堆之事。金指南的《北征录》对此次双方谈话记载更详细，内容如下：

> 两使相以戎服晋诣东轩，由西阶而入，行一揖而就坐，循例劳问。而仍言水源之事，则总管即出山图，令两使移席近前，亲手一一指示，其间道里远近，断流与否，缕缕言说，不啻千百。其意概以为，所见极其明的，少无可疑。且与差员、军官、译官等目见，万无差误之理云云。使相无言可答，只称唯唯。则总管曰：水源断流处，若是其模糊不明，苟无立标之事，则彼此之民，有难考据，将何以处之。伴相答以：大小国定界之事，职等不敢出意见妄论，惟钦差指教之是俟云。则总管曰：木栅定限何如？伴相曰：木栅则其处树木或有或无，且非久远之道。毋宁随其便否，或筑

---

① 朴权：《北征日记》，（1712年）"五月二十三日"，第122页。

土，或聚石，或设栅为宜。而职等不敢擅便，当待状闻朝家指挥，农务稍歇后，随便使役。以定界重事，小邦不敢独自主掌，大国人或有来检之举耶？总管曰：既为看审，定界之后，大国人不必来检，布政司随力为之可也。而农民不可使役，且非一日为急之事，前头或木或土，或远或近，随便立标，虽至一二年后毕役，小无所妨。而举行形止，每年节行入来时，使首译言于通官，俾传俺处，以为转奏皇上之地。而今此断流处，及虽有水道而浅涸平夷处，彼此之民易于逾越，比他处甚为要害，立栅设标之后，频频巡审之举，在所不已云云。①

如上，穆克登不仅和朝鲜二使面议在图们江断流处设标，还通过文书交换彼此意见，以免将来空口无凭。此外，《同文汇考》所载《敕使问议立栅便否咨》和《设栅便宜呈文》，就是证明穆克登确定以图们江为界，以及双方讨论决定在图们江断流处设标的珍贵的第一手资料。②

二、光绪十一年、十三年两次勘界与黑石沟

19世纪中期以后朝鲜发生了前所未有的自然灾害，朝鲜边民先是向鸭绿江以北地区潜越居住，继之络绎不绝地向图们江以

---

① 金指南：《北征录》，(1712年)"六月二十三日"，第156～159页。
② 《同文汇考》原编卷48，"疆界"，第1册，第907页。

北地区越境开垦。特别是1880年（光绪六年）朝鲜茂山府使洪南周允许边民开垦图们江以北土地，这成为朝鲜人越垦图们江以北地区的滥觞。① 最初清政府考虑到朝鲜边民人数众多、积重难返，决定对其实施"归化入籍"政策，即把他们作为清朝子民；但朝鲜国王要求刷还其边民，得到了清朝的同意。1882年冬，吉林将军行文朝鲜要求"刷还土门江以西、以北占垦之朝鲜贫民"②。第二年四月，吉林将军所属敦化县告示朝鲜钟城、会宁两邑，"越边使民归回净尽"③。正当此时，朝鲜西北经略使鱼允中派人踏查长白山，提出了所谓土门、豆满"二江说"，主张土门以北、豆满以南的垦地属于朝鲜。

受鱼允中派遣的钟城人金禹轼在《路程记》中，描述长白山立碑处和黑石沟的土石堆的内容如下：

> 自立碑处看审定界表，则碑东边仍筑三磊，湿处一马连树，木株露半尺余。浦壑始坼，大开艮卯间（东北）。而木株尽处，浦东边种种筑石者十余里，其下往往屯石十五里，石尽往往土屯于树木间六十余里而止。十七日（1883年5月17日）从土屯处而下，则浦水隐漏为泡石，干浦三十余里，隐水更出，次次成川。④

如上引文，"湿处一马连树，木株露半尺余"，这似指从立碑处

---

① 参见金春善：《1880—1890年代清朝的"移民实边"政策与韩人移住民实态研究》，《韩国近现代史研究》第8集，1998年，第17页。
② 金鲁奎：《北舆要选》，"探界公文考"，第348页。
③ 金鲁奎：《北舆要选》，"探界公文考"，第348页。
④ 金鲁奎：《北舆要选》，"探界公文考"，第350页。

到黑石沟上游连有木栅。此时距离穆克登定界已有170多年，碑址附近尚存木栅着实令人难以置信。其下"浦壑始圻，大开艮卯间"，指从黑石沟开始，并向东北方延伸。再往下：沟东连有石堆25韩里，土堆60余韩里，加起来总长度80~90韩里。再往下："浦水隐漏为泡石，干浦三十余里，隐水更出，次次成川"，即从土堆尽头向下延续30余韩里的干浦，再流出地面形成河流。这条河流，从金禹轼后面的记载看指的是松花江上游，也就是说，他们探得黑石沟土石堆相沿长度为80~90韩里，中间隔30多韩里的干浦，与松花江相连。

同年六月，按照鱼允中的指示，金禹轼和吴元贞等人再次前往长白山考察，一行人从立碑处开始沿黑石沟向下，一直走到了松花江上游三条支流汇合的三江口。金禹轼在《探界日记》中记载如下：

> 十四日，到竖峰下，霖雨始作。至十八日，天明止而未快。朝后上立碑处，五人各以雨裇荷环抱碑，仅刊八张，全不成样，为风雨所驱而下。翌日，气势如昨，又往刊二十张。西逾大角峰，自石屯尾，从土屯出土门下来，泡石浦八十余里止宿。以上干川近百里，以下次次成川，长流而大。二十一日，从派下往六十余里，西渡土门江，止宿杉木浦。二十二日，北向五里，东渡土门江。北逾长山端，挟岭东行八十余里，止宿于石陵之三江合口。源流土门江，而二水源出北甑山，西流者黄水，北流者黄口岭水。三江会此，北流入于黑龙江。沿无陆路，但由水待合冰往来吉林云。①

---

① 金鲁奎：《北舆要选》，"探界公文考"，第351~352页。

如上引文，金禹轼等人到达立碑处，刊出了 20 张碑文，之后沿黑石沟向下，一直走到了松花江三条支流汇合的三江口。从文中记载"土门江"与黄水、黄口岭水一起流入黑龙江来看，这里的"土门江"指松花江上游，而不是指豆满江即今天的图们江。

此次踏勘以后，在鱼允中的授意之下，朝鲜钟城府使在给吉林敦化县的"复照"中表示："豆满之外，更有土门江别派"，要求"一遵康熙朝所划疆界，请烦贵县派人约同先审白头山定界碑，知土门发源之处，继而查明界限，辨别疆土"。① 即表示土门、豆满是两条不同的江，要求勘查两国界线。

根据朝鲜的要求，1885 年中朝两国派代表进行了共同勘界。谈判伊始，朝方代表李重夏提出先勘碑和堆，即要求调查天池东南麓的立碑处和沿黑石沟的土石堆，目的是为了指证碑、堆和松花江上游相连，而不是和图们江相连。中方代表秦煐等则反对先勘碑、堆，指出碑址、堆址都是不可信的，碑可以人为地移动，堆也可以由后世添置，唯有两国以鸭绿江、图们江为界是不变的事实，要求顺江流、寻江源，勘查哪一条水是图们江正源，再以此来划分界线。②

最初双方代表各持己见、相持不下。不久达成了妥协，决定溯图们江而上，既勘查上游的三条支流（西豆水、红丹水和红土山水），还要勘查碑址和堆址。然而经过此次勘查，朝方代表李重夏对黑石沟及碑文"东为土门"的看法有了变化。他通过参考清朝舆图（民间刻本）、本国所藏地图及文献资料等，了解到康熙五十一年穆克登定界的水并不是松花江而是图们江。更重

---

① 金鲁奎：《北舆要选》，"探界公文考"，第 352～353 页。
② 统理交涉通商事务衙门编：《问答记》，胶片第 19～20 页。

要的是,他在红土山水附近发现了当年设置的堆标的遗迹,他将这一情况秘密地报告给了本国政府,其内容详载于《追后别单》中。①

正因为有了这一发现,在其后的第二次勘界时(1887年),朝方承认了土门、豆满为一江②,与此同时,提出以碑、堆连接红土山水为界。考虑到从黑石沟的沟尾到红土山水的木栅全部朽烂,李重夏提议在红土山(今赤峰)上立一块碑,以遵守当年"旧界"。另外,对于黑石沟,李重夏也表示:"所谓松花之源,只是干川,元无点水",即不过是一条干沟,没有水流入松花江;而与此相比,"自碑界以东,则泼泼之水,惟红土山水而已,此是地图所载图们江",③即碑、堆和红土山水相连,两国应以此为界。

然而中方代表对碑、堆的看法没有什么变化。他们始终认为碑、堆位于"松花江掌上",连接的是松花江上游,换言之,碑、堆和松花江相连;不仅如此,还指出碑址若不是当年错立,就是被朝鲜人暗移至天池附近,所谓"移碑说"实发端于此。中方代表还认为,黑石沟东南岸的土石堆也不是边界的标记,而是猎户入山时做的标记。④ 但据笔者实地考察,这个说法是站不住脚的:土石堆尤其土堆的规模很大,高度约1.5米,沿黑石沟东南岸规律性地连续排开,相沿20多公里,仅凭个人之力是难以做到的。

中方代表之所以有如此看法,一方面与中方缺失康熙年间的

---

① 李重夏:《追后别单》,胶片第10～11页。
② 李重夏:《图们界卞晰考证八条》,胶片第29～30页。
③ 李重夏:《勘界使交涉报告书》,1887年,胶片第10页。
④ 总理衙门辑:《吉朝分界案》,第1810～1814页。

档案资料有关，包括康熙五十一年穆克登上的奏文和绘制的山图等，都因内阁大库失火而荡然无存，所以中方代表无从了解定界的详情。① 另外，碑址、堆址靠近天池、靠近松花江上游，这也是深为中方代表诟病的。如果按照朝方的要求，沿着碑、堆、红土山水划界，那么就意味着沿长白山东麓划界，这显然有碍于清朝的长白山发祥地，也有碍于松花江。② 所以说，即便碑、堆、红土山水是当年"旧界"，中方代表恐怕也无意接受它，这就埋下了勘界谈判失败的伏笔。

经过实地考察，中方代表认为小白山以南及其东麓发源的红丹水一带适合划界：一是这里不再有松花江支流；二是与天池相隔稍远，小白山位于天池以南50余韩里，红丹水发源地距离天池130多韩里。③ 因此，在一年后的第二次勘界时（1887年），中方代表提出以三池渊、红丹水划界，却遭到了朝方代表李重夏的反对。中方代表不得不退一步，要求以其西边的小白山、石乙水划界④，但仍遭到李重夏的反对，后者坚持以碑、堆、红土山水为界。

总之，两次勘界时，中方代表始终认为黑石沟是松花江上游，碑立于"松花江掌上"；反过来，这成为中方反对朝方主张（碑、堆、红土山水）的理由，毕竟两国界线不可能先连到松花江上（黑石沟），再连到图们江上（红土山水）。由于中方代表的坚持，在两次勘界以后绘制的两幅地图上，黑石沟都和松花江

---

① "中央研究院"近代史研究所编：《清季中日韩关系史料》第5卷，第1961～1962页。
② 总理衙门辑：《吉朝分界案》，第1810～1814页、第1903页。
③ 李重夏：《牒呈》。
④ 总理衙门辑：《吉朝分界案》，第1810～1814页。

连在一起,即作为松花江支流来处理的。虽然朝方代表李重夏了解了黑石沟的真相,知道它并不和松花江相连,但是这并没有反映在两幅勘界地图上。

之后,1907年日本挑起了所谓的"间岛问题"。日本出于向图们江以北间岛地区(今延边)渗透扩张的野心,在所绘制的地图上,也将黑石沟和松花江连在一起,标注为"土门江",将其和豆满江(今图们江)区别开来。于是黑石沟的真相一直被掩盖起来,使人以为黑石沟和松花江上游相连。

三、黑石沟及土石堆的长度

黑石沟土石堆的长度,关系到碑、堆是连接到松花江上游,还是连接到图们江源的问题,因而有必要弄清事实。如果单从康熙五十一年定界资料来判断,似乎有些困难,因为史料记载十分模糊,而光绪年间的勘界资料又与实际不符。这就需要我们通过实地考察来了解地理真实,再去研读史料,这样才能搞清楚事实。

先看一下康熙五十一年定界时的史料记载。曾伴随穆克登参与定界的朝鲜军官李义复记载道:"土门江水流入丑寅方(东北),所见为八十里之远",这个80韩里,既包括黑石沟的长度,也包括从黑石沟的沟尾到图们江源的长度。他还记载:"自北边下山,乃土门江源涌出处。而流二三里,复入地中,隐流三十余里，复涌出，而始成大川。"① 即从黑石沟下到图们江发源地，其中间还有30余韩里的"隐流"部分。换言之，在总长度80韩里中扣除30余韩里的隐流部分，剩下的40～50韩里才是黑石沟的长度。

此外，穆克登曾命令清朝大通官和朝鲜军官赵台相、译官金应灑等沿东边的水道（黑石沟）一直向下，他们走了60多韩里，回来报告说："水果东流"，"明有水道，似无可疑"。② 这个向东的水道可能就是黑石沟，长60多韩里，估计就在这个范围。

其实，在现存史料中最清楚地反映黑石沟长度的，是差使员许梁、朴道常等有关设标的供词。根据这份供词，在图们江断流处设标的总长度为90多韩里，其中前50多韩里设置了木栅和石堆，这应该是黑石沟，记载"山高谷深，川痕分明"；而后40多韩里设置了木栅和土墩，并连接到了图们江涌出处，这应该是从黑石沟的沟尾到红土水（北支母树林河）的堆栅，后来李重夏所发现的"旧日标识"就是这一段。总之，通过许梁供词我们可以确认黑石沟的长度为50多韩里。

另外，穆克登致朝鲜二使的有关设栅的咨文指出："从土门江之源，顺流而下审视，流至数十里不见水痕，从石缝暗流，至百里方现巨水。"③ 即黑石沟的长度为数十里，到图们江发源地约百里。

综合以上康熙五十一年的记录，可以得出黑石沟的长度为50～60韩里，黑石沟被看作图们江源的伏流处或者断流处；从

---

① 金鲁奎：《北舆要选》，"李义复记事"，第337～340页。
② 洪世泰：《白头山记》，第138页。
③ 《同文汇考》原编卷48，"疆界"，第1册，第907页。

黑石沟的沟尾到图们江发源地尚有约40韩里的"隐流"部分。把这两部分加起来，长80～90韩里或者近百韩里，这才是史料所载图们江从长白山天池发源后断流百余里涌出地面的真实含义。①

然而到了光绪年间两次勘界时，双方报告书所记载的黑石沟及土石堆的长度，不但与康熙五十一年记载有出入，更与实际情况不符。如光绪十一年十一月八日，朝方致中方的"照复"指出：

> 碑西不数武，有一沟西南去，入鸭绿江；碑东不数武，有一沟，即伊戛力盖之上掌，译华言为黄花松沟子。下绕长白山之东麓东北行，其东南岸，上首有石堆，下首有土堆，共一百八十余个。过大角峰，沟形忽窄，西岸土堆高深数丈，朝鲜呼为土门。堆之尽处，距碑已九十里。自此而下数十里，此沟始见水。再下与此沟东之斜乙水，东之董维窝棚水，合流入娘娘库，由娘娘库西北行至两江口，入松花江。②

如上引文，碑的东边数步地有一沟，朝文称"伊戛力盖"，译中文为"黄花松沟子"。此沟"下绕长白山之东麓东北行，其东南岸，上首有石堆，下首有土堆，共一百八十余个"，"堆之尽处，距碑已九十里；自此而下数十里，此沟始见水"，流入松花江。即土石堆长度90韩里，再加上到松花江上游的数十韩里（无水

---

① 《朝鲜肃宗实录》卷51，肃宗三十八年五月丁酉、六月乙卯。
② 李重夏：《光绪十一年十一月初八日照复》。

地段），黑石沟总长度超过100韩里。

再看一下中方的记载。在第一次勘界结束以后，光绪十一年十二月十六日，中方代表秦煐、贾元桂等致吉林将军的禀文指出：

> 山之南麓下，有小石碑。碑面汉文有康熙年乌喇总管查边定界，西为鸭绿，东为土门等字样，字划完好。碑之西有一沟，西南去入鸭绿江。碑之东有一沟，绕长白山之东麓东北去，朝鲜呼伊夏力盖，译华语为黄花松沟子。沟之东南岸有石堆百余，石有苔斑，缝无土塞。石堆尽处已至长白山正东为大角峰。过此，仍东北行，沟之东南岸又有土堆数十。堆上有树，与堆旁平地之树，大小高低相等。土堆尽处，距碑已九十里。又东北行数十里，此沟始见水，入娘娘库，折而西北，流入松花江。①

即黑石沟的东南岸先有石堆100多个，再有土堆数十个，"土堆尽处，距碑已九十里；又东北行数十里，此沟始见水"，"流入松花江"。这份禀文与前面看到的朝方照复如出一辙，估计转引了朝方照复内容。

之所以出现土石堆长90韩里、黑石沟总长度超过100韩里的错误，是因为在第一次勘界时，双方代表并没有对黑石沟下游进行认真的勘查。黑石沟中上游是从红土山水前往长白山立碑处的通道和必经之路，所以来来往往可以经过，但是下游土堆尽处如果不是专门前去考察就无从知晓。一方面中方代表不承认黑石

---

① 总理衙门辑：《吉朝分界案》，第1809页。

沟的土石堆是当年的界标，另一方面第一次勘界是在隆冬时节在深雪中进行的，估计没有条件对下游进行认真的勘查。朝方照复中所谓土石堆有180多个，以及从堆尾到立碑处为90韩里，似乎都是朝方提供的。其内容最初见于（光绪十一年）十月二十七日李重夏的状启中，之后见于十一月八日李重夏致中方代表秦煐等照复中，再后十二月十六日出现在秦煐等致吉林将军的禀文中。①

一年后的第二次勘界时（1887年），黑石沟仍不在双方勘查的范围之内。双方虽然对红丹水、石乙水及红土水等图们江上游支流和发源地进行了详细的勘查，获得了大致认可的测量数据，但是黑石沟仍没有准确的测量数据，所谓"堆之尽处，距碑已九十里"及与松花江相连的错误仍未得到纠正。

那么黑石沟土石堆的真实情况如何呢？据笔者实地考察和参考相关文献了解到，黑石沟位于长白山东麓，是一条天然形成的深沟。它一头连着立碑处，另一头已然到达天池的东北方，其四周遍布松花江五道白河支流。黑石沟东南岸土石堆的分布为：从立碑处开始先有300~400米的木栅连接到黑石沟上游，从这里开始沟子向东南延伸约1.6公里，然后折向东北延伸20多公里，总长度约24公里。② 沟的东南岸先有石堆，堆高约1米，这是用长白山天然的火山石垒起来的，堆距40~50米，长度5公里多。到了大角峰的尾部，石堆结束，土堆开始。土堆高约

---

① 参见李重夏：《乙酉状启》；李重夏：《光绪十一年十一月初八日照复》；总理衙门辑：《吉朝分界案》，第1809页。

② 笔者通过1/50000、1/100000地图及谷歌卫星地图等测得，黑石沟的长度约20公里。如果考虑黑石沟的上下游海拔差近1000米，再考虑山地有一定坡度，那么加上20%的坡度，黑石沟的实际长度约24公里。

1.5米，堆距80～90米或者100米，土堆长度约18公里。土石堆总长度约23公里。到了土堆尽头，沟道变得十分浅显，再向前延伸数百米，沟形完全消失无踪，只有流水的痕迹即沙道在森林中向前（向东北）延伸。从最后一个土堆到沙道结束的地方约长1公里，而沙道结束的地方距离前面的黄花松甸子约有500米。因此，黄花松甸子可以作为黑石沟终点的标记。总之，笔者目睹的黑石沟下游的情形为：土堆先于沟子消失，沟子先于沙道消失，沙道最后在距离黄花松甸子500米处消失无踪，表明曾在沟子里流淌的水流，至此完全渗入地下，黑石沟至此完全终结。

前面提到黑石沟的石堆、土堆长度23公里，如果按照1韩里约等于420米计算的话①，相当于54韩里；黑石沟总长度约24公里，相当于57韩里。笔者得到的这两组数据与康熙五十一年定界时所记载的50～60韩里基本吻合。而光绪年间勘界时所谓"堆之尽处，距碑已九十里"，不仅与康熙五十一年记载不符，更远远超出了黑石沟土石堆的实际长度，显然是不正确的。

1907年曾踏查黑石沟的吉林边务公署负责人吴禄贞指出："前有云土石堆相连九十里者，则实未测定之语。"② 第二年踏查黑石沟的奉天候补知县刘建封也指出："黑石沟，一名黑石河，源出清风岭，西北距穆石百余步。河身微细，多黑石，有水之处

---

① 朝鲜王朝（1392—1910年）使用的尺，主要有黄钟尺、营造尺、布帛尺、周尺、造礼器尺等。其中，周尺主要用于测量里程、距离等。另据学者考证，朝鲜1周尺约等于20厘米，1步＝6尺，1里＝350步，那么，1里约等于420米。参见韩国学中央研究院编：《韩国民族文化大百科》，"度量衡"，1988—1991年，因特网"NAVER·知识百科"及李宗峰：《朝鲜后期度量衡制研究》，《历史与境界》53，2004年。

② 吴禄贞：《延吉边务报告》，第73～75页。

甚鲜。南岸上游垒有石堆若干,下游积有土堆若干,沟长四十六里,至黄花松甸即平衍无踪。"① 这一段言简意赅地勾勒出了黑石沟的全貌,如始于清风岭、终于黄花松甸,流水的情况及土石堆的分布等。特别是他所指"沟长四十六里",如果按照清代1华里等于576米计算的话②,约等于26公里,这与笔者得出的24公里很相近。

前述光绪勘界时所谓"堆之尽处,距碑已九十里",是否还应考虑度量衡的因素呢?如果度量衡前后期有变化,例如后期度量衡比前期变小,那么土石堆的长度有可能相对变长。而在土石堆的实际长度约23公里(23000米)不变的情况下,1里(这里指韩里)等于多少米,其长度等于90里呢?这是很简单的除法算式,会得出1里相当于256米时,土石堆的长度约等于90里。但是纵观朝鲜全时期的度量衡,1里大体上等于420米,没有等于256米的。1909年朝鲜引进日本的度量衡以后,1日本里约等于3927米,但通常1里仍等于392米或者400米。③ 这说明无论朝鲜的度量衡怎样变化,土石堆的实际长度约23公里,都不可能等于90里。因此所谓"堆之尽处,距碑已九十里",并不是朝鲜度量衡变化的结果。

我们还有一个办法可以考察朝鲜的度量衡,即可以参考朝方黑石沟以外其他地段的测量数据。如在第二次勘界时,李重夏在《图们界卞晰考证八条》中指出:"自红土水源,直西距长白山

---

① 刘建封:《长白山江岗志略》,第344~345页。
② 清代1营造尺=0.32厘米,1步=5尺,1里=360步=1800尺,那么1里约等于576米。1里等于500米是1929年由中华民国政府制定的。参见《维基百科》,"市制、营造尺库平制、度量衡"。
③ 参见韩国学中央研究院编:《韩国民族文化大百科辞典》,"度量衡";李宗峰:《朝鲜后期度量衡制研究》。

界碑及碑西鸭绿江源，约七十里。"还指出："穆总管立碑时，沿设土石堆于大角峰侧，至于杉浦而止。自杉浦迤南，距红土、元池等水，约四十里。"① 这里有两个数据，一是从红土水源向西到达立碑处的距离，约 70 韩里；二是从杉浦即黑石沟的沟尾向东南到红土水、圆池水（弱流河）的距离，约 40 韩里。我们假设母树林河（红土水的北支）发源地为红土水源，用黑石沟的沟尾到赤峰的距离代替到红土、圆池水的距离（二水在赤峰前汇合）；那么通过 1/50000 地图、1/100000 地图及谷歌卫星地图测得，从母树林河（红土水的北支）发源地到天池东南立碑处的距离约 30 公里，这相当于 71 韩里（按照 1 里约等于 420 米计算）；从黑石沟的沟尾（杉浦）到赤峰（红土、圆池水汇合处）的距离约 16.5 公里②，这相当于 39 韩里。这与李重夏在前面提到的"七十里""四十里"颇为接近，这说明当时的度量衡也就是 1 里约等于 420 米。

然而相比之下，黑石沟土石堆长度约 23 公里（合 54 韩里），同样在李重夏的笔下却变成"堆之尽处，距碑已九十里"，这是为什么？如前述，在两次勘界时双方代表并没有对黑石沟下游进行认真的勘查，所谓 90 里似乎是钟城人金禹轼等人提供的数据。金禹轼等人受西北经略使鱼允中的命令调查长白山碑、堆，他们从立碑处开始沿黑石沟下行，一直走到了松花江上游的三江口。他们所提供的数据，如黑石沟东南岸先有石堆 25 里，

---

① 李重夏：《图们界卞晰考证八条》，胶片第 33 页。
② 在 1/100000 地图上，从黑石沟的沟尾到赤峰的直线距离约 15 公里，再加上 10% 的坡度——地形平坦、海拔差不大，那么实际距离约 16.5 公里。

再有土堆60余里，到"泡石浦为八十余里"①，即土石堆全长80～90里，与第一次勘界时"堆之尽处，距碑已九十里"很接近，因此后者有可能是他们提供的，更何况他们作为李重夏的随从参与了两次勘界。

有趣的是，金禹轼所说的石堆长25里、土堆长60余里，与康熙五十一年许梁供词中的里数巧妙地吻合。而许梁供词是在黑石沟设置土堆以前的里数，例如自立碑下25里设置了木栅和石堆；再往下"水出处五里，及干川二十余里，则山高谷深，川痕分明之故，不为设标"，后来根据领议政李濡的建议补设了土堆；其下至涌出处40余里设置了木栅和土墩等。再看一下金禹轼发现的土石堆分布：前25里是石堆，后60多里是土堆，这里前25里与许梁供词中的木栅、石堆里数相同；后60多里的土堆，则是许梁供词中的水出处5里，加上干川20余里，再加上到涌出处的40余里的总和。很明显，金禹轼把从黑石沟到图们江涌出处的40余里的木栅、土墩，都加到了黑石沟的土堆上面，结果得出土堆长60余里及土石堆全长80～90里的结论。实际上，不但石堆长度不及25里，土堆长度也到不了60余里，这里面不无参照许梁供词伪造的痕迹。

再看一下黑石沟石堆的实际长度。据记载，黑石沟上游东南岸先有石堆，到了大角峰尾部石堆结束，土堆开始。另外，笔者参考相关地图和谷歌卫星地图测得，从黑石沟上游到大角峰约5公里，这相当于12韩里（1里等于420米）。另据朝鲜学者黄铁山于1948年7月实地踏查后发现，沟的东南岸有石堆共计

---

① "泡石浦"位于黑石沟土堆尽头的下方，又称"杉浦"，似指下游沙道。据笔者实地考察，土堆尽处为浅浅的沙道，沙道上有火山喷发时留下的浮石，又称"水泡石"，泡石浦的名称大概由此而来。

106个，长度5391米①，这相当于12.8韩里。因此可以认为黑石沟石堆的长度为12～13韩里。由此可见，金禹轼所说的石堆长20余里也是靠不住的。我们无从了解金禹轼是否参考了康熙五十一年许梁供词（其内容记载于《朝鲜肃宗实录》和《备边司謄录》中），不过如果考虑其背后有西北经略使鱼允中的支持，而鱼氏又是主张图们江以北的间岛属于朝鲜的强硬人士②，那么其中夸大或者伪造的可能性就难以排除了。

韩国学者姜锡和在有关笔者著书（《韩中国境史研究》，慧眼2011年）的书评中，对笔者所主张的，朝鲜人设标的90多里中，前50多里是黑石沟的长度，后40多里是从黑石沟的沟尾到红土水的木栅的长度，提出质疑。他认为，根据康熙年间设栅的许梁的供词来看，黑石沟的堆标总长度为90多里，这与光绪年间勘界时所说的"堆之尽处，距碑已九十里"相符，所以康熙年间设标的90多里全都在黑石沟上，连接到了松花江上游。③ 实际上，这就是土门、豆满"二江说"的依据。姜锡和虽然指出康熙年间设标的水是松花江上游，但是他承认这是朝鲜连错的水源，即本想连到图们江上，却误连到了松花江上。以上姜锡和对笔者观点的质疑，是在不了解黑石沟土石堆实际分布的情况下，用光绪年间勘界时不正确的里数套在了康熙年间设标的里数上，也许这正是金禹轼、鱼允中等人所希望的吧。还有一个问题是，姜锡和没有把许梁供词中的"至涌出处四十余里"从黑

---

① 参见（韩国）*News Maker* 611号，2005年2月15日。
② 金允植、鱼允中：《从政年表·阴晴史》，国史编纂委员会编：《韩国史料丛书》6，1955年，第162页。
③ 姜锡和：《朝清国境问题的新视角——对李花子著〈韩中国境史研究〉（慧眼2011年）的书评》，仁荷大学校韩国学研究所编：《韩国学研究》第26集，2012年，第555页。

石沟中剥离出去,因为从史料记载看,所谓"涌出处"指的是图们江涌出处,而不是松花江涌出处。

四、小　结

通过参与康熙五十一年定界的朝方人员的第一手资料,如军官李义复的记事,译官金指南的日记,接伴使朴权的日记,以及《朝鲜肃宗实录》所载差使员许梁的供词,《同文汇考》所载穆克登的咨文和朝鲜二使的呈文,首尔大学奎章阁收藏的《白山图》等,可以确认穆克登指定黑石沟为图们江断流处,涌出处则位于甘土峰下,即今天赤峰附近的图们江源,甘土峰则可以比定为今天的双目峰。按照穆克登的要求,朝鲜不仅在黑石沟的东南岸设置了石堆和土堆,还在从黑石沟的沟尾到图们江源的平地上设置了木栅和土墩。然而学者们在研究中往往忽略了后一段木栅,还错误地以为黑石沟土石堆和松花江相连。

光绪年间第一次勘界时,双方报告书中所谓(黑石沟)"堆之尽处,距碑已九十里",不仅和康熙年间设标的里数不符,更与实际情况相违。两次勘界时,中方代表坚持认为碑址、堆址位于"松花江掌上",否定是当年的界标,因而双方代表并没有对黑石沟及下游进行认真的勘查。双方报告书中所谓"堆之尽处,距碑已九十里",估计由朝方提供,其中不乏金禹轼等参照许梁供词杜撰的痕迹。在许梁供词中,堆栅的一半位于黑石沟上,另一半位于从黑石沟到图们江源之间。然而金禹轼把全部堆栅放在了黑石沟上,从而得出土石堆长度80～90里的结论,其目的当然是为了造成黑石沟与松花江相连的假象。然而通过实地踏查不难发现，所谓"堆之尽处，距碑已九十里"，远远超出黑石沟土石堆的实际长度（约23公里，合54韩里），从而露出破绽。

要想了解黑石沟土石堆的真相，单靠史料是不够的，必须进行实地考察。只有将实地考察和文献研究相结合，才能拨开迷雾见真相。据笔者实地考察和研究发现，从立碑处开始先有300～400米的木栅向东南连接到黑石沟上游；自此沟子向东南延伸1.6公里，再折向东北延伸20多公里，沟尾已然到达天池的东北方。其东南岸先有石堆，堆高约1米，堆距40～50米，相沿5.3公里，到达大角峰。从大角峰开始筑有土堆，堆高1.5米，堆距80～90米或者100米，相沿18公里到达沟尾。即土石堆长度23公里。从土堆尽头，沟子向前延伸数百米，沟形消失无踪，只留下流水的痕迹沙道向前延伸。而沙道在距离黄花松甸子约500米处最终消失，表明曾在沟子里流淌的水流至此完全渗入地下，黑石沟至此完全终结。总之，黑石沟是一条干沟，没有地表水直接流入松花江，黑石沟东南岸的土石堆也不和松花江相连。黑石沟全长约24公里，合57韩里。

图们江正源考

根据1962年签订的《中朝边界条约》,弱流河、红土水汇合处以下正式被称作图们江,朝鲜称"豆满江";此二水汇合处的赤峰(位于吉林省和龙市)被称作图们江发源地。赤峰又被称作"红土山",红土山水或红土水的名称由此而来。为了叙述上的方便,本文将弱流河、红土水的汇合之水也称作"红土山水"——实指今天的图们江干流,以便和石乙水、红丹水、红旗河、西豆水等支流区别开来。

红土山水成为图们江正源和干流,既与自然地理因素、历史习惯有关,还与中朝两国的定界(康熙五十一年)、勘界(光绪十一年、十三年)有关。本文先从中朝边界沿革史的角度,考察红土山水成为图们江正源的过程;再从地理学确定江源的原则出发,考察红土山水成为图们江正源的自然地理依据是否充足。

一、穆克登确定的图们江正源

康熙五十一年(1712年),清朝为了编纂《一统志》和制作《皇舆全览图》,派乌喇总管穆克登前往长白山查界,他在鸭绿江、图们江二源之间的分水岭上立碑,碑文记载"西为鸭绿,东为土门,故于分水岭上勒石为记",从而完成了查水源、定界的任务。

此次穆克登查水源、定界，是从中朝两国以鸭、图二江为界的历史事实，以及二江发源于长白山天池的地理认识出发的。有关鸭绿江、图们江和松花江发源于长白山天池，在元、明、清三代地理志中有记载，如《元一统志》《明一统志》及康熙二十三年（1684年）编纂的《盛京通志》均有相关内容。而康熙五十一年康熙帝派穆克登前往长白山查水源、划界，也强调了这一点，如康熙谕旨指出：

> 混同江，自长白山后流出，由船厂打牲乌拉向东北流，会于黑龙江入海，此皆系中国地方。鸭绿江，自长白山东南流出，向西南而往，由凤凰城、朝鲜国义州间流入于海。鸭绿江之西北，系中国地方，江之东南，系朝鲜地方，以江为界。土门江，自长白山东边流出，向东南流入于海。土门江西南，系朝鲜地方，江之东北，系中国地方，亦以江为界。此处俱已明白。但鸭绿江、土门江二江之间地方，知之不明。……"……乘此便至极尽处，详加阅视，务将边界查明来奏。"①

如上引文，康熙帝指出混同江即松花江从长白山后流出，即北边流出；鸭绿江从长白山东南流出；土门江从长白山东边流出。这一段有关三江源的描述与实际流向非常吻合，这与他多次派人考察长白山有关。如在康熙十六年（1677年），他派遣内大臣武默讷溯松江河而上考察长白山；康熙二十三年又派遣驻防协领勒

---

① 《清圣祖实录》卷246，康熙五十年五月癸巳，第6册，第441页。

楚等，溯鸭绿江而上考察长白山。① 通过这些考察，康熙帝准确把握了三江源的具体位置和流向等地理信息。

康熙帝并不满足于此，为了进一步调查鸭、图二江之源和划分长白山界线，他派遣乌喇总管穆克登前往长白山考察。同年四月，穆克登带领画员、通事、甲军等数十人，在朝鲜官员的陪同下，溯鸭绿江而上，登上长白山顶天池，再从天池南下寻找鸭、图二江之源。② 如前述，由于鸭绿江源紧靠天池，位于天池东南麓，穆克登很快确定了江源。但是图们江源距离天池较远，无论是在天池东边发源的红土山水，还是在东南边发源的红丹水，距离天池均超过百里（韩里）。另一条较长支流西豆水，其发源地位于天池东南400～500里（韩里）的鹤项岭③；红旗河则发源于天池东北150多里的甑峰岭④。后两条支流，一条距离天池太远，另一条位于天池东北边，因而都被排除在水源考察的范围外。

有关穆克登确定的图们江源，学界尚存争议。有人认为定了红丹水⑤，也有人认为定了红土山水⑥，还有人认为定了黑石沟连接松花江上游，后者系日韩学者所主张的所谓土门、豆满"二江说"。以下我们不妨通过康熙《皇舆全览图》、首尔大学奎章阁收藏的《白山图》，以及齐召南编纂的《水道提纲》，来对

---

① 有关康熙帝派遣武默讷、勒楚等考察长白山，详见李花子：《明清时期中朝边界史研究》，第174～181页。
② 洪世泰：《白头山记》，第133～138页。
③ 总理衙门辑：《吉朝分界案》，第1807～1808页。
④ 杨光浴主编：《中华人民共和国地名词典》"吉林省"卷，商务印书馆1994年，第369页。
⑤ 陈慧：《穆克登碑问题研究——清代中朝图们江界务考证》，第93～184页。
⑥ 李花子：《明清时期中朝边界史研究》，第56～87页。

照和辨别图们江正源对应的是哪一条河流。因为康熙舆图、《白山图》和《水道提纲》都被判明与康熙五十一年穆克登定界有密切关联。

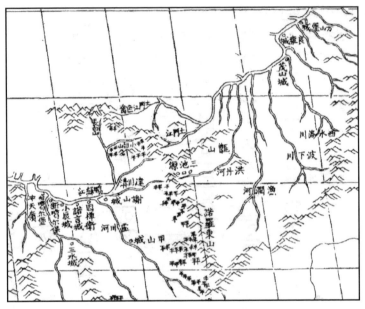

图 16　康熙《皇舆全览图》之《朝鲜图》的一部分
（1943 年福克司影印本）

我们参考《皇舆全览图》（图 16、图 17，以下简称"舆图"）和《白山图》（图 3），可以发现图们江上游有几条河流，自西向东依次为图们江干流、红丹水（洪丹河）、鱼润江（西豆水）、朴下川（舆图标为"波下川"，今延面水）、西水洛川（成川水）、小图们江（红旗河）等。以上图中所示河流名称，虽然与今天的图们江上游支流有差异，但基本可以一一对应。值得注意的是，图们江干流尚无具体名称，最上游标为"土门江色禽"即图们江源，它从天池东南麓发源后向东流，接收众多

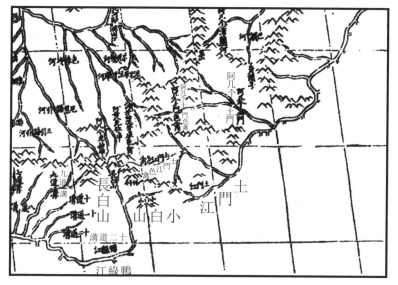

图17　康熙《皇舆全览图》的部分

（鸭绿江、图们江以北地区）（1943年福克司影印本）

支流，依次与红丹水、鱼润江、朴下川等支流汇合，显然可以和今天从赤峰向下流的图们江干流相对应，亦即红土山水。

再看一下舆图，沿图们江干流溯流而上，有两个大的支汊，一个是南支，一个是北支。南支从小白山发源，自西向东流，紧贴甑山北边入图们江，从其流向和方位可以判断即是石乙水。北支向东南流，溯流而上最上游又分为北、中、南三个支汊，中间的支汊标有"土门江色禽"①，"色禽"即满语的"江源"，可见它是正源，那么它对应哪一条河流呢？

我们不妨参考一下齐召南的《水道提纲》。齐召南是台州

---

① 不少辞书里记载图们江又称"图们色禽"，意思是"万水之源"，这个解释是错误的。"图们色禽"特指"图们江源"，没有"万水之源"的意思。

人，乾隆元年（1736年）考取博学鸿词科，授翰林院编修官，同年参与编纂清《一统志》。他久在志馆，备见天下地图，尤其参考了康熙《皇舆全览图》，他告归老家后开始编写《水道提纲》。① 我们参考该书有关图们江水系的叙述，不难发现该书参考了康熙《皇舆全览图》，以及穆克登定界时留下的资料，虽然后者现在已无可考。《水道提纲》记述图们江的内容如下：

> 土门江源出长白山顶之东麓，曰土门色禽。东流若隐若见数十里，折东北流又数十里，有一水自西北，一水合二源自南来并会，俱长白支峰也。东南流百余里，有一水合二源，自西南来会（水南即朝鲜国）。折而东北流百数十里，南岸受小水二、大水一（二小水，皆甑山以北北流，仅百里许。大水曰洪丹河源，西南出大山，合三池源之水，东流百数十里。折东北流，合东一小水，又北流。经甑山东麓，又东北而北百余里，入土门江）。稍东有阿几个土门，自西北合一水，东南流来会（……）。又东北百里，南岸受水二（一曰渔顺河，自南合两源北流，又合一水，行三百余里，入土门江。一曰波下川，三源合而北流，曲曲二百数十里，入土门江）。至大山东麓折北流，受东来二水，其东岸朝鲜茂山城也。②

如上引文，图们江源出长白山顶之东麓即天池东麓，"曰土门色

---

① 齐召南：《水道提纲》提要、原序，《景印文渊阁四库全书》，台湾商务印书馆1986年影印本，第583-1～583-4页。

② 齐召南：《水道提纲》卷26，"东北海诸水·土门江"，第583-296～583-297页。

禽，东流若隐若见数十里，折东北流又数十里"，这段文字中的"若隐若见"的"土门色禽"，在《白山图》中可对应那条断流之水，即标有"入地暗流"字样的图们江源。换言之，舆图中的"土门江色禽"可能对应的是连接鸭绿江源和图们江源的土石堆和木栅，即沿设于黑石沟的土石堆和其下连接红土山水的木栅。①

沿着《水道提纲》所述图们江顺流而下，在土门江色禽"东流若隐若见数十里，折东北流又数十里"之后，"有一水自西北，一水合二源自南来并会，俱长白支峰也"。这其中北支似为今天自西北向东南流的弱流河，南支似为今红土水、母树林河汇合之水，仍称红土水。而文中的"长白支峰"可能指赤峰（红土山）、长山岭（真长山）等山脉。继之，向"东南流百余里，有一水合二源，自西南来会（水南即朝鲜国）"。这个自西南来会的支流指石乙水，这条水在舆图中标为"土门江"。如上，之所以将图们江干流的南支（石乙水）标为"土门江"，北支（红土山水）标为"土门江色禽"，是因为这两条支流的水量大小相当，是构成图们江的重要支流。②

之后，"折而东北流百数十里，南岸受小水二、大水一（二小水，皆甑山以北北流，仅百里许。大水曰洪丹河源，西南出大

---

① 有关黑石沟和图们江源之间的堆栅，详见李花子：《康熙年间长白山定界与图们江上流堆栅的走向》，《朝鲜·韩国历史研究》第13辑，延边大学出版社2013年。

② 有的学者因舆图将石乙水标为"土门江"，因而主张穆克登定了石乙水。还有学者主张穆克登立碑于其西边的小白山（参见马孟龙：《穆克登查边与〈皇舆全览图〉编绘——兼对穆克登"审视碑"初立位置的考辨》），提出所谓"移碑说"，这是值得商榷的。结合史料分析不难发现，穆克登定的是土门江源，舆图中的"土门江色禽"是定界的水，即是两国的界河。

山，合三池源之水，东流百数十里。折东北流，合东一小水，又北流。经甑山东麓，又东北而北百余里，入土门江）"。这里的南岸受小水二，指的是从甑山东北向北流的两条小支流，朝鲜称之为"长坡水"，流经朝鲜长坡地方。从南边汇入的大水即红丹水，发源于三池渊以东，向东北流二百余里，"入土门江"。既然说红丹水"入土门江"，那么它显然不是图们江干流或者正源，而是图们江支流，这恰恰说明北流即红土山水是正源，石乙水也是支流而不是正源。

继续向下，"稍东有阿几个土门，自西北合一水，东南流来会"。这里的"阿几个"，满语意思是"小"，"阿几个土门"即"小图们"，指今天的红旗河。关于红旗河，在1712年定界时穆克登曾与朝鲜接伴使朴权起过争执，穆克登定的是红土山水，而朴权主张红旗河是"真豆江"即图们江正源，并要求溯红旗河而上重新查水源，这遭到了穆克登的反对。因为穆克登到达茂山与朴权见面时，不但完成了在天池东南麓分水岭上的立碑，还派出笔帖式带着奏文向皇帝报告去了。于是穆克登只得回答：若要重新查水源，需由国王向皇帝奏闻。① 或许因为二人起过争执，所以为了避免发生误会，在5年后制作完成的《皇舆全览图》（1717年）上，红旗河明确标为"阿集格土门"即小图们江，以便和"土门江色禽"即大图们江区别开来。后来编纂的《会典图》更明确记载："大图们江出长白山东麓，二水合东流。小图们江出其北山，二水合东南流来会"②，即用大、小图们江之名将二者区别开来。

---

① 《朝鲜肃宗实录》卷51，肃宗三十八年六月乙卯。
② 《钦定大清会典图（嘉庆朝）》卷91，"舆地"，文海出版社1992年影印本，第3176页。

继续沿流而下,"又东北百里,南岸受水二(一曰渔顺河,自南合两源北流,又合一水,行三百余里,入土门江。一曰波下川,三源合而北流,曲曲二百数十里,入土门江)"。在这里,自南边汇入的两条支流,一条是渔顺河即鱼润江,指今天的西豆水;一条是波下川即朴下川,指今天的延面水。

再向下,"至大山东麓折北流,受东来二水,其东岸朝鲜茂山城也"。这里,"东来二水"中的一条水是在茂山附近汇入图们江的今城川水,舆图标为"西水洛川",至此图们江水流到了茂山。

以上《水道提纲》所述图们江水系的内容,主要表现了"土门江源"从天池东麓流出以后,沿途接收众多支流,一直流到茂山的情景。这些内容与康熙舆图基本能够一一对应,甚至包括在舆图中看不到的内容,如土门江色禽"东流若隐若见数十里,折东北流又数十里"。这说明作者齐召南除了参考康熙舆图以外,可能还参考了穆克登定界时留下的文献资料,才使得内容更加充实和丰富。

总之,根据康熙舆图、《白山图》及《水道提纲》,可以确认穆克登确定的图们江正源是红土山水。[①] 而舆图中的"土门江色禽",可能并非真实的水流,而是指黑石沟连接红土山水的堆栅部分。

[①] 从史料记载来看,穆克登原想定的是图们江源的北支(第一派,似为弱流河),但他却误定了附近的松花江五道白河,后来朝鲜在设栅时纠正了穆克登的错误,将木栅连接到了正确的图们江源上,似为图们江源的南支(第二派),即今天的红土水。详见李花子:《穆克登错定图们江源及朝鲜移栅位置考》;李花子:《康熙年间长白山定界与图们江上流堆栅的走向》。

二、光绪勘界时围绕图们江正源的争论及对后世的影响

光绪年间的两次共同勘界,主要是由于朝鲜人大规模越境开垦图们江以北地区,同时围绕图们江界产生分歧。所以双方代表集中勘查了图们江上游的几条支流,自东向西包括西豆水、红丹水、红土山水。勘界路线也是溯图们江而上,先齐聚朝鲜会宁,溯江而上到达三江口(西豆水、红丹水、红土山水汇流处,今和龙崇善乡),再从这里分三路分别勘查三条支流及其发源地。[①]

首先,双方代表对西豆水进行了勘查,发现其上游分为东、西二源,东源位于长白山东南 400~500 韩里的朝鲜鹤项岭,流长 400 余韩里(实际约 173 公里[②]),流入图们江。西源是西豆水的正源,但由于路远雪大,双方代表未能到达发源地。西源发源于蒲潭山,又称宝髻山(胞胎山)、甫多会山,其发源地位于长白山东南 180 韩里,流长 280 韩里,再与东源汇合。另外,双方代表发现蒲潭山的西边仅隔 2~3 韩里有鸭绿江水,即鸭、图二江对源,表明这里也是一处分水岭。尽管西豆水的流长超过其他所有支流,即是最长的支流,但是其发源地距离天池较远,

---

[①] 有关光绪年间两次勘界的经过,详见杨昭全、孙玉梅:《中朝边界史》,第 253~368 页。

[②] 金贞培、李瑞行等编:《白头山——述说你的现在与未来》,韩国学中央研究院出版部 2010 年,第 218 页。

流经之地均是朝鲜内地，所以不久被排除在正源考察的范围外。①

其次，双方代表对红丹水进行了勘查。红丹水是中方代表所主张的图们江正源和要求划界的地方，其发源地位于长白山东南约 130 韩里的三池渊以东，与鸭绿江发源地相隔约 70 韩里。除了前述宝髻山以外这里是又一处分水岭，朝鲜称之为"虚项岭"。中方代表之所以要求以三池渊、红丹水划界，一是因为这里鸭、图二江对源；二是三池渊、红丹水以南不再有松花江支流，所以无碍于松花江；三是这里与天池相隔稍远（130 韩里），所以在这里划界无碍于长白山。红丹水在三池渊以东发源后，向东流 200 余韩里（实际长度 76 公里②），与红土山水汇合，再向下流 30 多韩里，与西豆水汇合。③

再次，红土山水是双方勘查的另一个重点。红土山水发源于今天赤峰（红土山）附近，主要有三条支流，即红土水、弱流河、母树林河，分别在赤峰西边和东南边汇合。其发源地位于天池以东约 100 韩里，流长 120 余韩里（实际长度 63 公里④），再与红丹水汇合。⑤ 红土山水是第二次勘界时朝方所主张的图们江正源和要求划界的地方。朝方的依据，一是参考清朝舆图（民间刻本）和《会典图》认识到它是穆克登确定的图们江正源；二是朝方代表李重夏通过实地勘查，发现了黑石沟和红土山水之间的堆标遗迹，据此认识到碑、堆、红土山水是相连的，即是穆

---

① 总理衙门辑：《吉朝分界案》，第 1807～1814 页。
② 金贞培、李瑞行等编：《白头山——述说你的现在与未来》，第 218 页。
③ 总理衙门辑：《吉朝分界案》，第 1807～1814 页。
④ 笔者根据谷歌卫星地图计算而得，可能有一些误差。
⑤ 总理衙门辑：《吉朝分界案》，第 1807～1814 页。

克登确定的当年旧界。①

除了以上三条支流以外，石乙水是第二次勘界时中方代表所关注的一条支流，韩文称"岛浪水"，意思是"小水沟"，表明水流不大。其发源地位于小白山以东，水流细而长，自西南向东北流，流长40余韩里（实际长度17公里②），与红土山水汇合。相比于红丹水被看作三池渊之水，红土山水被看作长白山之水，石乙水则被看作小白山之水。石乙水发源地位于小白山以东，且在地形上以沟道与小白山相连。据双方代表勘查发现，从石乙水发源地，先有一个约12里长的沟道向西延伸，隔一个5里长的草甸子，再有约22里长的沟道向西延伸，一直到达"小白山西面第一峰之东麓下"。③ 石乙水是第二次勘界时，中方代表放弃红丹水以后要求划界的水源，即认为石乙水是图们江正源。④

如上所见，在1887年第二次勘界时，双方代表就是在红丹水、红土山水、石乙水三条支流中分辨正源和次源。朝方的着眼点放在寻找康熙旧界，要求守住碑、堆、红土山水线；中方的着眼点放在寻找"分水岭"，要求避开以长白山作为分水岭，同时避开以长白山东麓发源的红土山水作为正源，先选择了三池渊及其东面发源的红丹水，后选择了小白山及其东面发源的石乙水，主要担心有碍于长白山发祥地，有碍于松花江。

其实，经过两次勘界，双方代表在图们江正源上差距不大，中方所主张的石乙水和朝方所主张的红土山水，属于同一

---

① 光绪年间勘界时双方代表的主张，详见李花子：《明清时期中朝边界史研究》，第38～104页。
② 金贞培、李瑞行等编：《白头山——述说你的现在与未来》，第217页。
③ 李重夏：《勘界使交涉报告书》，胶片第23页。
④ 总理衙门辑：《吉朝分界案》，第1853页。

条河流的两个相近支汊，相距不过10余里。主要的分歧在于这两条河流的发源地即所谓分水岭，朝方主张天池东南麓（穆克登立碑处）为鸭、图二江分水岭，中方则主张小白山为二江分水岭。

如前述，光绪年间的勘界虽然最终以失败结束，但是双方达成了以图们江为界的共识，特别是在红土山水、石乙水合流处以下达成了以图们江为界的共识，这一勘界结果对后来中日、中朝边界谈判产生了影响。如1909年签订的中日《间岛协约》规定："中韩两国以图们江为界，其江源地方自定界碑起至石乙水为界"，这里石乙水是光绪勘界时中方要求划界的河流，定界碑则是朝方要求划界的地方，显然是双方妥协的产物。

1949年中华人民共和国成立以后，中朝两国重新划分了长白山地区的边界。在谈判过程中，双方的分歧点主要集中在长白山天池归属问题上。① 双方各自要求将天池归入自己界内，如1954年朝方绘制的《朝鲜全图》，将长白山天池整个包括在朝鲜版图内，两国界线从鸭绿江上游绕过天池西边和北边，笔直地连接到红土山水上。实际上，这幅《朝鲜全图》上的中朝边界线，比起光绪勘界时朝方要求划界的碑、堆、红土山水线还要靠北。再如1958年中方绘制的《中华人民共和国挂图》，双方界线从图们江上游石乙水开始，向西连接三池渊，再连接到鸭绿上游鲤明水上，同样把长白山天池包括在中国版图内。这条分界线比起光绪勘界时中方所要求的小白山、石乙水线还要靠南，取的

---

① 参见《中华人民共和国边界地图集》，1959年，第3～7页。

是三池渊、石乙水线。①

最后，双方达成妥协，在长白山天池上各让一步。根据1962年在平壤签订的《中朝边界条约》及1964年在北京签订的《中朝边界议定书》，长白山天池被一分为二，约54.5%归属朝鲜，45.5%归属中国。两国界线从西南向东北横穿天池，笔直地连接到红土山水上，确切地说连接到了红土水、母树林河汇合处，在这里树立了20号界碑。这条新的边界线，无论是相比于康熙年间的穆克登定界，还是光绪年间的勘界，以及1909年《间岛协约》的规定，长白山天池附近的界线明显地向北移了。换言之，无论是长白山天池的归属，还是图们江正源的确定，明显有利于朝方。对此，韩国学者李钟奭分析认为，这个划界结果与当时中朝两国关系处于蜜月期不无关系，当时中苏两国正在进行论战，而朝鲜实行的是亲中国的路线，所以中方采取了在外交上罕见的让步。②

总之，中朝两国通过1962年签订的《中朝边界条约》，以国际法承认的条约的形式明确划分了长白山地区的界线，解决了自光绪以来的边界纷争，为之后半个多世纪中朝两国关系的稳定发展奠定了基础。红土山水自康熙定界以来再次被确定为图们江正源，在很大程度上是以长白山天池作为鸭、图二江发源地和分水岭的结果。如前述，从自然地理的因素来看，红土山水是发源于长白山东麓的水，即被认为是长白山之水。

---

① 参见《中华人民共和国边界地图集》，1959年，第3～7页。
② 参见李钟奭：《朝鲜—中国关系（1945—2000）》，首尔：图书出版中心2004年第3版，第231～236页。

三、从地理学上确定江源的因素看图们江正源

地理学界对如何确定河流的正源，没有统一的标准，主要有以下几种主张：一是"河源唯远"，以距河口最远点为河流的发源地（源头），即依河流长短，水流最长者为正源；二是依河网平面图的上下游一致性，即源流与下游干流流向比较一致，形似于流向上的自然延长者为正源；三是依水量之多寡，水量大者为正源；四是依历史习惯。维持人们长期以来的普遍看法，而不去轻易变更；五是依河谷发育期的早晚，河谷形成较早者为正源。此外，还有强调流域面积大小和发源地海拔高低的。①

根据以上地理学上确定江源的标准，看一下图们江正源的依据是什么及是否充足。如前述，图们江上游主要有以下支流：西豆水、红丹水、红土山水、石乙水、红旗河等。下面分别从河流的长度、水量的大小、水流的方向是否顺直以及历史习惯等方面，来分析这几条河流是否符合正源的条件。

一从河流的长度来看，西豆水（173公里）最长，其次是红丹水（76公里），红旗河（65公里）和红土山水（从发源地到与红丹水汇合处为63公里）不相上下。

二从水流的方向与干流的一致性来看，图们江干流除了在稳

---

① 石铭鼎：《关于长江正源的确定问题》，《地理研究》1983年第1期，第29～30页。

城附近形成"几"字形转向东南以外,大部分河段向东北流或者向东流,与之最接近的是红丹河,其次是红土山水。而西豆水的流向几乎和干流成垂直关系,即自南向北流;红旗河也是自西北向东南流,几乎和干流成垂直关系。也就是说,西豆水是自南边汇入的垂直河流,红旗河是自北边汇入的垂直河流。

三从水量的大小来看,图们江上游支流缺乏准确的水文测量数据,所以无法用数据来说明问题,只能依据历史的调查结果,再结合笔者近几年实地考察的结果来进行分析。首先在西豆水汇入图们江处观察,现在的西豆水水量明显小于与之汇合的图们江干流;我们通过1712年穆克登定界时绘制的《白山图》(图3)及康熙《皇舆全览图》(图16),同样可以发现西豆水小于图们江干流。从两幅图所示河流的粗细来看,"渔润河"(西豆水)明显比图们江干流要细,说明其水量小于干流。再到红旗河汇入图们江处观察,现在的红旗河与干流的水量不相上下;再回溯到1712年穆克登定界时,通过康熙舆图观察,二者不相上下,或许红旗河稍小于图们江干流,或许正因为这一点,当年朴权曾向穆克登争辩说红旗河是图们江正源("真豆江")。再到红丹水汇入图们江处观察,现在的红丹水明显小于图们江干流,或许这和朝鲜大红丹郡用于灌溉有关;但是我们回溯到光绪年间勘界时,李重夏曾指出:红土山水的水势,"较洪丹(红丹水),不啻倍蓰"①,说明红土山水比红丹水大。长白山地区在过去200～300年间,自然环境保护得相对较好,水量的相对差似乎不大。

再看一下红土山水、石乙水。此二水在干流的重叠部分相当

---

① 李重夏:《勘界使交涉报告书》,胶片第28页;《图们界卞晰考证八条》,胶片第35页。

多，只是在距离赤峰约8公里的地方自南边分出一个支汊来，此即石乙水。从这两条河的水流长度来看，今天的红土山水从发源地到（红土山水、石乙水）汇合处约长16公里①，石乙水从发源地到汇合处约长17公里②，长度不相上下。另从水量大小来看，二者也不相上下。③ 从《白山图》看，石乙水画得较粗，红土山水较细；而从长短来看，红土山水较长，石乙水较短；从康熙舆图来看，正好相反，即红土山水比石乙水流量较大、流长较长，实际上差距不甚大。

综合以上，可以认为红土山水成为图们江正源遵循了水量大的原则，即沿图们江干流溯流而上，除了红旗河、石乙水与干流不相上下以外，其他支流如西豆水、红丹水的水量均小于干流，即红土山水是溯干流而上其中水量较大的河流。

四从历史习惯来看，图们江在很早以前就被看作发源于长白山的水，元、明、清三代的《一统志》，清代的《盛京通志》，以及朝鲜初期官撰地理志《东国舆地胜览》等，均有相关记载。1712年穆克登定界时就是从这一原则出发，选择了靠近长白山天池的图们江头源，此即红土山水。到了1962年签订《中朝边

---

① 笔者根据谷歌卫星地图计算而得，估计有些误差。
② 金贞培、李瑞行等编：《白头山——说出你的现在和未来》，第217页。
③ 在光绪勘界时，朝方代表李重夏认为红土山水更大，而中方代表认为石乙水更大。如李重夏指出："至于水之大小论之，至小红丹汇流处左右看二水，则不得不谓红土之大于红丹也。又至石乙水汇流处观之，则大源、小派自有众人之公眼，何必重辨乎。"即李重夏认为红丹水小于红土山水，石乙水也小于红土山水。又如中方代表秦煐等向吉林将军报告时指出："以石乙、红土两水分流处相较，石乙水宽约三丈有余，红土水仅宽二丈，宽阔相去倍半；即两水之长短而论，石乙水源亦较长于红土水源，而且源流相贯。"即认为石乙水无论从宽度，还是从流长上，都比红土山水要大。不过该处没有提到水量的大小，估计在水量上如李重夏所言，红土山水略大一些。参见李重夏：《勘界使交涉报告书》，胶片第28页；总理衙门辑：《吉朝分界案》，第1855～1856页。

界条约》时，在将长白山天池一分为二的同时，以位于天池正东方向（约37公里①）的红土山水为正源，这同样是以天池作为二江发源地和分水岭划界的结果。从这一点来说，无论是流长最大的西豆水，还是水量与干流不相上下的红旗河、石乙水等，均不占优势。总之，红土山水成为图们江正源，除了遵循流量大的原则以外，其发源地位于长白山天池正东，因而被看作长白山之水，恐怕起了重要作用。

以上所见，在图们江上游各条支流中，红土山水无论是在流量上，还是在与干流的顺直程度上，以及发源地位于长白山天池以东，因而被看作长白山之水，即是距离天池最近的头源等方面，均占有优势。或许这些因素使其克服了长度不是最长的缺点，在历史上两度被选定为图们江正源，并最终成为中朝两国的界水。

再看一下红土山水的支流状况。红土山水在赤峰的东边分为南支和北支，北支即弱流河（又叫圆池水）②，南支即红土水。这两条支流从流长上看，红土水的长度为7.5公里，弱流河的长度仅1.7公里，③红土水胜过弱流河。从流量上看，红土水也比弱流河要大，这一点从北支被称作"弱流河"可见一斑。

另外，红土水在赤峰的西边又分为南、北二源，北源母树林河从中国境内流进来，南源红土水从朝鲜境内流进来，二源汇合以后仍称红土水，表明南源是正源，这是根据1962年《中朝边

---

① 根据1964年签订的《中朝边界议定书》，可以得出从天池到赤峰约37公里。
② 弱流河虽被称作"圆池水"，但并不是自圆池发源的。据笔者实地考察，其发源地位于圆池以东，是一个小泉水，起初断断续续、若有若无，之后流出地面，向东南流，到了赤峰东面，再与红土水汇合。
③ 红土水、弱流河的长度，根据1/50000地图、谷歌卫星地图，再结合笔者实地考察（弱流河发源地）的结果计算而得。

界条约》规定的。另据笔者实地考察，红土水南、北二源中，从流量上看，北源母树林河要大于南源红土水（汇合以前）。在流长上，母树林河小于红土水（汇合以前），前者长约3公里，后者长约4.5公里。① 而在流向上，红土水较为顺直，笔直地向西延伸，而母树林河的河道较为弯曲。所以尽管母树林河的流量更大，但是在流长和顺直程度上红土水更占优势。总之，红土水成为正源，母树林河成为支流。

今天人们所说的"图们江发源地"指位于赤峰东边的红土水、弱流河汇合处，这是根据1962年的《中朝边界条约》确定的。② 虽然二水汇合处并非地理学意义上的河流的源头，但是这里有图们江上游最主要的两条支流——红土水和弱流河，又有明显的地理标识——赤峰，所以这里被称作图们江发源地。据笔者实地考察，图们江上游无论是弱流河发源地，还是母树林河发源地，均是平坦的草地或者森林，没有山脉等明显的地理标识，而赤峰恰好弥补了这个缺陷。在历史上赤峰似乎也被认为是图们江发源地，这在朝鲜古地图中有反映。例如《北关长坡地图》（1785年，图13），其上图们江源头标有"赤岩"二字，似指今天的赤峰。

---

① 红土水（与母树林河汇合以前）、母树林河的长度，根据1/50000地图、谷歌卫星地图计算而得。

② 根据1962年《中朝边界条约》，弱流河、红土水汇合以后正式被称作图们江。

四、小　结

在历史上红土山水两次被选定为图们江正源，一次是在1712年，一次是在1962年。这既与自然地理的因素、历史习惯等有关，还与中朝两国的定界（1712年）、勘界（1885年、1887年）等密切相关。1712年穆克登确定的图们江正源是红土山水，朝鲜设栅的水也是该水。而在1885年、1887年勘界时，中朝两国在图们江干流的大部分水域达成了以图们江为界的共识，只差到达源头的十余里存在争议，其实，主要的争议点集中在分水岭，即以长白山东南麓为（鸭、图二江）分水岭，还是以小白山为分水岭。此次勘界结果对以后中日《间岛协约》（1909年）及《中朝边界条约》（1962年）的签订产生了影响。

从自然地理的因素看，诸支流中，红土山水是沿图们江干流溯流而上，其中流量较大的；在与干流的顺直程度上，也是较为顺直的。另外，在地理位置上，其发源地位于长白山天池以东，属于离天池最近的头源，符合图们江发源于长白山天池这一历史习惯。以上三点，使其克服了流长不是最长的缺点，两次被选定为图们江正源，并最终成为中朝两国的界水。

光绪十一年、十三年勘界的再评析

有关光绪十一年、十三年中朝两国共同勘界,国内外学者已有不少研究。国内学者一般认为,在1885年勘界时朝方误以为土门、豆满是二江,提出图们江以北地区属于朝鲜,致使谈判失败;在1887年第二次勘界时朝方虽然承认这是错误的,但要求以碑堆、红土山水为界,中方则提出以南边的小白山、石乙水为界,由于双方意见相左,谈判无果而终。① 后来中方沿小白山、石乙水树立了"华夏金汤固,河山带砺长"的"十字碑",却被朝鲜人毁掉了,这是所谓"十字碑"遭毁说。②

韩国学界一般认为土门、豆满是两条不同的江,中朝两国应以土门江(指松花江上游)为界,而不以豆满江(今图们江)为界,两次勘界时中方拒绝承认这一点,致使谈判失败。在第二次勘界时朝方之所以承认以图们江为界,并要求以碑堆、红土山水为界,这是迫于中方的压力而做出的"让步"。这个观点最初由日本人筱田治策提出③,后来被韩国学者所承袭④。

---

① 有关1885年、1887年勘界的研究,有张存武的《清代中韩边务问题探源》,杨昭全、孙玉梅的《中朝边界史》,李花子的《明清时期中朝边界史研究》,等等。
② 杨昭全、孙玉梅(《中朝边界史》)和陈慧(《穆克登碑问题研究——清代中朝图们江界务考证》)主张"十字碑"被朝鲜人毁掉,即主张"毁碑说"。
③ 1907年日本在延边的龙井村设立"统监府临时间岛派出所",筱田治策出任总务课长。他在《白頭山定界碑》一书(第223~228页)中,论述了康熙五十一年穆克登定界、光绪年间两次勘界,以及1909年《间岛协约》的签订等内容。
④ 李汉基:《韩国的领土》,第328页。

然而据笔者研究，在第二次勘界时朝方要求划界的碑、堆、红土山水，实为康熙五十一年穆克登确定的边界①，朝方的要求无非是要遵守这个"旧界"，然而由于中方代表的反对使谈判最终失败。另外，在第二次勘界结束以后，中方代表提出的拟沿小白山、石乙水设立"十字碑"的计划，由于朝方的反对未能付诸实施，所以"毁碑说"是不成立的。

在前期研究的基础上，本文试从两次勘界的总指挥清政府总理衙门的两篇奏议入手，分析清政府的勘界目标和原则，再通过考察双方代表对于分水岭和图们江源的不同看法，分析双方的主要分歧点，从而对两次勘界失败的原因和主要症结进行再评析，这将有助于我们准确把握中朝边界演变的客观历史脉络。

一、光绪十一年勘界的总署奏议及中朝双方不同的勘界结果

众所周知，1885年勘界是由于朝鲜边民越过图们江开垦江北土地而引起的，并提出土门、豆满"二江说"，要求两国派代表共同勘查旧界，即康熙旧界。同年二月，朝鲜国王移咨清政府礼部，指出"土门江""豆满江"是两条不同的江，要求查勘境界，"申明旧疆"。② 对此，清北洋大臣李鸿章要求朝鲜"迅派妥

---

① 有关穆克登确定黑石沟、红土山水为界，详见李花子：《明清时期中朝边界史研究》，第56~87页；李花子：《康熙年间长白山定界与图们江上流堆栅的走向》，第175~212年。
② 总理衙门辑：《吉朝分界案》，第1793~1794页。

员",与吉林地方官一起,"认真会勘,分明疆界"。① 于是同年九月双方派代表进行了第一次共同勘界。

清总理衙门(以下简称总署)负责查找文献和起草奏议,以便为勘界提供指导。有关勘界的总署奏议如下:

> 原朝鲜世守藩服,恪供职贡,伊国边界自应亟予勘定,俾无业游民各安耕凿,以副圣朝字小之仁。惟该国所指土们、豆满为两江者实无依据,其所绘地图,亦不明晰。考之载籍,厥证有三。恭查《钦定皇朝通典》边防门、《钦定皇朝四裔考》,均载明吉林、朝鲜以土们为界,别无豆满枝流,一证也。《会典地图》及《一统舆图》载在职方者,土们、鸭绿二江为东西两界,标划分明,别有小土们江在经流之北,亦不得蒙豆满之名,二证也。又朝鲜国人自著《地理小识》云,白头山在中国、朝鲜之界,有大泽,周回十里,西流为鸭绿江,北流为松花江,东流为豆满江,豆满、鸭绿之南则朝鲜也。又云……盖白头乃长白之异名,豆满即土们之转音,方言互殊,实为一水,三证也。至该国咨称康熙五十一年乌喇总管穆克登定界碑文一节,……吉林将军署内当有档案可稽,应请饬下该将军查明界址,派委妥员,会同该国所派官员指证明确,俾免怀疑争执。并分别将流民收回安插,其难于迁徙者,奏明酌量隶入版图,俾各安生业,以恤藩部,而靖边氓。②

---

① "中央研究院"近代史研究所编:《清季中日韩关系史料》第5卷,第1925页。

② 总理衙门辑:《吉朝分界案》,第1795～1799页。

如上引文，总署指出：其一，《钦定皇朝通典》《钦定皇朝四裔考》均载明吉林、朝鲜以土门江为界，别无豆满江支流。其二，清《会典图》及《一统舆图》同样标划以土门江、鸭绿江为界，还有"小图们江"在图们江干流以北。其三，朝鲜人编撰的《地理小识》记载长白山在中国、朝鲜之界，豆满、鸭绿以南为朝鲜界。以上，总署根据中方权威性文献和朝方文献，指出土门、豆满是同一条江，只不过"方言互殊"而已。其四，要求吉林将军查明朝鲜咨文所称"康熙五十一年乌喇总管穆克登定界碑文"的旧档，这是因为清政府"因稿库失慎"，内阁"案卷荡然无存"，礼部康熙五十一年案卷也"因年久霉烂无存"，所以希望吉林将军提供康熙五十一年的相关档案资料。[①] 其五，提出了图们江以北朝鲜流民的安置办法，朝鲜能够收回安插的让其收回，不能收回的则隶入版图，这实际上体现了宗藩关系下清朝对朝鲜边民的怀柔政策。

如上，总署虽然寄希望于吉林将军提供康熙五十一年档案资料，但是吉林将军随后报告说，吉林档案年久霉烂，宁古塔副都统档案遭贼侵而损失，珲春协领建于康熙五十三年（1714年），所以不可能有五十一年档案。[②] 这样一来，有关康熙五十一年穆克登是否前往长白山定界、立碑，只有前一年（康熙五十年）的两道谕旨[③]和朝方提供的碑文可资证明。由于档案资料的缺乏，中方对于穆克登前往长白山是属于清朝单方面的查边还是两

---

① 总理衙门辑：《吉朝分界案》，第1829～1830页。
② "中央研究院"近代史研究所编：《清季中日韩关系史料》第5卷，第1961～1962、2041～2042页。
③ 《清圣祖实录》卷246，康熙五十年五月癸巳，第6册，第441页；卷247，康熙五十年八月辛酉，第6册，第448页。

国的定界，以及边界到底是哪里等，都不甚清楚。

相比之下，朝方有相对完整的康熙五十一年穆克登定界的资料，其中官撰资料如《朝鲜王朝实录》《备边司誊录》《承政院日记》《同文汇考》《通文馆志》等，这些官撰资料内容包括朝鲜接伴使朴权、咸镜道观察使李善溥的状启，清礼部致朝鲜国王的咨文，穆克登要求沿图们江上游无水地段设栅的咨文，以及朝鲜国王致康熙帝的《谢定界表》等。此外，还有随行人员的日记、笔记资料，如朴权的《北征日记》、金指南的《北征录》、金庆门托洪世泰写的《白头山记》等。① 还有反映穆克登定界的各种地图资料，如18世纪中期编纂的《咸镜道图》②、《北关长坡地图》（1785年）③、《茂山地图》（1872年）④、金正浩编纂的《大东舆地图》（1860年代）⑤ 等。考察以上地图资料，在天池东南麓都标出了"定界碑"（康熙五十一年穆克登立），有的还标出了从定界碑到图们江源的土石堆和木栅。

根据以上资料，朝方不难判断康熙五十一年穆克登确定以鸭绿江、图们江为界，这就使前来勘界的朝方代表安边府使李重夏产生了疑问，他无法理解为何朝鲜边民主张碑、堆与松花江相

---

① 金指南的《北征录》一直被其家族后人秘藏，直到1930年由后孙追录，1945年由朝鲜总督府"朝鲜史编修会"抄写出来，现收藏于韩国国史编纂委员会。参见金指南：《北征录》"金世穆序"，第49～50页；李相泰等译：《朝鲜时代士人的白头山踏查记》序，第6页。

② 《咸镜道图》制作于18世纪中期，收入李灿编：《韩国的古地图》，第264～265页。

③ 《北关长坡地图》制作于1785年，收入李灿编：《韩国的古地图》，第64页。

④ 《茂山地图》制作于1872年，收入首尔大学奎章阁编：《朝鲜后期地方地图》，"江原道、咸镜道篇"，2000年影印。

⑤ 《大东舆地图》由金正浩制作于1860年代，首尔历史博物馆收藏（首13157）。

连，而不是与图们江相连。

同年（1885年）九月底，中朝双方代表齐聚朝鲜会宁，准备溯图们江而上进行勘查。中方代表包括吉林将军派出的督理商务委员秦煐及珲春副都统派出的德玉、贾元桂等。从会宁到三江口（今和龙崇善）① 不过是200多韩里的路程，双方代表却费了半个月才到达，围绕是先勘水源还是先勘碑、堆，争论不休。中方代表要求先勘水流，即要求考察哪一条水是图们江正源，以此来划界；朝方代表则要求先勘碑、堆，目的是为了指证碑、堆与松花江相连。十月十五日，双方终于达成妥协，决定分三路，分别勘查图们江上游三条支流（西豆水、红丹水、红土水），以及调查长白山的碑址和黑石沟的堆址。②

双方代表虽然走的是相同的路线，但是考察结果却有很大不同。先看一下中方代表的考察结果。第一，有关立碑处（天池东南约4公里），中方代表认为，这里并不是鸭绿江和图们江的分水岭，而是鸭绿江和松花江的分水岭，碑的西边虽有鸭绿江沟，但是东边的黄花松沟子（黑石沟）却不是图们江源，所以认为立碑处的地理形势与碑文所载"西为鸭绿，东为土门，故于分水岭上勒石为记"不符，指出"此碑非后人伪作，即当年错误"。③ 这一看法直到一年后的第二次勘界时都没有什么变化。

第二，有关鸭、图二江分水岭，中方代表认为，从天池南麓开始，向东南有胭脂峰、小白山、虚项岭、宝髻山（胞胎山）、缓项岭，一直延伸四五百韩里，这是一大分水岭，其西边是鸭绿

---

① 三江口指西豆水汇入图们江处，位于今天吉林省和龙市崇善乡。在西豆水汇入之前，还有两条支流即红土水、红丹水汇入图们江，故该处被称作"三江口"。
② 统理交涉通商事务衙门编：《问答记》，胶片第28页。
③ 统理交涉通商事务衙门编：《问答记》，胶片第33页。

江水系，东边是图们江水系。这其中，小白山是又一处分水岭，其北边是松花江水系，南边是图们江水系。换言之，小白山以南鸭、图二江对源，与碑文所记"西为鸭绿，东为土门"相符，所以这里才是鸭、图二江真正的分水岭，碑应该在小白山以南，而不应该在小白山以北，所谓"移碑说"就是从这里发端的。①如上，中方代表虽认为小白山是鸭、图二江分水岭，但仍存在以下问题：其一，在将小白山以北的松花江水系排除在外的同时，也把图们江头源红土山水排除在图们江水系之外了；其二，虽说小白山以南鸭、图二江对源，但是二者相距仍有75里，② 不是靠得那么近，所以即使上了小白山也看不到"西为鸭绿，东为土门"的一幕。

第三，有关大、小图们江，即哪一条水是图们江正源，中方代表在将红土山水排除在外以后，便选择了次源红丹水为正源。红丹水是除了西豆水、红土山水以外的较大的图们江支流。另外，西豆水虽然是最长的支流，但是其发源地位于缓项岭，属于朝鲜吉州境内，所以不可能是两国用以分界的正源，也被排除在水源考察范围之外。总之，中方代表认为："与鸭绿江对源，且距长白山最近者，惟小白山东南发源三汲泡（三池渊）东面之红丹一水。当年定立界碑，应在三汲泡一段之分水岭上，方与碑文载'西为鸭绿，东为土门'八字相合，界址亦东西绳直，斩然齐整。且以红丹水为土门江之经流，则红丹水北有发源红土山之水，可以为小土门江，与总署之奏议亦符。"③ 即认为红丹水是大图们江，其北边的红土山水是小图们江。然而实际情况是，红

---

① 总理衙门辑：《吉朝分界案》，第1810页。
② 统理交涉通商事务衙门编：《问答记》，胶片第35页。
③ 总理衙门辑：《吉朝分界案》，第1811页。

土山水的水流不比红丹水小，其发源地位于长白山正东，堪称发源于长白山东麓的图们江头源。① 另外，清朝舆图标示的"小图们江"（"阿集格土门"②），也不是红土山水，而是红旗河。以上中方代表有关大、小图们江的看法与清朝舆图对照也是不符的。

朝方代表李重夏的观点与前述中方代表的观点不同。如前述及，李重夏是带着疑问上山的，他不能理解既然中朝两国以图们江为界，那么碑、堆为何与松花江相连，而不与图们江相连。他通过文献了解到康熙五十一年穆克登定界时双方讨论的都是有关鸭绿江、图们江的，备边司关文更明确记载："中国所称长白山即白头山，土门江即豆满江。"③ 他的这个疑问通过实地勘查有了答案。他在图们江上游红土山水一带考察时，发现了从黄花松沟子（黑石沟）的堆尾到红土山水的"旧日标识"，据此他认识到黄花松沟子和红土山水是相连的，其间原来设有40余韩里的木栅，后来年久栅朽，才造成图们江上游边界模糊不清。换言之，他认识到康熙五十一年穆克登确定以碑、堆、红土山水为界。他将这一情况秘密地报告给了本国政府。④

当他发现这一情况后，决定结束谈判回国。一方面他需要向本国政府说明情况，因为这关系到图们江以北越垦朝鲜人的刷还、安置问题；另一方面他认识到说服中方代表绝非易事，当时

---

① 有关图们江上游支流状况，详见李花子：《图们江正源形成考》，北京大学韩国学研究中心编：《韩国学论文集》第22辑，中山大学出版社2014年。

② 康熙《皇舆全览图》标为"阿几个土门"（1943年福克司影印本），乾隆《一统舆图》标为"阿集格土门"（乾隆二十五年铜版印行，全国图书馆文献缩微复制中心2003年影印本）。

③ 李重夏：《丁亥别单草》，胶片第11页。

④ 李重夏：《追后别单》，胶片第10～11页。

中方代表认准碑东之沟（指黄花松沟子）是松花江上游，强调碑址地理形势与碑文内容不符，要求以小白山南边的三池渊、红丹水划界。按照常理，边界的标识物不可能既连接到松花江上（黄花松沟子），又连接到图们江上（红土山水），这一点是李重夏最难说服对方的。

于是，十一月二十七日①，双方代表在所绘制的地图（参见图18）上钤印、画押以后，各自持图回国，结束了第一次勘界谈判。

二、光绪十三年复勘的总署奏议及中朝双方不同的划界主张

在第一次勘界结束以后的回国途中，朝方代表李重夏向中方代表秦煐等发送了一封信函和四本册子，这四本册子是有关朝鲜茂山、会宁、钟城、稳城四府民人开垦图们江以北地区的内容。有趣的是，四本册子的封面上写有"豆满江对岸贫民起垦"字样，但他在信函中则写了"茂、会、钟、稳四邑越垦民人田土案件"，以及"茂山、会宁、钟城、稳城越垦民人田土录册"等字样，即把封面的"起垦"换成了"越垦"。②虽然只有一字之

---

① 《勘明图们江界址图》（1885年第一次勘界图）标注的日期为"光绪十一年十一月二十七日"。参见杨昭全、孙玉梅：《中朝边界史》（第284～285页）插图，以及日本外务省外交史料馆藏图（第141336号），后者系1907年日本驻京公使通过清外务部获得的摹本。

② 总理衙门辑：《吉朝分界案》，第1831～1833页。

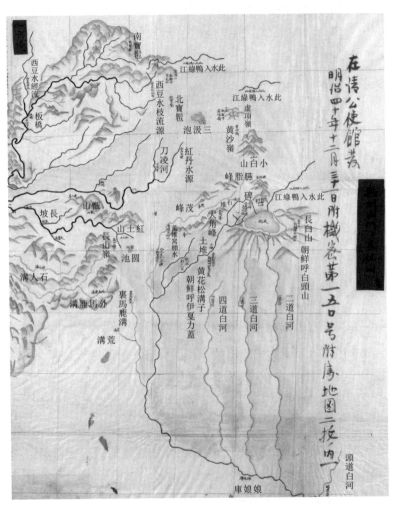

图 18　1885 年中朝第一次勘界图
（日本外务省外交史料馆收藏，第 141336 号）

差,实际上向中方代表暗示图们江以北的朝鲜人属于越境开垦,换言之,承认中朝两国以图们江为界。他之所以用这种隐蔽的方式传递信息,可能是担心国内鱼允中等强硬派,后者主张"二江说"。第二年,李重夏出任朝鲜开放口岸元山的通商事务时,还向清政府驻元山的坐探委员姚文藻表示:自己"明知松花江、海兰河指界之误"①,即承认所谓"土门江"是松花江上游,以及海兰河(图们江支流)是"分界江",都是错误的。

为了尽早解决两国间的边界纷争,使图们江以北的朝鲜流民早定归属,清政府决定再次进行共同勘界。第二年(1886年)三月,总理衙门(总署)根据吉林将军提出的勘界报告书,提出了更具体的勘界要求,以便为第二次勘界提供指导,此即总署的第二份奏议。首先,总署据中方的权威性文献三通(通典、通志、通考)及《会典图说》指出中朝两国以图们江为界,还列举康熙帝派穆克登前往查界的两份谕旨,指出穆克登查界确有其事,详细内容如下:

> 《钦定皇朝通典》《文献通考》,均载明吉林、朝鲜以图们江为界,又《钦定会典图说》载有大图们江出长白山东麓,二水合东流,小图们江出其北山,二水合东南流来会,……等语。康熙五十年五月初五日,钦奉谕旨,前特差能算善画之人,将东北一带山川地理,俱照天上度数推算,详加绘图,……但鸭绿、土门二江之间地方知之不明,派出打牲乌拉总管穆克登,往看边界等因,钦此。又是年八月初四日,钦奉谕旨,前差乌拉总管穆克登等查看边界,……因

---

① 总理衙门辑:《吉朝分界案》,第1859页。

路远水大，未能至所指之地。着于来春，自义州乘舟溯流而上，由陆路向土门江查去等因，钦此。臣等反复绅绎，自康熙年间派员勘界，而钦定会典、三通皆乾隆以后，所绘《一统舆图》山川脉络自已考订明晰，确可依据。①

如上引文，总署特别指出自康熙帝派穆克登勘界以后，编纂了三通及绘制了《一统舆图》，所以这些文献和地图都是明确可以依据的。

其次，该奏议提出了应辨析的三个问题：一是调查清楚土门、豆满是否一江，是否方言互殊；二是朝鲜与吉林逼近，朝鲜边民的越垦地是否为中方的封山禁地，朝鲜官员是否违背"封山之禁，阴为拓地之谋"；三是吉林将军所指红丹水为小图们江，西豆水为大图们江，蒲潭山为费德里山，如果参照《一统舆图》是错误的，需要明白辨析。② 以上三点可谓一针见血，道出了问题的本质：朝鲜官员之所以提出土门、豆满为二江，就是为了占据由其边民越垦的图们江以北地区；吉林将军所指大、小图们江及蒲潭山，如果对照清朝舆图也是错误的。

再次，提出了应考证的五个问题：一是"茂山以西，上距分水岭穆克登勒石之地，惟此二百八十余里间，仍即康熙谕旨所谓二江之间地方知之不明者，必应逐细考究，乃勘界之要领"，即要求重点勘查茂山以西的图们江上游至立碑处为止。二是"凡分界之说，或顺山势，或顺水形，总以确寻江源为主，不在东西绳直，斩然齐整"，这句话针对秦煐等在报告书中所说的

---

① 总理衙门辑：《吉朝分界案》，第1838～1839页。
② 总理衙门辑：《吉朝分界案》，第1840～1841页。

"当年定立界碑，应在三汲泡一段之分水岭上，方与碑文载'西为鸭绿，东为土门'八字相合，界址亦东西绳直，斩然齐整"①，表明总署不大同意这个看法，强调要确寻图们江源来划界。还指出："至该将军所称界碑不过数尺，有无为占垦之民潜移向北，亟应彻底根究"，即要求查明界碑是否被朝鲜人挪移了。三是根据《会典图》有关大图们江的记载，指出长白山东麓发源的二水，"是否即系红丹上游之二源，抑或别有名字"，即要求查明红丹水是否为大图们江即正源，或者另有其他正源。四是指出穆克登碑文"并无分界字样，不过是记二水之源"，而朝鲜人为何"执此为分界确据"。五是指出"碑文所载'审视'云云，自系钦遵圣谕二江为界之指"，"然则红丹小水，独不可以图们江源统而目之乎"。②前一条要求查明穆克登立的碑是不是分界碑，后一条又基本肯定穆克登查二江之源是分界，再次要求查明红丹水是否为图们江正源。以上总署奏议之所以两次要求查明红丹水是否为图们江正源，主要是因为中方代表秦煐等在报告书中指出其发源地三池渊一带才是鸭、图二江分水岭，符合碑文"西为鸭绿，东为土门"的内容。

同年（1886年）九月，驻朝鲜的通商事宜袁世凯催促朝方再次派代表与吉林委员一起会勘边界。对此，朝鲜外部督办金允植表示："已知前事之误"，"不必派员会勘"，即承认二江说是错误的，换言之承认以图们江为界，还要求"借地安置"图们江以北的朝鲜流民。③

---

① 总理衙门辑：《吉朝分界案》，第1811页。
② 总理衙门辑：《吉朝分界案》，第1841～1843页。
③ 王彦威、王亮编：《清季外交史料》卷69，第1295页；杨昭全、孙玉梅：《中朝边界史》，第312～315页。

同年十月，在北洋大臣李鸿章的再次催促下，朝方同意派李重夏会勘边界，同时指出："敝邦（指朝鲜）之不能舍碑、堆，犹上国之不能舍水源。必究考水源与碑、堆相照应，然后方合古人定界之意。"① 即要求遵守康熙五十一年确定的碑堆、红土山水线。朝方在另一篇致李鸿章的咨复中指出："红丹、西豆两水，其源不出于分水岭。红土山水一派，出于分水岭，伏流四十里，② 而为豆满江源，与碑、堆相符。舍是而无可拟之处，前勘绘图一见可定。"③ 即红丹、西豆两条支流均与天池东南麓分水岭无关，红土山水源于分水岭与碑堆相符，要求以此为界。实际上这正是李重夏的发现。

第二年（1887）年四月，中朝双方再次派代表进行勘界。中方代表仍包括秦煐、德玉，吉林将军加派了补用知县方朗为勘界代表，朝方仍派出时任德原府使的李重夏为勘界代表。双方代表的行进路线，仍从会宁出发，溯图们江而上到达长坡，先勘红丹水，转往三池渊、虚项岭；再回到长坡，勘查红土山水及其发源地，转登长白山立碑处和天池；再顺图们江而下，回到会宁结束谈判。④

如前述，朝方的划界要求在此次勘界前已向中方转达，即以

---

① 高丽大学亚细亚问题研究所编：《旧韩国外交文书》第8卷，"清案1"，高丽大学出版部1970年，第328页。

② 朝鲜人所谓红土山水"伏流四十里"，指的是从黑石沟的沟尾到红土山水相隔40韩里，再涌出地面形成水流。根据这个说法，穆克登指定黑石沟为图们江断流处，红土山水为图们江涌出处，其间为伏流处。详见李花子：《明清时期中朝界史研究》，第56～87页。

③ 《通文馆志》卷12，"纪年续编·今上（高宗）二十三年丙戌"，附录，第56～57页。

④ 参见李重夏：《丁亥状启》，1887年，收入《土门勘界》，胶片第17～29页。

碑、堆、红土山水为界。在谈判过程中，李重夏始终坚持这一点。他指出：红土山水是发源于长白山东麓的大图们江，与《会典图》《一统舆图》相符，强调这是当年"旧界"，要求遵守"旧界"。①

然而中方代表看重的是红丹水，前述总署奏议也两次提到红丹水，于是中方代表事先将15块碑石运到了红丹河口，准备沿三池渊、红丹水划界。②对于李重夏要求以碑、堆、红土山水为界，中方代表不遗余力地进行反驳。如对于天池东南麓的碑，中方代表指出这不是分界碑，而是查边碑；对于黄花松沟子的土石堆，否认是当年的界标，认为是猎户进山时做的路标；对于朝方所指红土山水伏流40韩里与碑堆相连，中方代表找出另一条断流之水董棚水，指出红土山水既不与董棚水接流，也不与碑、堆相接，即"不接流""不接堆"。③总之，中方代表不但否认碑、堆为当年界标，也否认与之靠近的红土山水为图们江正源。

即便如此，由于李重夏的态度坚决，中方代表不得不退一步，以便双方达成妥协，完成总署布置的"酌定界址"的任务。中方代表考虑到红丹水以西的长坡有旧居朝鲜人百余户，居住了一百年，于是退一步，要求长坡以西的石乙水为界。④石乙水实为红土山水的南支，其发源地位于小白山以东，与红土山水在干流的重叠部分相当多，只差到源头的10余里，因此对照《会典图》《一统舆图》，石乙水基本可以认定为是大图们江，这一点也许是后来总署同意以小白山、石乙水划界的原因。

---

① 参见李重夏：《勘界使交涉报告书》，胶片第5～7页。
② 李重夏：《丁亥状启》，胶片第17页。
③ 李重夏：《勘界使交涉报告书》，胶片第19～21页。
④ 参见总理衙门辑：《吉朝分界案》，第1851～1861页。

即便如此，李重夏仍坚持以碑堆、红土山水划界，他甚至表示："吾头可断，国疆不可缩。"① 在双方无法达成妥协的情况之下，最后决定将所勘情形绘图呈报总署，由总署奏报皇帝请旨定夺。(1887年) 五月二十六日②，双方代表在所绘制的地图（参见图19）上钤印、画押以后，结束了第二次勘界谈判。③

三、双方围绕树立"十字碑"的交涉

第二次勘界谈判虽然于光绪十三年五月底结束，但是双方的交涉并没有就此了结。同年七月二日，吉林将军向总署提出，小白山东麓发源的石乙水，"恰合大图们江形势"，建议从小白山顶沿石乙水至茂山设立"华夏金汤固，河山带砺长"的"十字碑"。为了使这一方案获得通过，吉林将军特别指出：朝方代表李重夏虽同意以此划界，但碍于"其政府命意"，才要求以红土山水划界，所以建议"将所勘之石乙水，一并绘图禀报"，"请旨定夺"。④ 但是从同年八月底朝鲜国王致北洋大臣和礼部咨文，

---

① 李重夏：《勘界使交涉报告书》，胶片第21页。
② 在《中韩勘界地图》（1887年勘界图）上，标注的日期为"光绪十三年五月二十六日"。参见杨昭全、孙玉梅：《中朝边界史》（第338～339页）插图，以及日本外务省外交史料馆藏图（第141336号），后者系1907年日本驻京公使通过清外务部获得的摹本。
③ 参见总理衙门辑：《吉朝分界案》，第1858页；李重夏：《丁亥状启》，胶片第20页；《覆勘图们江界址谈录公文节略》，石光明等编：《清代边疆史料抄稿本汇编》第8册，线装书局2003年影印，第83～85页。
④ 总理衙门辑：《吉朝分界案》，第1867页。

以及朝方提供的《覆勘图们界址谈录公文节略》①来看，李重夏并不同意以小白山、石乙水划界，他始终坚持以碑、堆、红土山水划界。②

当总署接到吉林将军如上报告以后，误以为李重夏对于"红土山、碑、堆之误"，"亦已心知其非"，③于是同意了要求沿小白山、石乙水划界的方案。同年七月二十二日，总署咨复吉林将军："该委员等指石乙二水发源至茂山城约二百八十余里，与《钦定会典图说》所载大图们江出长白东麓二水合流之方向，约略推寻，尚为吻合。所拟于小白山、黄花松甸子、石乙水、长坡浮桥等处，设立界碑十处，编立字号之处，亦属可行"；总署还称赞吉林将军，"核明各节办法，极为持平"。④

然而光绪帝对于吉林将军的"十字碑"方案持保留意见，可能考虑到了朝方的反对意见。同年十二月，光绪帝在吉林将军的奏折上朱批道："该衙门知道，图并发，钦此。"⑤光绪帝并没有下"依议"之旨，而是不置可否，表明并没有强迫朝鲜划界之意。

此后，北洋大臣李鸿章又试图通过驻朝鲜的通商事宜袁世凯

---

① 朝方提供的《覆勘图们界址谈录公文节略》（全文收入"中央研究院"近代史研究所编：《清季中日韩关系史料》（第5卷，第2392~2409页）中。其内容与首尔大学奎章阁收藏的《覆勘图们谈录》（奎21035），以及国家图书馆藏《覆勘图们界址谈录公文节略》（古籍清抄本）完全相同。其中，国图本为正本的可能性较大，这需要进行文献学方面的考证、鉴别。从该公文节略中可以了解1887年勘界时双方的分歧和达成的共识。

② 总理衙门辑：《吉朝分界案》，第1886~1889页；《覆勘图们界址谈录公文节略》。

③ "中央研究院"近代史研究所编：《清季中日韩关系史料》第5卷，第2391页。

④ 总理衙门辑：《吉朝分界案》，1871~1872页。

⑤ 总理衙门辑：《吉朝分界案》，第1845页。

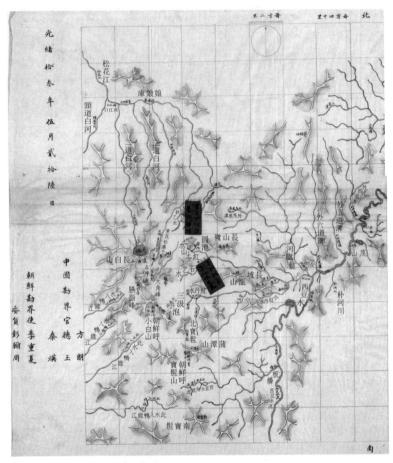

图19　1887年中朝第二次勘界图
（日本外务省外交史料馆收藏，第141336号）

催促朝方沿小白山、石乙水树立"十字碑"。如光绪十四年（1888年）二、三月间，袁世凯两次照会朝鲜外部，要求派前勘代表李重夏与吉林委员一起设立"十字碑"，但是遭到了朝方的拒绝。① 继前一年（1887年）的八月底，朝方向北洋大臣和礼部提出咨文和《覆勘图们界址谈录公文节略》以后，同年（1888年）四月再次向北洋大臣移咨指出："凛遵图典，必以出自长白山之图们江头源定界，则界牌之设当于红土山水而不当于石乙水。"② 于是李鸿章只得命令袁世凯："白山勘界事，韩若另有意见，当咨总署核办"，即通过总署重新核办。他又命令袁世凯："吉朝勘界，请咨商后，再派员前往"③，即暂缓派员树立"十字碑"。

不久，李鸿章亲自询问中方前勘代表的意见。对此，同年（1888年）七月，方朗回复：虽然以红丹水划界符合《会典图说》有关大图们江的规定，但是考虑到长坡一带有朝鲜人居住，所以中方才让步于石乙水；他还指出以红土山水划界，则有碍于长白山发祥地。可以看出方朗坚持己见，反对朝方的划界要求。尽管袁世凯将方朗的如上意见转达给了朝鲜外部，但是朝方仍不肯让步。④

作为两次勘界的总指挥，总理衙门不得不提议暂缓树立"十字碑"。光绪十五年（1889年）总署奏议指出："该国世守藩封，久荷天朝覆帱之恩，似不必操之过蹙"，"应请暂从缓

---

① 高丽大学亚细亚问题研究所编：《旧韩国外交文书》第8卷，"清案1"，第437、445页。

② 《珲春副都统衙门档案》（摘录），"吉林将军衙门来文，光绪十四年五月二十九日"，收入杨昭全、孙玉梅：《中朝边界沿革及界务交涉史料汇编》，吉林文史出版社1994年，第1230～1232页。

③ 高丽大学亚细亚问题研究所编：《旧韩国外交文书》第8卷，"清案1"，第451、463页。

④ 高丽大学亚细亚问题研究所编：《旧韩国外交文书》第8卷，"清案1"，第476～478页。

议"。对此，光绪帝下了"依议"之旨。① 有关树立"十字碑"的交涉至此全部结束。前述总署和光绪帝所表现的对朝鲜的宽容态度，有作为宗主国对藩属国怀柔之策的考虑，但是否意味着从某种程度上认可了朝方意见的合理性呢？

下面不妨梳理一下勘界谈判失败的症结在哪里。我们不得不指出中方代表秦煐等认为碑东之沟（黑石沟）是松花江上游，否定了位于天池东南麓的碑址和与之相连的堆址为当年界标，这是谈判失败的主要症结所在。从前述总署的两份奏议不难看出，清朝中央政府的主要目标是查找康熙年间穆克登确定的图们江旧界，并准备以此来划界。而朝方代表李重夏结合文献资料和实地勘查，发现了穆克登确定的图们江"旧界"，此即碑、堆、红土山水线，这与清舆图、《会典图说》所记载的大图们江也是吻合的。但是由于中方代表固执己见，拒不承认碑、堆是当年旧界，试图在小白山以南寻找分水岭划界，使得谈判失败。

当然中方代表过失的背后，也有朝方不可推卸的责任。我们说两次勘界由碑东之沟引起，最终因此沟而失败，并不为过。最初主张黑石沟与松花江上游相连的是朝鲜人，如前述，朝鲜西北经略使鱼允中派人勘查时（1883年），不但伪造了黑石沟东南岸土石堆的长度（本来长50多韩里，谎称90韩里），还指出沟子与松花江相连，这是土门、豆满二江说的最初发端。然而实际上，据笔者实地踏查，黑石沟到了下游沟形消失无踪，既不和松花江相连，也不和图们江源相连，这在穆克登定界时是清楚

---

① 总理衙门辑：《吉朝分界案》，第1884页。

的。① 正因为如此，朝鲜土人才会说图们江伏流40韩里（指从黑石沟下游到红土山水的40余韩里），穆克登才要求在其间设置木栅，以便将黑石沟和图们江连接起来。其后过了170多年，到了光绪勘界时，虽然碑址、堆址依然存在，但是其下40余韩里的木栅早已朽烂。因而尽管李重夏"苦口指证"从沟尾到红土山水连有木栅，但是中方代表只是"冷咲不信，每归之可疑"，李重夏不得不承认"是为难明之案"。②

除了前述朝方错认在先，以及连接红土山水的木栅全部朽烂以外，碑址、堆址所在地的地理形势复杂，这也是中方代表错认的原因之一。从黑石沟所处的地理位置看，从立碑处开始，先向东南延伸约1.6公里，再向东北延伸20多公里，③ 其四周尽是松花江支流，西边有二道、三道、四道白河，东边有斜乙水、董棚水、五道白河等。另外，黑石沟的走向和松花江支流的方向一致，都是东北向，因此虽然它在大部分时间是干沟，没有地表水直接流入松花江，也没有以沟道与松花江相连，但是很容易把它看作松花江支流。而一旦认为它是松花江支流，那就和碑文所记"西为鸭绿，东为土门，故于分水岭上勒石为记"不符，这是中方代表否认碑址、堆址为当年界标，以及试图在小白山以南寻找分水岭划界的原因。如上，中方代表不但认为碑址、堆址有碍于

---

① 参见首尔大学奎章阁收藏的《白山图》（收入《舆地图》，古4709-1），上面从立碑处的东边开始向东流的一条水是断流之水，标为"入地暗流"，它既不和松花江相连，也不和图们江相连。从地理方位看，这个断流之水指的是黑石沟。
② 李重夏:《丁亥别单草》，胶片第13页。
③ 李花子:《黑石沟土石堆考》，第37～52页。

松花江,① 还认为有碍于长白山发祥地,因为碑、堆、红土山水线不但靠近长白山天池,还沿长白山东麓分割彼此,② 这也是他们力主以三池渊或者小白山划界的重要原因。

四、小　结

在1885年第一次勘界时,朝方代表李重夏认识到碑、堆、红土山水是康熙五十一年穆克登确定的旧界,因此在一年后的第二次勘界时,朝方承认以图们江为界,同时要求以碑、堆、红土山水为界,即遵守康熙年间的旧界。朝方的这一划界主张,与清总理衙门要求查明图们江旧界的勘界目标是一致的。但是由于吉林将军派出的勘界代表(秦煐等)误以为碑东之沟(黄花松沟子,即黑石沟)与松花江相连,指出碑址地理形势与碑文所记"西为鸭绿,东为土门,故于分水岭上勒石为记"不符,所以不但否定了天池东南麓的碑址和与之相连的堆址为当年的界标,还否定了与之靠近的红土山水为图们江正源。这恐怕是勘界谈判失败的主要症结所在。另外,中方代表试图在小白山以南寻找分水岭划界,除了认为朝方要求的碑、堆、红土山水线有碍于松花江

---

① 1885年勘界谈判时,中方代表指出,红土山水距离黑石沟(黄花松沟子)的堆标最近,与之对源的是松花江东源,而距离鸭绿江源甚远,若以红土山水为界,则会使松花江水(斜乙水、董棚水等)被"剪头去尾",即认为有碍于松花江,这是他们反对以碑、堆、红土山水划界的原因之一。参见统理交涉通商事务衙门编:《问答记》,胶片第34页。

② 高丽大学亚细亚问题研究所编:《旧韩国外交文书》第8卷,"清案1",第476～477页;总理衙门辑:《吉朝分界案》,第1903页。

以外，还认为它经过长白山东麓因而有碍于清朝的长白山发祥重地。

两次勘界谈判最终以失败告终，使得中方丧失了一劳永逸解决边界纷争的机会，给后来日本利用中朝边界纠纷挑起所谓的"间岛问题"，以及借机向图们江以北地区渗透扩张，提供了口实和可乘之机。但是两次勘界仍取得了成果，达成了以图们江为界的共识，特别是在红土山水、石乙水合流处以下达成了一致，这恰恰是康熙五十一年穆克登确定的图们江界的主要部分，亦即《会典图》所指大图们江。这一勘界成果无疑对1909年中日《间岛协约》的签订，以及1962年《中朝边界条约》的签订等，产生了影响。

图们江边是否树立"十字碑"考辨

1887年第二次勘界结束以后,中方勘界代表要求沿小白山、石乙水设立"华夏金汤固,河山带砺长"等十字界牌。但是这一方案由于遭到朝鲜的反对,一直未能付诸实施。1907年日本在延边的龙井村设立"统监府临时间岛派出所"开始插手"间岛问题"以来,"十字碑"遭人毁弃的说法不绝于耳。当今一些学者也主张"十字碑"被毁说。如有的学者认为,十字碑建立于1888年或1889年,其后被朝鲜人所毁。[①] 也有人认为,十字碑建立于1890年以后,但竖立不久即被毁坏,具体毁于何时、何人均无法得知,时间大体是在1907年之前。[②]

针对这一问题,本文试利用光绪年间勘界资料及其后中日两国的踏查资料,考察和辨别十字碑是否凿立,是否毁于朝鲜人,并分析"毁碑说"产生的原因,从而再现中朝日三国围绕鸭绿江、图们江边界问题所进行的交涉与斗争。

---

① 杨昭全、孙玉梅:《中朝边界史》,第352~366页;杨昭全:《"十字界牌"考》,《中朝边界研究文集》(内部资料),吉林省社会科学院1998年,第790~792页。

② 陈慧:《穆克登碑问题研究——清代中朝图们江界务考证》,第261~263页。

一、中方的"十字碑"树立计划及朝鲜的反对

1885年第一次勘界结束以后,中方代表秦煐等在致吉林将军的禀文中指出,小白山、三池渊一带是鸭、图二江的分水岭,其东麓发源的红丹水是图们江正流。对于这一勘查结果,总理衙门作为勘界的指挥机构也基本认同,总署奏议指出:"鸭绿江上源,不名曰鸭绿,名曰建川沟,与图们江之上源,不必有图们之名,事同一例","然则红丹小水,独不可以图们江源,统而目之乎"?① 即寻问红丹水是否可以作为图们江正源。

基于以上判断,一年后的第二次勘界时,中方代表预先将15块碑石运到了红丹河口,准备沿红丹水划界和树立界牌。李重夏在《丁亥状启》(1887年)中,对此记载如下:

> 吉林派员督理商务秦煐于三月二十六日,先已来到于会宁府,预运十五碑于洪丹河口,将欲立界于洪丹、三池之上,盛气以待是白乎弥。②

上引文中的"洪丹河口"指红丹水汇入图们江处,三池渊则位于红丹水发源地以西,被认为是二江真正的分水岭。关于这一

---

① "中央研究院"近代史研究所编:《清季中日韩关系史料》第5卷,第2091～2095页。
② 李重夏:《丁亥状启》,胶片第17页。

点，中方代表秦煐等在勘界报告书中指出："当年定立界碑，应在三汲泡（三池渊）一段之分水岭上，方与碑文载'西为鸭绿，东为土门'八字相合，界址亦东西绳直，斩然齐整。且以红丹水为土们江之经流，则红丹水北有发源红土山之水，可以为小土们江。"①

然而，中方代表以三池渊（天池东南约50公里）、红丹水划界的主张，却遭到了朝方代表李重夏的反对。李重夏自始至终都认为碑、堆、红土山水是康熙年间穆克登确定的"旧界"。他之所以这样主张，除了参考清舆图、《会典图》等文献资料以外，还在实地勘查中发现了黑石沟和红土山水相连的遗迹。其实，有关红土山水是不是图们江正源，参考康熙《皇舆全览图》及后世编纂的清舆图便不难得到确认，因为舆图中标注"土门江色禽（江源）"或者"土门乌剌色钦"的河流，其实就是红土山水。

由于遭到李重夏的反对，中方代表不得不退一步要求以其北边和西边的小白山（天池以南约30公里）、石乙水划界。特别是红丹水以西的长坡有旧居朝鲜人百余户，从庐宇坟墓来看，已经居住了百余年，这也是中方决定让步于石乙水的一个原因，否则长坡就要成为吉林地。② 石乙水是第二次勘界时中方代表发现的一个小支流，位于红丹水和红土山水之间，朝鲜人称之为"岛浪水（도랑수、돌수）"③，意思是"小水沟"，表明水流不大。另外在地形上，石乙水发源地和西边的小白山以沟道相

---

① 总理衙门辑：《吉朝分界案》，第1811页。
② 参见总理衙门辑：《吉朝分界案》，第1851～1861页。
③ 李重夏：《勘界使交涉报告书》，胶片第24页。

连,① 所以一般被认为是小白山之水。

在第二次勘界结束以后,（1887年）六月七日,中方代表秦煐等在致吉林将军的禀文中,提出沿小白山、石乙水设立"十字碑",内容如下:

> 再界址定后,遵当另立界碑,申明旧界。所有穆克登所立之碑,既与界址不相关涉,而石堆、土堆,又相引至松花江掌上,此时若不将此碑毁去,仍恐将来存为疑案,别生枝节,且于松花江有碍。如以石乙水源定界,则小白山东麓起,至茂山城止,自应择要立碑,庶几界划分明,永垂久远。爰将应立界碑之处,预为公同拟定,附开另摺之后,以省周折。可否仰恳宪台酌夺,一并咨明,实为公便。谨将复勘图们江界址实在情形,附呈印图并摺,缕晰具禀,伏乞鉴核施行。②

华字碑立于小白山顶。夏字碑立于小白山东麓沟口,距华字碑十五里。金字碑立于黄花松甸子头接沟处,距夏字碑二十二里。汤字碑立于黄花松甸子尽头水沟口,距金字碑五里。固字碑立于石乙水源出处,距汤字碑十二里。河字碑立于石乙、红土两水汇流处,距固字碑四十一里。山字碑立于长坡浮桥南岸,距河字碑八十八里。带字碑立于石乙、红丹两水汇流处,距山字碑二十三里。砺字碑立于三江口之图们江、西豆水汇流处,距带字碑三十六里。长字碑立于图们

---

① 总理衙门辑:《吉朝分界案》,第1855页。
② 总理衙门辑:《吉朝分界案》,第1859～1860页。

江、朴河汇流处，距砺字碑三十一里。①

如上引文，秦煐等要求将穆克登立于天池东南边的旧碑（指定界碑）毁去，同时沿小白山、石乙水设立十字碑，还提出了拟设碑的具体位置，即从小白山顶开始，先沿一条沟向东到达一个草甸子，再向东到达石乙水发源地，沿石乙水而下，到达石乙水和红土水汇流处，再沿图们江而下，过长坡浮桥，到达红丹水汇入处，继续沿图们江而下，到达"三江口"即西豆水汇入图们江处（今崇善），继续沿图们江而下，到达朴河即朴下川（今延面水）汇入处。总之，在全长约273华里的里程上，拟设立以"华、夏、金、汤、固、河、山、带、砺、长"命名的十块界碑。对于这一要求，吉林将军表示："至旧立界碑，未便遽行毁去，应于此次定界时，会同该国移立于该委员等所拟'华'字界碑处，以备稽考。"即反对将天池东南边的旧碑（穆克登碑）毁去，要求和朝方代表一起移立于小白山顶的"华"字碑旁。②

同年十二月，光绪帝的朱批谕旨为："该衙门知道，图并发，钦此。"③ 于是在第二年（1888年）的二、三月间，驻朝鲜的通商事宜袁世凯两次照会朝鲜外务督办赵秉式，要求派代表与中方人员一起沿小白山、石乙水设立十字碑。④ 如二月十六日袁世凯致朝方照会指出：

---

① 《朝鲜邻边勘界文略》，"照录吉林将军来文内清摺"，中国国家图书馆古籍馆收藏。
② 总理衙门辑：《吉朝分界案》，第1861页。
③ 总理衙门辑：《吉朝分界案》，第1850页；高丽大学亚细亚问题研究所编：《旧韩国外交文书》第8卷，"清案1"，第437页。
④ 高丽大学亚细亚问题研究所编：《旧韩国外交文书》第8卷，"清案1"，第437、445页。

前据吉林将军咨请会勘朝鲜、吉林图们江界一案，现查明石乙水入红土山水汇流处为大图们江，由小白山测量鸭绿江上源，相距四十二里，与"西为鸭绿，东为土门"二语，尚能一一吻合，拟于此处酌定界址，并设界牌等因。……咨会朝鲜国王，迅派委员，会同吉省委员，妥速办理，勿稍稽延。①

仅过一个月，三月二十七日袁世凯再发一封电文给朝方赵秉式，催促道：吉林将军已饬令中方委员"前往候勘"，要求"电催韩使李重夏，早日到边"，并将"何日起行"告知中方。②

但是朝方前任代表李重夏反对沿小白山、石乙水设立十字碑，他表示："去年会勘，尚持两见，此时无庸前往。"③ 与此同时，同年（1888年）四月二十日，朝鲜国王向北洋大臣李鸿章陈述如下意见，咨文如下：

恭查钦定《皇朝通典》《文献通考》均载明吉林、朝鲜以图们江为界。又《钦定会典图说》载明大图们江出于长白山东麓等语。今欲穷寻水源，申明旧界，宜由长白山东麓酌定界段，而吉林奏折有由小白山酌定界段，顺石乙水立碑，似尚持得其平等语。今其折内亦引《皇朝通典》《文献

---

① 高丽大学亚细亚问题研究所编：《旧韩国外交文书》第8卷，"清案1"，第437页。

② 高丽大学亚细亚问题研究所编：《旧韩国外交文书》第8卷，"清案1"，第445页。

③ 高丽大学亚细亚问题研究所编：《旧韩国外交文书》第8卷，"清案1"，第476页。

通考》《会典图说》为证,而乃舍长白山,欲以小白山为界,其语已自相矛盾矣。今若复行核察,禀遵图典,必以出自长白山之图们江头源定界,则界碑之设当于红土山水,而不当于石乙水,不待多辨,而较然明甚。且红土山水、石乙水之间,不过数十里空山荒寒之地。窃谓普天之下,莫非王土,岂其为此区区尺寸之土,使属邦不能保守其封疆也。①

如上引文,朝方列举清朝《通典》《文献通考》《会典图说》等,指出应以长白山东麓发源的图们江头源红土山水划界,反对以小白山和其东麓发源的石乙水划界。

同年(1888年)四月二十七日,赵秉式在面见袁世凯时指出:"白山勘界事,国王以前勘未叶,将咨请转奏核饬另勘。该使李重夏未便早往久待,至多糜费。拟俟部署咨覆后,再定期派往。"即朝方不同意"十字碑"树立方案,要求转奏皇帝重勘边界,所以暂时不准备派李重夏了,等待礼部、总署(总理衙门)咨复后,再定期派往。朝方的这一请求得到了李鸿章的认可,他在给袁世凯的电文中指出:"白山勘界事,韩若另有意见,当咨总署核办。"② 如前述,其后同年五月李鸿章亲自向前勘代表方朗等寻问以小白山、石乙水划界的理由,并于同年七月通过袁世凯征求朝方意见,但双方仍各执己见。③

那么,其后中方是否设立界牌?或者说单独设立界牌呢?据

---

① 高丽大学亚细亚问题研究所编:《旧韩国外交关系附属文书》第8卷,"间岛案",高丽大学出版部1974年版,第194~195页。
② 高丽大学亚细亚问题研究所编:《旧韩国外交文书》第8卷,"清案1",第451、463页。
③ 高丽大学亚细亚问题研究所编:《旧韩国外交文书》第8卷,"清案1",第476~478页。

史料记载,直到1907年十字碑被毁说传出为止,中方并没有单独设立界牌,而是一直想与朝方一起重勘边界和立碑。而在界址未定的情况之下,中方不得不考虑图们江以北朝鲜垦民的安置问题。如光绪十五年(1889年)十二月,清政府军机处奏请对朝鲜垦民实行"领照纳租""归化入籍"的政策,奏文内容如下:

> 既有图们江天然界限,本可勿庸再勘。该国迁延至今,断难刷回,应亟祗遵前奉谕旨,饬令领照纳租,归我版图,薙发易服,遵我政教。奴才等先行派员清丈、编甲、升科,以期边民相安,各无争执。其茂山迤西石乙水勘议之界,应请旨饬下总理衙门,咨催朝鲜国王,派员会同吉林委员,刊立界牌,永远遵守,而杜侵越。奴才等为严肃边围起见,是否有当,谨合词恭摺具奏,伏乞皇上圣鉴训示施行,谨奏。光绪十五年十二月二十四日奉朱批:该衙门议奏,片并发。钦此。①

如上引文,军机处一方面要求派人丈量朝鲜垦民的土地,令其"领照纳租,归我版图,薙发易服,遵我政教",使朝鲜垦民成为清朝的臣民;另一方面咨催朝鲜国王派员会同吉林委员一起,"刊立界牌,永远遵守,而杜侵越",即催促朝方尽早派人与吉林代表一起树立十字碑,以防朝鲜人继续向图们江以北地区越垦。从文中所载"咨催朝鲜国王,派员会同吉林委员,刊立界牌"来看,直到1889年底沿小白山、石乙水的十字碑仍没有树立起来。

---

① 总理衙门辑:《吉朝分界案》,第1904~1905页。

第二年（1890年），总理衙门再次奏请对朝鲜垦民实行"清丈升科""领照纳租"，奏文如下：

> 查吉林、朝鲜界务前经两次会勘，所未能即定者，特茂山以上直接三汲泡二百余里之图们发源处耳。至茂山以下图们江巨流乃天然界限，江南岸为该国咸镜道属之茂山、会宁、钟城、庆源、庆兴六府地方，江北岸为吉林之敦化县及珲春地方，该国勘界使亦无异说。……现在江源界址，既难克日划清，则无勘办处所，似宜及时抚绥，以慰流氓归附之心。……饬下该将军遴派贤员，将清丈升科各事宜，妥为经理。因俗施教，务令相安，毋任操切滋事。所有领照纳租，归各地方官管辖，一切详细章程，应由该将军体查情形奏明试办。①

即总署指出吉林、朝鲜界务未勘定者，只是茂山以上至三池渊一带200余华里，其下则有"图们江巨流乃天然界限"，对于这一点朝鲜勘界使"亦无异说"。从文中所载"现在江源界址，既难克日划清"来看，由于朝方拒绝派代表，所以十字碑仍未树立起来。

---

① 长顺等编：《吉林通志》卷31下，第11～12页，《续修四库全书》648，史部·地理类，上海古籍出版社2000年，第2册，第558页。

二、"毁碑说"的产生及其原因

"毁碑说"的产生与 1907 年日本挑起"间岛问题"有关。这一年的 8 月,日本派出以陆军中佐斋藤季治郎为首的陆军、宪兵数十人,在延边的龙井村设立了"统监府临时间岛派出所"。日本人口口声声称图们江以北的间岛是中韩两国归属未定区域,以"保护"朝鲜人免遭马贼及清朝官宪的迫害为借口,企图向这一地区渗透。自此以后,中日两国进行了长达两年的有关"间岛问题"的交涉和谈判。为了应对谈判,中日两国各自派人调查中朝边境,既有日本参谋本部派测量手与"间岛派出所"的联合调查,也有东三省总督徐世昌派吉林边务公署的吴禄贞及奉吉勘界委员刘建封等的踏查。

有关图们江边是否存在十字碑,这是双方调查的一个重点。"间岛派出所"所长斋藤季治郎于 1907 年 12 月 17 日,将调查结果向驻首尔的曾祢副统监做了如下报告:

> 据《吉林通志》记载,从长白山到豆满江上流,沿江有十个国境碑(同书第十七卷二十枚目附图珲春条参照)。为了调查事实,十一月二十四日派遣了铃木文学士,此人根据右附图对其附近进行了详细的探查,并于十五日归来。据他报告,那里全然没有这种石碑,另外,那里的老人也没有听说过这种东西。由此可见,《吉林通志》的记载全然是虚伪的。只是光绪十三年勘界时,为了树立国境碑的目的,清

国勘界使运来的十五个石碑，上面没有雕刻任何文字，堆积在距离茂山大约七里①的上流洪丹水河口。②

如上引文，日方文学士铃木根据《吉林通志》的相关记载和附图，沿图们江进行了考察，结果并未发现沿江设有十字碑。他还特意向当地老人寻问，后者回答未见此种石碑。不过在红丹水汇入处，他发现了15块无文字的石碑。据此，斋藤季治郎判断《吉林通志》有关十字碑的记载是虚伪的。他还指出在1887年第二次勘界时，中方为了沿江设碑，运来了15块碑石，却一直堆积在红丹河口，并没有树立起来。报告书中所指铃木发现的红丹河口的15块无文字石碑，与前述李重夏在《丁亥状启》中所记载的内容相同，表明直到1907年底，沿图们江上游的十字碑并没有树立起来。

在此之前，在图们江以北地区发生了一系列重大历史事件。1900年俄国利用中国发生义和团运动之机出兵占领全东北，在图们江以北的珲春驻兵设卡。1902—1904年大韩帝国政府③趁

---

① 指日本里，1日本里约等于3927.2米，7日本里约等于27.5公里。

② "吉林通誌（書物ノ名）ニ長白山ヨリ豆滿江上流ニ沿フテ十個ノ國境碑ヲ立テアルコトノ記載アルニ依リ（同書第十七卷二十枚目附圖琿春條圖參照）事實調查ノ爲十一月二十四日鈴木文學士ヲ派遣セシメタルニ同人ハ右附圖ニ依リ其ノ附近ヲ限ナク探險シ去ル十五日歸來セル報告ニ據レハ此ノ如キ石碑ハ全然無之又其ノ地ノ古老モ其ノ一人トシテ此ノ如キ物ヲ見聞シタルコトナシト仍テ吉林通誌ニハ全然虛僞ノ記載アルコトヲ確メ得タリ但シ光緒十三年勘界ノ際國境碑トシテ立ツル目的ヲ以テ淸國勘界使ノ運ヒ來リシ十五個ノ石碑ハ文字ノ彫刻モナク其ノ儘茂山ヲ去ル約七里ノ上流洪丹水河口ニ堆積シアルヲ發見セリ。"（參見国史编纂委员会编：《统监府文书》4，第237条，"来电第一六二号"，1999年，第259页）

③ 1895年甲午中日战争以中国战败结束，中日《马关条约》规定，朝鲜为"独立自主国"，清国与朝鲜维持了250多年的宗藩关系结束。1897年朝鲜宣布成立"大韩帝国"，直到1910年沦为日本的殖民地。

俄国占领东北之机,向图们江以北地区派遣以李范允为首的"北垦岛管理使"。李范允不但组织"私炮队"袭击清朝的会勇、兵弁,还调查垦民户口,实行编籍和收税,任命社首和委员等,企图将图们江以北地区纳入朝鲜管辖。①

对此,中方一方面向驻吉林的俄官交涉,要求派兵肃清江边;另一方面准备再次与朝方会勘边界,希望一劳永逸地解决边界纷争。1904年一月和四月,清朝驻朝鲜公使许台身两次照会朝鲜外部,要求派员会勘界址。② 然而此时发生了日俄争夺朝鲜及东三省的战争,即日俄战争,日本驻北京公使内田康哉劝说中方等待日俄战争结束以后再谈边界问题,于是中方只得作罢。③

日俄战争以俄国的战败告终,俄国被迫从东三省撤军,1906年全部撤出图们江以北地区。④ 与此同时,在日本的侵略之下朝鲜逐渐丧失主权,1905年朝鲜成为日本的"保护国",日本在首尔设置了"统监府",对朝鲜进行殖民统治。1907年8月,日本又以保护朝鲜人为借口,在图们江以北设立了统监府"间岛派出所",挑起了所谓"间岛问题"。

中方为了应对日本有关"间岛问题"的交涉和谈判,于同年(1907年)夏,由东三省总督徐世昌命令吉林边务帮办吴禄

---

① 有关李范允在图们江以北地区活动及两国的交涉,详见杨昭全、孙玉梅:《中朝边界史》,第408~445页;李花子:《大韩帝国时期(公元1897—1910年)的疆域观与间岛政策的出台》,《中国社会科学院历史研究所学刊》第7集,商务印书馆2011年,第483~498页。
② 高丽大学亚细亚问题研究所编:《旧韩国外交文书》第9卷,"清案2",第670~672页,690~691页。
③ 篠田治策:《統監府臨時間島派出所紀要》,東京:大藏省纂現行法規集出版所1910年,(韩)水原·史芸研究所2000年影印,第33~34页;高丽大学亚细亚问题研究所编:《旧韩国外交文书》第9卷,"清案2",第695页。
④ 篠田治策編:《統監府臨時間島派出所紀要》,第35页。

贞调查中朝边界，第二年又命令奉吉勘界委员刘建封等踏查。此二人在踏查以后，均指出十字碑遭人毁弃，如吴禄贞在《延吉边务报告》中记载：

> 今茂山、惠山之间，虽不见当时界标之迹，然查《吉林通志》诸书，皆载有自三江口至小白山之界碑。其碑凡十标，曰："华夏金汤固，河山带砺长"，记其距离里数甚悉。虽未载明为穆克登所立，而以当时查边往来文件考之，则于此间必已商定设立碑识，自可断定。且日人守田利远所著《满洲地志》并明言，"康熙五十一年乌拉总管穆克登立有'华夏金汤固，河山带砺长'之界碑"等语，是当日于审视碑外，另立有碑，以划明茂山、惠山间之界，已为中外所周知。不然彼日人著此地志，造作种种谰言，正为欲侵我领土张本，何独于此次界务尚留此真正实据也。此后百余年来，更无人查视边界，越垦奸民日谋侵越，旧时碑记久必为彼等毁去。或穆总管既经商定委之韩员，韩员以不便于己，阳为承诺，竟不立碑，亦未可知。然无论此碑定而未立，或立而已毁，至其事实可征，史册具在，则终不可磨灭也。①

如上引文，吴禄贞利用《吉林通志》和守田利远在《满洲地志》的记载，指出十字碑可能立于康熙五十一年穆克登定界之时，即当时除了立审视碑（指穆克登碑）以外，还沿小白山至图们江立了十字碑。有关十字碑的去向，吴禄贞提出两种可能性：一是

---

① 吴禄贞：《延吉边务报告》，第74页。

当时定而未立；二是立而已毁，毁于越垦的朝鲜人。总之，他强调十字碑是中朝两国以图们江为界的标志。他之所以举出守田利远的例子，是为了引用日本人的记录来反驳日本有关"间岛问题"的谬说。

第二年，刘建封在踏查长白山以后，在所著《长白山江岗志略》里，同样指出十字碑遭毁说，其内容如下：

> （图们江）按：《吉林通志》载有自三江口至小白山之界碑凡十，标曰："华夏金汤固，河山带砺长"，名为十字界碑，记其距离里数，均甚详明。是十字界碑，与穆总管所立之石，毫无干涉。①

> 按：该处华韩猎户俱云，三十年前葡萄山下有一界碑，圣水渠前有一界碑，均被韩人所毁，后即不见。查两处之碑，其为十字界碑无疑。②

> 按：日人守田利远所著之《满洲地志》有云，康熙五十一年乌喇总管穆克登，立有"华夏金汤固，河山带砺长"之界碑。是当日划明茂山、惠山之界，已为中外所周知。否则日人方助韩人混界之不暇，而安肯指明为十字界碑也。执此而问界碑存亡，韩人知之，日人亦无不知之。③

如上引文，刘建封引用《吉林通志》和守田利远的《满洲地志》，指出康熙五十一年穆克登除了立查边石（指穆克登碑）以

---

① 刘建封：《长白山江岗志略》，第368页。
② 刘建封：《长白山江岗志略》，第369页。
③ 刘建封：《长白山江岗志略》，第369页。

外，还立了十字碑，以划分茂山、惠山之间的界线。刘建封还借用中韩猎户的话，指出十字碑中的两块碑石30年前曾立于葡萄山下、圣水渠前，但后来"均被韩人所毁"。这里的"葡萄山"指甫多会山（又称胞胎山），位于三池渊附近；圣水渠指鸭绿江上游鲤明水的一条小支流。① 也就是说，他根据当地猎户的说法，推想甫多会山、鲤明水附近的两块碑石属于十字碑。不过，对照秦煐等拟设十字碑的位置，这两处都不可能有十字界碑，这纯属误传。另外，文中提到的"三十年前"指1878年，这同样是子虚乌有的，1885年才有第一次勘界。相比于吴禄贞认为穆克登碑是从小白山一带移来的，刘建封则不承认此碑的合法性，称之为"穆石"，指出"穆石与国界，毫无关系"。② 不仅如此，刘建封还发出"呜呼！中韩之界碑（指十字碑）亡矣，亡于葡萄山下。查边之穆石见矣，见于长白山南"③ 的感慨，即认为十字碑才是定界碑，却毁于朝鲜人。

那么，《吉林通志》和守田利远的《满洲地志》是如何记载十字碑的呢？《吉林通志》编纂于1891年（光绪十七年），由时任吉林将军长顺主持编纂，属于吉林省第一部志书。该志有关"珲春城"的"四至"中提到了十字碑，记载如下：

> ……西南到图们江一百八十里，到图们江朴水（指朴下川，即今城川水）汇流处"长"字界牌三百三十里；西距"砺"字界牌三十一里，到图们江西豆水汇流处"砺"字

---

① 参见刘建封：《长白山江岗志略》中的插图《长白府区域详图》（在李澍田主编：《长白丛书》初集里没有此插图，国家图书馆古籍馆本里有此插图）。
② 刘建封：《长白山江岗志略》，第369页。
③ 刘建封：《长白山江岗志略》，第379页。

界牌三百六十一里；西距"带"字界牌三十六里，到石乙及红丹二水汇流处"带"字界牌四百有三里；西距"山"字界牌二十三里，到长坡浮桥南岸"山"字界牌四百二十六里；西距"河"字界牌八十八里，到石乙及红土二水汇流处"河"字界牌五百一十四里；西距"固"字界牌四十二里，到石乙水河源"固"字界牌五百四十六里；西距"汤"字界牌十二里，到黄花松甸子尽处沟口"汤"字界牌五百五十八里；西距"金"字界牌五里，到黄花松甸子头道沟口"金"字界牌五百六十三里；西距"夏"字界牌二十二里，到小白山东麓沟口"夏"字界牌五百八十五里；西距"华"字界牌十五里，到长白山东南小白山顶"华"字界牌六百里。以上界牌之图们江南俱朝鲜界。①

以上《吉林通志》有关十字碑位置的记载，与前述秦煐等在禀文中提到的拟设界碑的位置完全相同，表明《吉林通志》参考了秦煐等的禀文。但是由于朝方的反对，十字碑实际上并未树立，因此《吉林通志》所载十字碑的位置，只是拟设位置而已，而不是实存的东西（参见图20《吉林通志》插图，并没有标出十字碑）。尽管如此，《吉林通志》的上引内容，却给后世留下十字碑设于图们江沿岸的错误认识。

---

① 长顺等编：《吉林通志》卷17，第20～21页，《续修四库全书》648，史部·地理类，第2册，第343～344页。

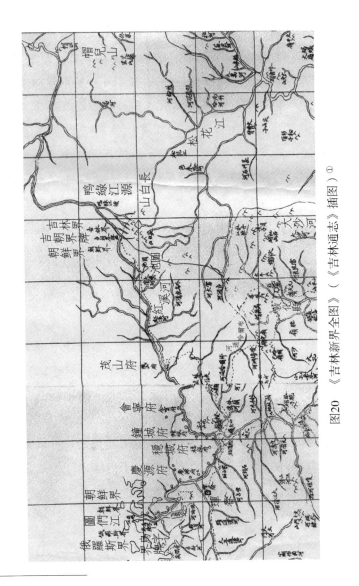

图20 《吉林新界全图》(《吉林通志》插图)①

① 《吉林通志》有两幅插图《吉林旧界全图》和《吉林新界全图》。该志的"珲春城四至"记载了十字碑的位置和里程,但两幅图均没有标出十字碑的位置。参见本书图20,天池东南边标有"吉朝界牌",这是指穆克登立的旧碑。

再看一下1906年由日本陆军中佐守田利远编纂的《满洲地志》。在此书中，守田利远记载道："现在的境界线，依据康熙五十一年乌喇总管穆克登所定，在豆满江北岸立有'华夏金汤固，河山带砺长'十字界碑。"① 即认为穆克登在图们江北岸立了十字碑。② 这一内容被吴禄贞、刘建封等引用，作为穆克登确定以图们江为界的证据。但是，穆克登在图们江北岸设立十字碑，显然不是事实。

在这以后，有关十字碑存在于图们江沿岸的说法，不断被后人引用。宋教仁在1908年《间岛问题》一书中指出，"清光绪十四年（1888年），又于豆满江沿岸，设立界牌十座（按即"华夏金汤固，河山带砺长"等字界牌）"。③ 他认为在第二次勘界结束以后，在图们江沿岸设立了十字碑。

1911年由徐世昌主持编纂的《东三省政略》记载："吉林与韩交界，但能以康熙五十一年五月乌喇总管穆克登所立于图们北岸之十字界碑（华夏金汤固，河山带砺长十字）为据"④，指穆克登定界时，在图们江北岸立了十字碑。

1933年王芸生在《六十年来中国与日本》一书中指出："光绪十三年，中韩复行勘界，中国让步以石乙水为图们江正源，在红丹水口造碑十座，分刻'华夏金汤固山河带砺长'十

---

① "現下の境界線は康熙五十一年烏喇總管穆克登の定めたるものにて豆满江北岸に華夏金湯固河山带礪長の十字の界碑あり。"（参见守田利遠编：《滿洲地誌》下卷，東京：丸善株式會社1907年再版，第472頁）

② 守田利遠编：《滿洲地誌》下卷，第470～473頁。

③ 宋教仁：《间岛问题》，李澍田主编：《长白丛书》初集，吉林文史出版社1986年，第272页。

④ 徐世昌等编：《东三省政略》（上）卷1，"边务·长临附件"，李澍田主编：《长白丛书》三集，吉林文史出版社1989年，第264页。

字，分立于原界碑处，均确凿可凭。"①

如上所见，十字碑凿立及被毁说的出现，与1907年日本向间岛地区扩张有密切关系，是中方有识之士在反击日本有关"间岛问题"的谬说，特别是强调中韩两国以图们江为界的过程中，将中方拟设而实际上并未设立的东西加以事实化了。

中方人员不仅用文字记录康熙五十一年或者光绪十三年沿图们江立了十字碑，还在地图上标出十字碑的具体位置，即从小白山顶开始，沿石乙水一直到朴下川汇入处，分别标出"华夏金汤固，河山带砺长"等十字碑。特别是1909年中日签订《间岛协约》② 以后，如宋教仁在地图上标注了十字碑，以此强调中朝两国以图们江为界（参见图21）。尽管如此，十字碑并不是实存的东西，它只存在于地图中，这从一个侧面反映了爱国人士坚守图们江边界的决心和意志。

---

① 王芸生编：《六十年来中国与日本》第5卷，生活·读书·新知三联书店2005年，第97～98页。

② 1909年签订的《间岛协约》规定中韩两国以图们江为界，其江源地方自定界碑至石乙水为界。

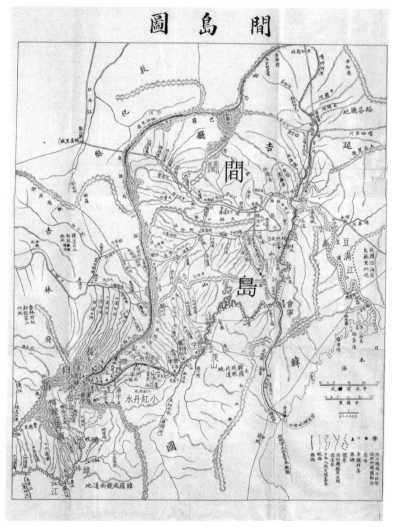

图 21 《间岛图》(日本外务省外交史料馆收藏,1.4.1.33 - 2)①

---

① 日本外务省外交史料馆收藏的《间岛图》为宋教仁《间岛问题》一书的插图。参见本书图 21,从小白山顶开始沿石乙水,一直到达"披下河"汇入图们江处,标有"华夏金汤固,河山带砺长"十字界碑。

三、小　结

1887年第二次勘界以后,中方代表秦煐等提出沿小白山、石乙水划界,并提出了拟设碑的位置,即从小白山顶,沿着东边的一条沟子到达黄花松甸子,再向东连接到石乙水发源地,沿石乙水而下到达石乙水、红土山水汇流处,之后沿图们江而下到达红丹水汇入处,再沿图们江而下到达三江口(西豆水汇入处),再沿图们江而下到达朴下川(今城川水)汇入处,在其间设立"华夏金汤固,河山带砺长"等十块界碑,此即十字碑。

然而中方的十字碑拟设计划却遭到了朝方的反对,朝方要求以碑、堆、红土山水为界。尽管中方在第二年(1888年)的二、三月间及七月,多次向朝方提出立碑的邀请,但均被朝方拒绝。1902—1904年,朝鲜利用俄国占领东北之机派出李范允为"北垦岛管理使",企图借助垦民的力量,将图们江以北地区纳入其管辖。中方一面派"吉强军"予以清剿,一面准备再次与朝方会勘边界。1904年清朝驻朝鲜公使许台身两次照会朝鲜外部会勘边界,但被日本驻北京公使内田康哉劝阻,要求在日俄战争结束以后再谈。这说明直到此时,中韩两国的勘界仍未结束,中方拟设的十字碑并未树立起来。

"毁碑说"的传出与1907年日本挑起"间岛问题"有关。同一年,吉林边务帮办吴禄贞受东三省总督徐世昌之命调查中朝边界时,第一次提出了十字碑遭人毁弃的说法。第二年,同样受徐世昌之命踏查长白山的刘建封重提此说。吴、刘有关十字碑存在于图们江沿岸的依据，一是《吉林通志》的相关记载；二是守田利远在《满洲地志》的记载，指出康熙五十一年穆克登除了在天池东南边设立查边碑（石）以外，还在图们江沿岸立了十字碑，但是后者显然与穆克登定界的事实不符。

另据同一年调查图们江沿岸的日方人员铃木文学士的报告，他在红丹水河口发现了15块无文字的石碑，这与第二次勘界时（1887年）李重夏在《丁亥状启》中记载的内容相同，表明直到此时中方拟设的十字碑并没有树立起来。总之，十字碑凿立及"毁碑说"，是中方人员在对抗日本有关"间岛问题"的谬说，特别是在强调中朝两国以图们江为界的过程中产生的，是将中方拟设而实际上并未设的东西加以事实化了，进而提出所谓的"毁碑说"，但都不是事实。

中朝边界的形成特点

中朝两国边界，西边以鸭绿江为界，东边以图们江为界，中间以长白山天池为界，这种两江夹一山的边界格局是历史演变的结果。其形成年代可以追溯到元末明初，朝鲜半岛内高丽、朝鲜（李朝）两王朝向北拓展领土，到达了鸭、图二江一线上。其后康熙五十一年穆克登定界，划分了长白山以南、以东界线，使长白山成为两国边界。

在这条边界线形成的过程中，中朝两国曾有过纷争，也有过冲突，主要是由于19世纪中期以后朝鲜人跨过这条边界线在江北地区开垦和移居。到了光绪十一年、十三年，中朝两国为了解决围绕图们江的边界纠纷，派代表进行了两次共同勘界，达成了以图们江为界的共识，但是由于在上游红土水、石乙水合流处以上未达成协议，为日本利用这一问题挑起"间岛问题"留下了隐患。

经过两年的交涉和谈判，中日两国于1909年签订了《间岛协约》，在大量事实面前，日本不得不承认中朝两国以图们江为界。但是《间岛协约》并不是两个当事国之间签订的条约，而是日本在剥夺朝鲜的外交权以后签订的，所以其合法性受到了质疑。

1949年中华人民共和国成立以后，中朝两国通过谈判解决历史遗留的边界问题，于1962年签订了《中朝边界条约》，以国际法承认的条约的形式，明确规定以鸭绿江、图们江和长白山天池为界。它既继承了历史边界线，又在长白山天池附近有变化，奠定了今天中朝两国边界的基础。

一、朝鲜的北拓政策和鸭绿江、图们江边界的形成

恭愍王（1351—1374年在位）时期，高丽趁元朝势力衰退，向北拓展领土，先收复了双城总管府辖境（原为高丽领土），之后继续向北拓展领土，西北之境到达鸭绿江上游地区，东北之境到达咸镜道吉州附近。高丽王朝灭亡以后，朝鲜王朝（李朝）继续推行北进政策，到了朝鲜第四代国王世宗（1418—1450年在位）时期，沿鸭绿江南岸设置了四郡，沿图们江南岸设置了六镇，从而奠定了以鸭绿江、图们江为边界的基础。这一过程使得居住在朝鲜西北、东北之境的女真人受到挤压。在双方进退的拉锯战中，由于女真人的反扑，朝鲜不得不废弃鸭绿江沿边的四郡，形成了朝鲜历史上所谓"废四郡"地区。

17世纪初建州女真的英雄努尔哈赤兴起，在他的领导下，女真各部逐渐走向统一，先在新宾（兴京）建立赫图阿拉城，后来进攻明朝辽东地区，于1616年建立了"后金"。在这一过程中，图们江流域和长白山地区的女真人逐渐向兴京地区迁移和集结。又随着清军入关（1644年），大部分女真人离开了东北故地。于是，中朝边境几无定居的女真人，鸭、图二江以北地区变成了空旷无人区，这种局面对朝鲜巩固鸭绿江、图们江边界是有利的。

起初两国发生的有关边民的越境交涉，大多是朝鲜人越入鸭绿江、图们江以北采参、伐木而引起的；直到康熙中后期，才有中国（关内）采参者的足迹出现在中朝边境地区。通过双方频繁的围绕边民的越境交涉，鸭绿江、图们江逐渐成为双方公认的事实上的边界，而康熙五十一年穆克登定界，就是从这一事实出发的。

二、康熙五十一年穆克登定界与长白山边界的形成

康熙五十一年清朝派乌喇总管穆克登到长白山查水源、定界，直接动因是为了编纂《一统志》和《皇舆全览图》，这与清朝重视长白山发祥地有关。有关穆克登定界，学界仍存争议。一是围绕立碑处，即天池东南麓 10 余里（约 4 公里）是否为穆克登立碑的初设位置，抑或碑址是否被挪移了。二是围绕图们江边界，即穆克登是否确定以图们江为界，或者说他定了图们江上游的哪一条支流，是红土山水还是红丹水。

据笔者研究，穆克登立碑处位于天池东南麓约 4 公里，定西边的鸭绿江源（大旱河）为界，东边以黑石沟（黄花松沟子）连接图们江源（红土山水）为界，碑文记载："西为鸭绿，东为土门，故于分水岭上勒石为记。"考虑到图们江源和立碑处相隔较远，在其间设置了石堆、土堆和木栅，以便将二者连接起来。堆栅的总长度为 90 余韩里，前 50 韩里是沿设于黑石沟东南岸的石堆、土堆，后 40 韩里是从黑石沟的堆尾到红土山水（平地

上）的木栅、土堆。① 后来由于沿设于平地上的木栅朽烂，造成了图们江上游边界模糊不清，以致影响了干流边界线。

穆克登定界的结果，反映在两国编纂的地理志、地图中。康熙五十六年（1717年）制作完成的《皇舆全览图》，其中的"朝鲜图"与此有关联。乾隆年间齐召南编纂的《水道提纲》中有关土门江的叙述，也反映了此次定界的结果。另外，首尔大学奎章阁收藏的《舆地图》（古4709-1）中的《白山图》，似为穆克登定界时由清朝画员绘制的山图的模本。

另据笔者实地考察，穆克登定界的标记石堆、土堆遗址历经300年依然存在于黑石沟东南岸，长约23公里，其中石堆长约5.3公里，土堆长约18公里。黑石沟和图们江源相连，即是碑文所指"东为土门"。黑石沟属于一条干沟，史料称之为"干川"，大部分时间没有水流，只有夏季短时间内部分地段有水流，长约24公里，到下游沟形消失无踪，并没有和松花江相连，即沟尾和松花江上游是断开的。

三、光绪十一年中朝共同勘界

光绪十一年第一次勘界，是由于朝鲜边民越入图们江以北地区开垦、定居而引起的。清政府最初考虑到朝鲜移民人数众多、积重难返，决定按照云贵苗民例，对其实行"领照纳租""归化

---

① 据史料记载，40余韩里木栅中间有五六韩里是土堆。参见《朝鲜肃宗实录》卷52，肃宗三十八年十二月丙辰。

入籍"的政策，也就是使朝鲜人成为清朝的百姓。但是朝鲜表示反对，要求刷还其边民。正当此时，朝鲜钟城府使提出土门、豆满"二江说"，主张由其边民开垦的土门以南、豆满以北的地区属于朝鲜。在朝鲜的要求之下，双方派代表进行了共同勘界。

此次勘界，从光绪十一年八月三十日开始，到十一月三十日结束，主要调查图们江上游支流及长白山碑、堆。经过勘查，中方代表发现位于碑东边的黑石沟并非图们江源，其四周分布着松花江支流，所以判定黑石沟是松花江支流。基于此，中方代表认为碑的位置要么错立，要么被挪移了，后来有些学者所主张的"移碑说"实发端于此。之所以有这种看法，一是因为黑石沟所处的地理位置靠近松花江上游；二是因为连接黑石沟和图们江源（红土山水）的木栅年久朽烂，造成图们江上游边界模糊不清。

再看一下朝方的主张。起初朝方认为土门、豆满是二江，即认为黑石沟的土石堆与松花江相连，这是碑文所记"东为土门"。但是在实地勘查中，朝方代表李重夏发现了黑石沟和红土山水相连的遗迹，据此他认识到黑石沟并不和松花江相连，而是以木栅、土堆与图们江源相连，即土门、豆满实为一江。他将这一情况秘密地报告给了本国政府，其内容详载于首尔大学奎章阁收藏的《追后别单》（1885 年）。

总之，此次勘界，从表面上看双方没有达成任何协议，但是实际上，朝方已经认识到"二江说"的错误。于是在第二年（1886 年）朝方承认了"二江说"是错误的，即承认中朝两国以图们江为界，因而要求中方妥善安置图们江以北的朝鲜流民。

四、光绪十三年第二次共同勘界

光绪十二年朝方承认了"二江说"的错误。该年九月,朝鲜外部督办金允植在给袁世凯的电报中指出:"已知前事之误","不必派员会勘",要求"借地安置"朝鲜贫民,即承认以图们江为界。为了尽快解决图们江以北朝鲜流民的去留及防止流民络绎不绝地移入,清政府再次提议派代表进行共同勘界,于是光绪十三年双方进行了第二次共同勘界。

朝方在承认以图们江为界的基础上,提出要遵守康熙五十一年穆克登确定的旧界,即以碑、堆、红土山水为界,这与清总理衙门要求查找图们江旧界的勘界要求也是相符的。只是在现场勘查的中方代表认为碑址、堆址均指向松花江上游,与碑文所载"西为鸭绿,东为土门,故于分水岭上勒石为记"不符,即这里不可能是鸭、图二江分水岭,试图在长白山以南寻找分水岭划界。中方先提出以三池渊(距离天池约50公里)连接红丹水划界,后来退一步要求以小白山(距离天池约30公里)连接石乙水划界。中方代表的顾虑,一方面认为朝方要求划界的碑、堆、红土山水线靠近长白山天池,因而有碍于清朝的长白山发祥重地;另一方面,此线穿过数条松花江支流,因而有碍于松花江。所以即便此线是旧界,中方代表也无意于遵守它了。至此,双方虽然在图们江上游红土山水、石乙水合流处以下达成了以图们江为界的共识,但是在合流处以上未达成协议,所以最终未能签订边界条约。

两次勘界结束以后,中方试图通过驻扎朝鲜的袁世凯几次要求朝鲜沿小白山、石乙水树立"华夏金汤固,河山带砺长"的十字碑,但由于朝方的反对而未能付诸实施,因此所谓十字碑遭人毁弃的说法是不成立的。两次勘界虽然未签订正式的边界条约,但是其成果仍对后世中日《间岛协约》(1909年)和《中朝边界条约》(1962年)的签订产生了影响。

五、中日《间岛协约》的签订

1907—1909年,中日两国进行了两年的"间岛问题"谈判,主要涉及两个方面:一是间岛领土权问题,二是间岛朝鲜人管辖裁判权问题。有关领土权,日方经过派人踏查和进行文献研究(中井喜太郎、内藤湖南等),认识到间岛属韩的论据薄弱,加之中方的激烈反对,决定放弃领土权而争取朝鲜人管辖裁判权归自己。

日本的谈判策略是继续声称间岛所属未定,并以承认间岛领土权属于中国作为谈判筹码,要求得到朝鲜人管辖裁判权和修筑吉会铁路(吉林至朝鲜会宁)等利权,后来日方又追加了东三省"五案"的利权。中方则坚持领土权和朝鲜人管辖裁判权的统一,否则即使承认了领土权也将形同虚设。为了牵制日方,使之做出让步,中方提出要将"六案"提交海牙国际仲裁。日方自知在领土权上理亏,于是一方面反对提交海牙国际仲裁,另一方面决定在朝鲜人管辖裁判权上让步,最终承认杂居地朝鲜人服从中国法权。

1909年9月4日，中日两国签订了《间岛协约》和《东三省五案协约》。《间岛协约》的第一条规定，中朝两国以图们江为界，"其江源地方自定界碑起至石乙水为界"，即日方承认了间岛领土权属于中国。为此，中方做出了不少牺牲。例如，允许日本在间岛设立领事馆和分馆，在四处商埠地享有领事裁判权；在杂居地，对于重大案件，日领有立会权和要求复审权；另外，日本还得到了在东三省修筑铁路和开采矿山等"五案"利权。

有关图们江上游边界，日方最初提出以红土山水（朝方的要求）划界，后来又提出在红土山水和石乙水中间划一条线；但是中方表示反对，要求以石乙水划界，其理由是红土山水靠近长白山，有碍于清朝的发祥地。最终双方进行了利益交换，日方满足了中方以石乙水为界的要求，中方则满足了日方修筑吉会铁路的要求，并将相关内容写入《间岛协约》的正文中。

六、小　结

中朝两国边界形成的特点可归纳如下：第一，中朝两国以自然的河流、山脉为界。鸭绿江、图们江流经长白山山谷地带，沿岸横亘着险峻的山脉，这成为阻隔彼此的自然界限，最终形成为两国边界。

第二，这条边界线的形成，是高丽、朝鲜两王朝向北拓展领土的结果。这一过程从高丽末恭愍王时期，一直延续到朝鲜世宗时期，沿着鸭、图二江南岸分别设置了四郡、六镇，从而奠定了以鸭、图二江为界的基础。

第三，康熙五十一年穆克登定界，第一次明确划分了长白山地区的边界，即明确以线为界，这在某种程度上具备了现代国界的特点。这条边界线自天池东南约4公里的立碑处开始，西边以鸭绿江源（大旱河）为界，东边以黑石沟连接图们江（红土山水）源为界；而在立碑处到图们江源的无水地段，设置了石堆、土堆、木栅等人工标识物，这可以说是长白山地区陆上边界线的雏形。但是其后由于连接图们江源的40余韩里的木栅年久朽烂，造成了图们江上游界线模糊不清，以致影响了干流边界线的确定。在170年以后的光绪年间，两国发生围绕图们江边界的纷争与此不无关联。

第四，两国的边界纷争出现在晚清光绪年间，主要是由于朝鲜人跨过图们江开垦江北土地及否认以图们江为界。经过光绪十一年、十三年两次勘界，双方虽达成了以图们江为界的共识，但是在上游红土山水、石乙水合流处以上未达成妥协，最终未能签订正式的边界条约，这为后来日本利用中朝界务纠纷挑起"间岛问题"留下了隐患。

第五，1907—1909年中日两国经过两年的"间岛问题"谈判，解决了图们江边界的划界问题。《间岛协约》第一条规定，中朝两国以图们江为界，"其江源地方自定界碑起至石乙水为界"。这条边界线基本承袭了光绪十三年的勘界成果，其中石乙水是中方要求划界的地方，定界碑是朝方要求划界的地方，即是中日双方妥协的产物。为此双方进行了利益交换，中方为了争取以石乙水为界，不得不在吉会铁路修筑权上向日方让步。中方之所以反对以红土山水为界，是因为它靠近长白山因而有碍于清朝的长白山发祥重地。

第六，1949年中华人民共和国成立以后，中朝两国通过谈判解决历史遗留的边界问题。1962年签订了《中朝边界条约》，规定以鸭绿江、图们江（红土山水）和长白山天池为界。其走向承袭了康熙五十一年穆克登定界以来的历史边界线，如红土水（红土山水）为图们江正源；同时在长白山天池界线上有变化，原来穆克登碑的位置在天池东南麓约4公里处，现在的边界线向北移，将天池一分为二，约54.5%属于朝鲜，45.5%属于中国，显然中方做出了很大让步。

第三编
"间岛问题"研究

1907—1909年日本调查间岛领土归属问题的内幕

20世纪初日本挑起的"间岛问题"包括两个方面：一是间岛领土权归属问题，即间岛属于中国还是朝鲜的问题①；二是间岛朝鲜人裁判权问题，即朝鲜人裁判权归中国还是日本的问题②。"间岛"一词并非固有名称，而是1870—1880年代朝鲜人大规模越境开垦图们江以北地区时的创名，主要指今天延边朝鲜族自治州的部分地区。

在日本插手"间岛问题"之前，中朝两国围绕界务问题曾发生过几次交涉。一是在1712年，清朝派乌喇总管穆克登调查中朝边界，在长白山分水岭上立碑、定界，明确划分了鸭、图二江之间的长白山地区陆地边界。二是在1885年、1887年，两国围绕图们江边界发生了纷争，于是派代表进行了共同勘界，达成了以图们江为界的共识，只是在上游红土山水、石乙水合流处以

---

① 韩国学界自1955年申基硕发表《间岛归属问题》(《中央大学校三十周年纪念论文集》) 以来，开始出现相关研究，包括李汉基：《韩国的领土》；梁泰镇：《韩国的国境研究》；梁泰镇：《韩国国境史研究》；崔长根：《韩中国境问题研究——日本的领土政策史的考察》；陆洛现编：《白头山定界碑和间岛领有权》；黄铭浚：《间岛领有权问题的国际法分析》，首尔大学法学科硕士学位论文，2005年；等等。

② 有关间岛朝鲜人裁判权的研究，有李盛焕：《近代東アジアの政治力学—間島をめぐる日中朝関係の史的展開—》，東京：錦正社1991年，第95～170页；姜龙范：《近代中朝日三国对间岛朝鲜人的政策研究》，黑龙江朝鲜民族出版社2000年；白榮勛：《東アジアの政治・外交史研究—「間島協約」と裁判管轄権—》，大阪経済法科大学出版部2005年；等等。

上未达成协议。三是在1902—1904年，朝鲜宣布成立大韩帝国以后，趁俄国占领东北之机，实行间岛扩张政策，派李范允为"北垦岛视察使"（1903年起称"管理使"），企图将图们江以北地区纳入朝鲜管辖。不久李范允被清朝"吉强军"赶出了上述地区，双方地方官之间签订了《中韩边界善后章程》，规定在两国政府会勘之前，"循旧以间隔图们江一带水，各守汛地，均不得纵兵持械潜越滋衅"。①但是，由于两国政府并没有签订正式的边界条约，这就为日本插手中朝边界问题提供了口实。1905年日本控制朝鲜以后，利用中朝边界纠纷和朝鲜人管辖权问题大做文章，挑起了所谓的"间岛问题"。

国内学界对"间岛问题"的研究，强调日本早已认识到间岛属韩的证据薄弱，却仍以本属于中国的间岛领土权作为交换条件，获得了间岛的特权和东三省"五案"的利权。②这个结论毋庸置疑是正确的，但是学界对于日本调查间岛归属问题的内幕，即通过实地踏查和文献研究，得出间岛属韩的证据薄弱的过程，

---

① 有关1902—1904年李范允在图们江以北地区的活动，详见杨昭全、孙玉梅：《中朝边界史》，第369～445页；刘秉虎：《在满韩人的国籍问题研究（1881—1911）》，韩国中央大学博士学位论文，2001年；殷丁泰：《大韩帝国时期"间岛问题"的演变过程及"殖民化"》，《历史问题研究》17号，2007年；李花子：《大韩帝国时期（公元1897—1910年）的疆域观与间岛政策的出台》；等等。

② 杨昭全、孙玉梅：《中朝边界史》，第520～521页；姜龙范：《近代中朝日三国对间岛朝鲜人的政策研究》，第131、144页。

讨论得还不够深入。①

本节试利用《日本外交文书》《统监府文书》和日本外务省外交史料馆收藏的地图资料，再结合笔者实地考察的成果，探讨日俄战争以后日本通过实地踏查、文献研究来确定间岛的范围，形成对间岛归属问题的认识，以及制定谈判策略的过程。这将有助于我们加深理解日本蓄意挑起"间岛问题"并借机向东三省扩张利权的侵略本质。

一、间岛假定区域的调查和长白山踏查活动

日俄战争结束以后，日本开始关注"间岛问题"，准备以"保护"朝鲜人的名义向图们江以北地区渗透。首先要解决的是间岛到底指哪里，范围有多大。如前述，间岛一词属于朝鲜人的创名，最初用来指图们江流经朝鲜钟城、稳城附近形成的江中岛屿，被朝鲜人开垦出来，又被称作"垦岛"。后来随着朝鲜人逐渐向图们江以北地区越境开垦，便成为滥觞，图们江以北的所有新垦地都被称作"间岛"，实则已非岛屿。② 由于它是新创名，最

---

① 日本学者名和悦子著有《内藤湖南の国境領土論再考—二〇世紀初頭の清韓国境問題「間島問題」を通じて—》一书。作者引用丰富的资料，论述了内藤湖南对"间岛问题"的调查及对间岛政策的影响，可谓开拓性研究。不过其关注点集中在内藤湖南个人身上，没有对日本进行的长白山踏查活动等进行分析论述。另外，分析中日谈判的结果——签订《间岛协约》和《东三省五案协约》也有问题，认为这是中日双赢局面，认识不到日本间岛政策的狡猾性和欺诈性的一面，特别对于日本通过《东三省五案协约》攫取东北利权，认识模糊（参见该书第193～202页）。

② 李重夏：《乙酉别单》，胶片第8页。

初其范围是不确定的,有人认为间岛指布尔哈通河以南(图22),有人认为指海兰河以南(图23),总之和朝鲜人移住开垦有关。①

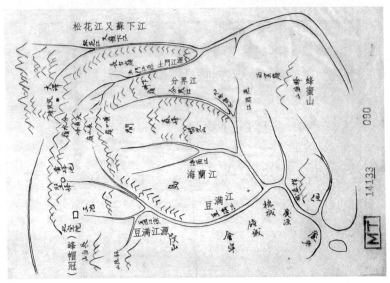

图22　间岛的范围(出自《间岛境界调查材料》,1905年)②

日本驻朝鲜军最早参与间岛范围的调查。1905年11月,驻朝鲜军司令官长谷川好道向陆军参谋本部提交了一份报告书,叫作《间岛境界调查材料》。③ 该调查材料篇幅不长,主要收录了

---

① 朝鲜咸镜道观察使赵存禹等认为,间岛指布尔哈通河以南(参见图22,从水流方向看,所谓"分界江"指的是布尔哈通河);日本驻朝鲜军则认为间岛指海兰河以南(参见图23)。
② 该图收入《間島境界調查材料》中,参见日本防衛省防衛研究所藏,陸軍省-日露戦役-M37-6-127/1431;以及外務省外交史料館藏,《間島ノ版図ニ関シ清韓両国紛議一件》第1卷,MT14133/090。
③ 《間島境界調查材料》(1905年11月),日本防衛省防衛研究所藏,陸軍省-日露戦役-M37-6-127/1424-1431(アジア歴史資料センター網,レファレンスコード:C06040131500,下同)。

朝鲜人对中朝边界及间岛的看法，如咸镜道观察使赵存禹（1897年）和庆源郡守朴逸宪（1899年）的调查记等，内容包括：

第一，有关1712年定界，指出中朝两国派遣官员在长白山（朝鲜称白头山）分水岭上立碑，以西边的鸭绿江、东边的"土门江"为界。土门江的名称，由碑东的沟壑（指黄花松沟子，又称黑石沟）到了大角峰呈"土壁如门"状而得名；其上建有石堆20韩里，土堆70韩里，共有180余处；堆止处涧水流出即杉浦，杉浦之水流入松花江。豆满江则发源于长山岭池（指圆池），距离分水岭立碑处为90韩里。① 以上内容是朝鲜人典型的土门、豆满二江说，意在说明1712年定界的河流是"土门江"（指松花江上游）而不是豆满江（今图们江），那么由朝鲜人开垦的土门江以南、豆满江以北的间岛属于朝鲜。

第二，指出朝鲜人移住的范围，"位于茂山以东至稳城之间的六百里间，长百里或数十里，广五六十里或二三十里，韩人移住者有数万户，受到清人的压制，而清人不足韩人的百分之一"②。这个范围实际上就是早期朝鲜人移住图们江以北的地理分布，即朝鲜人所称间岛范围（不包括嘎呀河以东的今珲春地区）。另参见该报告书的附图（图22），间岛位于"分界江"和

---

① 《間島境界調查材料》，陸軍省－日露戰役－M37－6－127/1426－1429。
② 《間島境界調查材料》，陸軍省－日露戰役－M37－6－127/1428。

豆满江之间，这里的"分界江"从流向来看，指布尔哈通河①，即认为间岛指布尔哈通河和图们江之间。

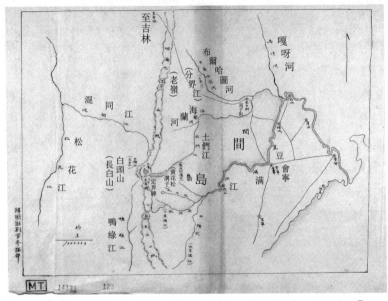

图 23　间岛的范围（出自《間島ニ関スル調査概要》，1906 年）②

---

①　在朝鲜古地图中，图们江支流海兰河、布尔哈通河通常被标为"分界江"，这实际上是错误的地理认识，这与后世朝鲜人对康熙五十一年穆克登定界的不正确的认识有关。这以后，朝鲜人普遍认为穆克登定界的水是南流之水，但却不是图们江正源。图们江正源应该是从天池发源后向东流的水。海兰河、布尔哈通河是自西向东流的，所以常被误认为是自天池发源的图们江正源，被标为"分界江"。1880 年朝鲜人越过图们江开垦江北土地以后，将"分界江"（指海兰河、布尔哈通河）与间岛联系起来，认为分界江以南是间岛。有关朝鲜的"土门江""分界江"认识，详见李花子：《明清时期中朝边界史研究》，第 120～147 页。

②　此图制作时参考了 1/1000000《东亚舆地图》、俄版 1/420000 图，以及清朝军队的实测图。参见《間島ニ関スル調査概要》，《間島ノ版図ニ関シ清韓両国紛議一件》第 1 卷，REEL No. 1‐0350/0445。此图收入外务省外交史料馆藏，《間島ノ版図ニ関シ清韓両国紛議一件》第 1 卷，MT14133/123。

第二年（1906年）3月，日本驻朝鲜军再次提交了一份报告书，叫作《关于间岛的调查概要》。该调查概要除了参考已有文献外，还结合了日军情报搜集的结果，内容包括间岛名称的起因、地势、生产，清人和朝鲜人的居住状况，清朝的统治，朝鲜对间岛的政策，国境问题的起因，光绪年间中朝勘界谈判的要领，间岛在国防上的价值，等等，另附有长白山碑文（1712年）抄本和间岛范围图（图23）。①

这份调查概要所述间岛范围指海兰河和图们江之间，如记载：间岛地域"从白头山沿土门江，到达海兰河的合流点，再沿海兰河到达布尔哈图河（即布尔哈通河）的合流点，从这里沿北方的布尔哈图河到达豆满江"②。值得注意的是，这里的"土门江"不是指松花江上游，而是指海兰河上游（参见图23），这与驻朝鲜军对"东为土门"（碑文）的看法有关，如指出："根据韩国人的传说和记载，土门江发源于白头山向东流，再向北流入松花江。如果以这样的河流为土门江，那么韩领区域会甚广大，等于说现在的俄、清地域均为韩领，然而这毕竟不过是韩人特有的牵强附会。"③ 即认为从中俄两国的领土现状考虑，朝鲜人所谓中朝两国以"土门江"（指松花江上游）为界是不能成立的。

该调查概要还强调间岛在国防上的价值，如指出：其一，间

---

① 《間島ニ関スル調査概要》（1906年3月），外務省外交史料館藏，《間島ノ版図ニ関シ清韓両国紛議一件》第1卷，アジア歴史資料センター網，レファレンスコード：B03041192800（下同），REEL No. 1-0350/0444-0454。

② 《間島ニ関スル調査概要》，《間島ノ版図ニ関シ清韓両国紛议一件》第1卷，REEL No. 1-0350/0445。

③ 《間島ニ関スル調査概要》，《間島ノ版図ニ関シ清韓両国紛议一件》第1卷，REEL No. 1-0350/0445。

岛位于由吉林通往朝鲜咸北的要冲，物资丰富，敌人若先占有该地，就可以获得从当地取得粮食的便利，而咸北处于无人之地，不得不仰赖远处后方的物资。其二，会宁对岸的间岛地势较高，敌人如果占了这块高地，就会使会宁平地委之于敌人。日本若采取进攻之势，从咸北进军吉林，就必须占有间岛，否则难以达到目的。所以说，间岛属于中朝哪一方，从朝鲜国土防御上讲，不可等闲视之。① 以上内容无疑对日本在第二年（1907年）设立"统监府临时间岛派出所"起了促进作用。为了巩固日本对朝鲜的殖民统治，以之作为向中国东北地区扩张的新据点，以及牵制近邻的俄国，都需要占有这块战略要地。② 这正是日本实施间岛扩张政策的原因和目的所在。

为了在图们江以北设立"统监府派出所"，日本加紧进行准备。1907年3月，参谋本部派遣东京第一地形测图班在图们江上游地区进行测量活动。该测图班分为四个组，分别在茂山、会宁、钟城、稳城等地进行测量，准备制作1/50000的"间岛局子街表面略测图"。这是作为参谋本部"外邦测量"计划的一环而进行的。③

同年4月7—20日，驻朝鲜的统监府派陆军中佐斋藤季治郎等人，秘密潜入图们江以北地区搜集情报，其目的：一是考察

---

① 《间岛ニ関スル调查概要》，《间岛ノ版图ニ関シ清韩两国纷议一件》第1卷，REEL No. 1-0350/0451。

② 有关牵制俄国及借口"保护"朝鲜人在间岛设立"统监府派出所"，从而使"间岛问题"朝有利于日本的方向解决，参见篠田治策：《間島問題の回顧》，首尔：谷冈商店印刷部1930年，第1～15页。

③ 《外邦测量沿革史》（1907年3月），"草稿第2编前，明治40年度"，"13、明治40年3月28日於東京第1地形測図班命令"，日本防卫省防卫研究所藏，支那-兵要地志-129，アジア歴史資料センター网，レファレンスコード：C13110088900，0537。

当地一般情况,二是物色将要设置的"统监府派出所"的位置。斋藤等人从朝鲜会宁渡江,经过今天延边的东盛涌、局子街(延吉)、铜佛寺、天宝山、头道沟、六道沟(龙井村)等地,返回朝鲜钟城。此行他们用两周时间集中考察了朝鲜垦民聚居的海兰河、布尔哈通河流域,最后决定在海兰河流经的六道沟(龙井村)建立"统监府派出所"。①

8月19日,"统监府临时间岛派出所"在龙井村正式挂牌。同一天,日本驻北京代理公使阿部守太郎向清外务部发出照会,指出:"间岛为中国领土,抑为韩国领土,久未解决。该处韩民十万余,受马贼及无赖凌虐。拟即由统监派员至间岛保护,请速电该处华官,免生误会。"② 显然,日本是以间岛所属未定和"保护"朝鲜人的名义,在中国境内设置了非法的机构。对此,8月24日清外务部复照表示:"此地隶属延吉厅,确系中国领土";"查中朝边界向以图们江为天然界限,本无间岛名目";"来照所称统监府派员一节,中国断难允议"。③ 从此,日本挑起了所谓"间岛问题"的外交交涉。

为了进行谈判,日方需要了解中朝边界的沿革历史,特别是1712年穆克登定界的情况。1907年9月5日,参谋本部派遣两名测量手——大曾根诚二、中原佐藏前往长白山进行实地考察,"间岛派出所"的铃木信太郎一同前往。一行人溯图们江而上,在途中铃木因身体不适在茂山休养,其余人继续前行。从其考察路径看,先到达图们江发源地和圆池附近,再转往天池东南立碑

---

① 篠田治策编:《統監府臨時間島派出所紀要》,第47页。
② 外務省编:《日本外交文書》40卷2册,"間島問題一件",東京:巖南堂書店2001年,第92页。
③ 外務省编:《日本外交文書》40卷2册,"間島問題一件",第92~93页。

处，观天池以后，沿碑以东的黑石沟（黄花松沟子）前行。在沟的东南岸发现了石堆，继续沿沟下行，一直走到松花江上游小沙河口。再沿图们江上游红旗河顺流而下，到达红旗河与图们江汇合处，顺图们江而下，于10月2日返回了龙井村（参见图25）。①

在考察结束以后，这两名测量手绘制了两幅地图，一是1/50000的《自白头山至小沙河线路图》（图24）②，实为黑石沟图；二是1/400000的《长白山附近线路测图》（图25）。③此外，二人还留下了定界碑的拓本和照片等。④ 这些资料于同年（1907年）10月18日由统监府寄至外务省，成为外务省制定间岛政策和对清谈判策略的重要参考依据。⑤

根据这两名测量手的踏查结果，"间岛派出所"报告的黑石沟状况如下："从定界碑的东边开始有一道地罅（指黑石沟）向东北行，这就是土门江的本流"，其东南岸建有石堆，长度约7公里（一说5公里）。⑥ 到了石堆尽头，两岸断崖深百米，如门耸立，"土门"名称由此而来。从石堆尽头，沟子呈河川形状，在大

---

① 篠田治策编：《统监府临时间岛派出所纪要》，第89～91页；国史编纂委员会编：《统监府文书》2，"間島問題에 관한 書類一～ 三"，第58、75、111条,，第349、356、369页。

② 《自白頭山至小沙河線路図配置図》，收入外務省外交史料館藏《間島ノ版図ニ関シ清韓両国紛議一件》第7卷，MT14133/3543。

③ 《長白山付近線路測図》，收入外務省外交史料館藏《間島ノ版図ニ関シ清韓両国紛議一件》第7卷，MT14133/1903。

④ 篠田治策编：《统监府临时间岛派出所纪要》，第90页。

⑤ 国史编纂委员会编：《统监府文书》2，"間島問題에 관한 書類一～ 三"，第243条，第415页。

⑥ 据《统监府文书》2（"間島問題에 관한 書類一～ 三"，第111条，第369页）记载，石堆从定界碑开始长度为5公里，这与《统监府临时间岛派出所纪要》所载7公里（第90页）有出入。另据朝鲜学者黄铁山于1948年考察后指出，此沟东南岸有石堆106个，从第一个石堆到最后一个石堆相距5391米（Yun howoo：《"间岛Odyssey"白头山的历史之谜》，首尔《周刊京乡》848号，2009年11月3日）。

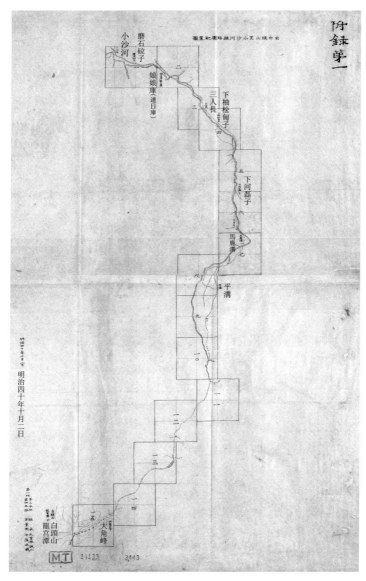

图24 《自白头山至小沙河线路图》

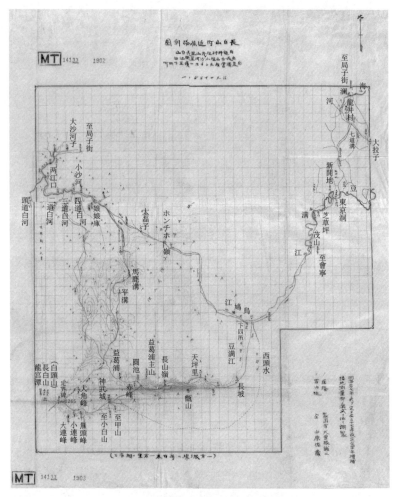

图 25 《长白山附近线路测图》

森林中向东北延伸 16 公里（记载为 4 日本里≈16 公里，1 日本里≈3.927 公里），再向北有 1 公里的砂川，再向下有细流 12 公里（记载为 3 日本里≈12 公里），与松花江上游二道江汇合，流至小沙河口。另据向导讲，森林里有土堆24公里（记载为6日本里≈24公里），但由于杂草丛生并没有发现。① 总之，二人沿沟下行数十公里，到达松花江上游小沙河口，最终认为1712年设的碑、堆与松花江相连。② 这一考察结果支持了所谓土门、豆满"二江说"，被用作日方反驳中方观点的依据。

以上参谋本部测量手的考察结果仍有两处值得怀疑。其一是黑石沟的下游果真与松花江上游相连吗？据笔者实地踏查，黑石沟到了下游沟道变得异常浅显，沟形消失无踪，并不和松花江上游相连。笔者目睹的真实情况是，土堆先于沟子消失，沟子向前延伸数百米后消失，沙道最后在距离黄花松甸子约500米处结束，表明曾在沟子里流淌的水流至此全部渗入地下，再向前跨过森林和草甸子才有松花江支流发源。③ 另外，这条沟除了夏季短时间部分地段有水流以外，大部分时间没有水流，属于一条干沟。正如1887年朝鲜勘界使李重夏所说："所谓松花之源，只是干川，元无点水。"④ 总之，此沟没有地表水流入松花江，也没有和松花江上游相连。其二是这两名测量手似乎隐瞒了沟子东南岸筑有土堆的事实，这一点令人费解。只要到现场考察，就不难发现石堆下面相沿十几公里的土堆，但为什么说没有看到呢？是因为土堆尽头并不和松花江相连，所以故意隐瞒吗？这恐怕是个难解之谜。

---

① 篠田治策编：《統監府臨時間島派出所紀要》第90、91页；国史编纂委员会编：《统监府文书》2，"間島問題에 관한書類一～三"，第111条，第369页。
② 外務省編：《日本外交文書》41卷1冊，"間島問題一件"，東京：巌南堂書店2002年，第455～457頁。
③ 李花子：《康熙年间中朝边界的标识物——长白山土堆群的新发现》；李花子：《黑石沟土堆考》。
④ 李重夏：《勘界使交涉报告书》，胶片第10页。

如上，两名测量手不仅对碑以东的黑石沟进行了详细的考察和测量，还对天池东南麓的碑址也进行了考察和测量。据记载：定界碑高二尺余，宽一尺余；位于"白头山绝顶湖水东南麓1里（指日本里，约4公里）多，鸭绿、土门两江源所挟，向东南倾斜的平坦鞍部；碑面朝南，由西向北成30度方向。另外，从立碑处至西边鸭绿江源断崖处约3町（1町≈109米，3町≈327米），至东方土门江五六町（545～654米）"。① 可见，立碑处位于天池东南约4公里，向西300多米有鸭绿江源，向东500多米有"土门江"即黑石沟开始。

以上的考察结果，除去黑石沟和松花江相连的部分以外，其他结果还是较客观的，尤其是测量手所绘制的1/50000"等高线图"（图24），是迄今为止有关黑石沟的最详细的地图。其实，从上面的报告书中仍可以分辨出黑石沟的长度。如记载：石堆长度7公里（一说5公里），再加上在大森林中延伸的16公里（这里应该有土堆），总长度约23公里（或者21公里），这应该是黑石沟的总长度。这个数据与笔者近几年考察、研究所得数据相近。② 再如，从这里向前记载有1公里的砂川（沙道），一般称之为"杉浦"，这是黑石沟的下游，至此沟形基本消失无踪。再向前记载有12公里的细流，但是这已经不是黑石沟的自然延伸，实际上在细流和沟子中间有森林、草甸子分布，将二者分开。换言之，黑石沟和松花江上游的中间是断开的，二者并不

---

① 篠田治策编：《統監府臨時間島派出所紀要》，第10～11页。
② 笔者结合实地考察，认为黑石沟的石堆长度约5.3公里（采纳朝鲜学者黄铁山的5391米），土堆长度约18公里，土石堆总长度约23公里，黑石沟全长约24公里（详见李花子：《康熙年间中朝边界的标识物——长白山土堆群的新发现》；李花子：《黑石沟土石堆考》）。

相连。但就是在砂川和细流的过渡部分，日本人似乎做了手脚，进行了模糊处理，从而造成黑石沟和松花江相连的假象（参见图24）。这与1883年朝鲜西北经略使鱼允中的做法如出一辙①，其真实目的是杜撰土门、豆满"二江说"，这是间岛属韩的观点成立的前提条件。

二、中井喜太郎和内藤湖南的文献研究

为了与中方进行"间岛问题"的谈判，需要了解中朝两国边界纷争的由来，以便制定对策和谈判策略。为此，在日俄战争结束后不久，日本便着手进行有关间岛归属问题的文献研究。中井喜太郎被统监府任命为嘱托，内藤湖南（号湖南，本名虎次郎）被参谋本部和外务省任命为嘱托，进行研究。

中井喜太郎曾担任《读卖新闻》的总编和主笔，1902年作为"朝鲜协会"的干事来到了朝鲜，之后他参加"对俄同志会"，鼓吹主战论。日俄战争结束以后，1905年5月，俄国人尚未从延边完全撤出，他便和驻朝鲜军司令部的调查员一起，潜入延边地区进行情报搜集。② 他还在首尔查阅了中朝界务资料，包

---

① 1883年朝鲜西北经略使鱼允中派钟城人金禹轼等考察后，认为黄花松沟子（称之为"土门江"）与松花江相连，这是土门（松花江上游）、豆满（今图们江）二江说的最初发端。其后1885年、1887年中朝勘界时，由于双方代表对此沟的看法不同，各执一词，争论不休，所以未能纠正这一错误（详见李花子：《黑石沟土石堆考》）。

② 名和悦子：《内藤湖南の国境領土論再考一二〇世紀初頭の清韓国境問題「間島問題」を通じて一》，第52页。

括1712年定界时洪世泰的《白头山记》和《朝鲜肃宗实录》的相关记载，《同文汇考》的设栅咨文，以及朝鲜军官李义复的记事（《北舆要选》）、肃宗国王的《白头山诗》（《北舆要选》）等；还查阅了1885年、1887年勘界时李重夏的状启，双方的往复文书、谈判记录（《覆勘图们界址谈录公文节略》）等，以及1902—1904年李范允（被朝鲜任命为"北垦岛视察使"）在图们江以北地区活动的资料。在此基础上，1907年9月他完成了《间岛问题的沿革》，提交统监府，11月转至外务省。①

中井报告书分为三部分，即定界使（指穆克登）、勘界使（指李重夏）、视察使（指李范允）。

第一，有关1712年定界，他指出穆克登定的是今图们江。在穆克登回国以后，朝鲜沿碑东连设石堆、土堆，再从土堆尽头到图们江上游红土水源头设置了木栅，后来木栅年久朽烂，这同样说明穆克登定的是图们江。② 他还指出，朝鲜人所说的碑以东的"土门江"（指黑石沟），实际上是穆克登被朝鲜土人所骗而定错的图们江源。③ 但笔者并不认同这一点，如前述，黑石沟被穆克登指定为图们江源的"入地暗流"部分，指水在地下伏流，

---

① 中井喜太郎：《間島問題ノ沿革》（1907年9月），外務省外交史料館藏《間島ノ版図ニ関シ清韓両国紛議一件》第3巻，アジア歴史資料センター網，レファレンスコード：B03041195400 - B03041195600。

② 中井喜太郎：《間島問題ノ沿革》，《間島ノ版図ニ関シ清韓両国紛議一件》第3巻，レファレンスコード：B03041195500，REEL No. 1 - 0352/0336 - 0337。

③ 中井喜太郎：《間島問題ノ沿革》，《間島ノ版図ニ関シ清韓両国紛議一件》第3巻，レファレンスコード：B03041195400，REEL No. 1 - 0352/0272。

到涌出处再涌出地面流为图们江。① 因此，黑石沟并不像中井所说的，是穆克登定错的图们江源，而是从一开始就被认定为连接图们江源的陆地边界的重要组成部分。总之，中井认为1712年定界的水是图们江，而不是松花江上游。

第二，有关1885年、1887年中朝勘界，中井指出：朝方对于"穆碑所谓'土门江'承认即是图们江，提议以此定界，由此豆满江上游境界，尤其茂山以下的会宁、钟城、稳城两岸，明明白白以豆满江为两国境界。从朝鲜政府来说，毫无疑问地确实承认现今的间岛地方属于清国领土"②。他还指出："李重夏通过再勘，明确勘定豆满江红土水为两国境界，只是红土水上游二水中以何为界未了。"③ 以上中井对1885年、1887年勘界的看法是较客观的。

第三，有关1902—1904年李范允在图们江以北地区的活动，他指出："《清韩条约》（1899年）第十二条规定，'边民已经越垦者听其安业，俾保性命、财产安全，以后如有潜越边界

---

① 参见金鲁奎编：《北舆要选》，第337～340页；《朝鲜肃宗实录》卷51，肃宗三十八年五月丁酉、六月乙卯、十二月丙辰，以及卷53，肃宗三十九年四月丁巳；洪世泰：《白头山记》，第138页；金指南：《北征录》，（1712年）"五月十五日"（第90～91页）、"五月二十一日"（第96～98页）、"五月二十三日"（第99～100页）；朴权：《北征日记》，（1712年）"五月二十三日"（第122页）；承文院编：《同文汇考》原编卷48，"疆界"，第1册，第907页；齐召南：《水道提纲》卷26，"东北海诸水·土门江"；等等。另参见首尔大学奎章阁收藏的《舆地图》中的《白山图》，其上一条断流之水被标为"入地暗流"，指水在地下伏流，从方位来看，指的就是黄花松沟子（黑石沟），它和松花江上游之间并不相连，即沟尾和松花江上游之间是断开的。

② 中井喜太郎：《間島問題ノ沿革》，《間島ノ版図ニ関シ清韓両国紛議一件》第3卷，レファレンスコード：B03041195500，REEL No. 1-0352/0330。

③ 中井喜太郎：《間島問題ノ沿革》，《間島ノ版図ニ関シ清韓両国紛議一件》第3卷，レファレンスコード：B03041195600，REEL No. 1-0352/0368。

者,彼此均应禁止',这表明(韩方)承认间岛为清国领地。"①不过,他仍强调1904年当清政府要求朝方派员勘界时,日本驻北京公使内田康哉表示日俄战争结束以后再谈,这得到了清政府的认可,这说明中朝勘界并未结束,日本可以利用这一点徐徐与中方进行谈判和交涉,"以等待时局的发展。不久清国将面临被分割、被分裂的国难"。② 这最后一句话,明显暴露出中井作为日本殖民政策拥护者的真实面目,不久他被任命为殖民地朝鲜的咸镜北道书记官也就不足为奇了。③

内藤湖南作为日本东洋史学界"京都学派"的创始人而广为人知,他在出任京都大学教授之前,曾担任《大阪朝日新闻》的论说委员,在这一任上他被参谋本部和外务省两次任命为嘱托,调查"间岛问题",撰写了两份《间岛问题调查书》。④ 这两份调查书所参考的文献略有不同,得出的结论也有差异。

1906年1月,内藤被参谋本部任命为嘱托,2月他完成了《间岛问题调查书》。⑤ 从这份调查书所列的书目来看,主要参考了中朝两国的历史文献资料,包括朝方的《东国舆地胜览》《国朝宝鉴》《大韩疆域考》《通文馆志》《北舆要选》等,中方的资料则参考了奉天翔凤阁的满文长白山地图、满文盛京图、崇谟

---

① 中井喜太郎:《間島問題ノ沿革》,《間島ノ版図ニ関シ清韓両国紛議一件》第3卷,レファレンスコード:B03041195600,REEL No. 1-0352/0368。
② 中井喜太郎:《間島問題ノ沿革》,《間島ノ版図ニ関シ清韓両国紛議一件》第3卷,レファレンスコード:B03041195600,REEL No. 1-0352/0369。
③ 外務省編:《日本外交文書》41卷1冊,"間島問題一件",第544页。
④ 参见名和悦子:《内藤湖南の国境領土論再考一二〇世紀初頭の清韓国境問題「間島問題」を通じて一》,第23~36页。
⑤ 参见名和悦子:《内藤湖南の国境領土論再考一二〇世紀初頭の清韓国境問題「間島問題」を通じて一》,第43~44页。

阁的汉文旧档，以及《吉林通志》、齐召南的《水道提纲》等。① 在该调查书的末尾，内藤坦言自己并没有看到中朝边务交涉的公文书，包括朝鲜政府内廷保管的公文书，以及清朝盛京将军、吉林将军的档案，也没有对长白山地区及图们江本、支流进行实地考察。② 或许由于这个原因，该调查书的结论具有明显的偏颇，未能准确把握中朝边界及边务交涉的真实情况。

在该调查书中，内藤从地理、历史的角度分析了间岛归属问题。

第一，有关1712年定界，他指出穆克登本想定的是鸭绿江、图们江，但是他和朝鲜官员看错了江源，将松花江源（指黑石沟）看作图们江源③，后来朝鲜人沿着看错的松花江源筑设了土石堆、木栅，所以从地理的观察来看，朝鲜正当的主张是以现存的物证为据④，意思是说应该以碑、堆所在的松花江为界，那么间岛理应属于朝鲜⑤。其实，在这里内藤搞错了一个重要事实：他以为土石堆和木栅全部设置于黑石沟，连接到了松花

---

① （日）内藤湖南：《間島問題調査書》（1906年），外務省外交史料館藏《間島ノ版図ニ関シ清韓両国紛議一件》附属書（内藤虎次郎嘱託及調査報告），アジア歴史資料センター網，レファレンスコード：B03041212500，REEL No. 1-0364/0142。

② 内藤湖南：《間島問題調査書》（1906年），《間島ノ版図ニ関シ清韓両国紛議一件》附属書（内藤虎次郎嘱託及調査報告），レファレンスコード：B03041212500，REEL No. 1-0364/0142-0143。

③ 内藤和中井均认为黑石沟是松花江支流，并认为是穆克登定错的图们江源。

④ 内藤湖南：《間島問題調査書》（1906年），《間島ノ版図ニ関シ清韓両国紛議一件》附属書（内藤虎次郎嘱託及調査報告），レファレンスコード：B03041212500，REEL No. 1-0364/0139-0140。

⑤ 内藤湖南：《間島問題調査書》（1906年），《間島ノ版図ニ関シ清韓両国紛議一件》附属書（内藤虎次郎嘱託及調査報告），レファレンスコード：B03041212500，REEL No. 1-0364/0139-0140。

上,但实际上木栅并没有设于黑石沟,而是设于从黑石沟的沟尾到红土水(图们江上游)之间,这一点要等到他第二次调查"间岛问题"时,才得以搞清楚。

第二,内藤认为从历史的观察来看,间岛属韩有以下有利证据:一是朝鲜国王的祖先在图们江以北活动过,其坟墓位于江北;二是明代图们江东北边的女真人接受朝鲜的官爵,呈现半属状态;三是清太祖努尔哈赤兴起后空出其地,只是统治人民,清和朝鲜均禁止流民进入图们江以北,这里实为中立地;四是鸭绿江以北也是中立地,旺清门、瑷阳门以外的空地是清人犯禁开发的地方,所以朝鲜人犯禁开发的间岛(指图们江以北)也应属于朝鲜领土。① 以上所谓对朝鲜有利的证据,特别是鸭绿江、图们江以北属于无主"中立地"的说法②,纯属歪曲事实的狡辩,但这恰恰是日本政府所需要的,可以用来反驳中方以图们江为界的主张,起到牵制中方的作用,因而受到了日本政府的重视。

或许由于内藤提出了对日本政府"有用"的东西,在提交该调查书不久,他再次被外务省任命为嘱托,调查"间岛问题"。同一年(1906年)7月,他前往首尔查阅资料,这次他看到了边务交涉的公文书,包括李重夏的状启、秘密报告书(《追后别单》)及双方代表的谈判记录等。其间,他还与中井喜太郎见面,二人进行了交流。同年8月,他再次到奉天查阅资料。第二年(1907年),他到京都大学任教,继续研究"间岛问题"。

---

① 内藤湖南:《間島問題調査書》(1906年),《間島ノ版図ニ関シ清韓両国紛議一件》附属書(内藤虎次郎嘱託及調査報告),レファレンスコード:B03041212500, REEL No. 1 - 0364/0139 - 0140。

② 内藤湖南有关鸭、图二江以北地区是中朝两国归属未定的"中立地"的观点,后来被篠田治策写进了《白頭山定界碑》一书。

他已经积累了不少文献资料,除了中朝两国的文献资料以外,他还看到了法国人杜赫德编纂的《中华帝国全志》,其中的地图和雷孝思"备忘录"引起了他的注意。他发现在这个地图上,图们江以北自西向东画有一条虚线,雷孝思(参与编纂康熙《皇舆全览图》)对此的解释为:虚线以南为中朝两国达成的无人居住地带,内藤认识到这是对朝方有利的证据。①

经过近一年的搜集资料和进行研究,1907年9月内藤向外务省提交了第二份《间岛问题调查书》,其内容为:

第一,有关1712年定界,他引用中朝双方资料②,分析指出:"清国为了将长白山纳入其版图,遂决行此事,将分界的石碑立于山南分水岭,于是无论清国人还是朝鲜人,皆认定以豆满、鸭绿二江本流为界限。"③ 即认为1712年穆克登定的是图们

---

① 参见名和悦子:《内藤湖南の国境領土論再考一二〇世紀初頭の清韓国境問題「間島問題」を通じて一》,第49~68页。
② 内藤湖南的第二份《间岛问题调查书》(1907年)所参考的穆克登定界资料,包括定界碑的碑文,《白头山记》、《同文汇考》中的设栅咨文,《北舆要选》中朝鲜军官李义复的记事、穆克登奏文、《谢定界表》、《通文馆志》中的金指南传、金庆门传,齐召南的《水道翔鳳閣の满文长白山图、满文盛京图,清朝舆图的民间刻本(胡林翼、严树森编),以及金正浩的《大东舆地图》等。参见内藤湖南:《間島問題調查書引用書目》(1907年),《間島ノ版図二関シ清韓両国紛議一件》附属書(内藤虎次郎嘱託及調查報告),アジア歴史資料センター网,レファレンスコード:B03041213300, REEL No. 1-0364/0244-0246;内藤湖南:《間島問題調查書》(1907年),外務省外交史料館藏《間島ノ版図二関シ清韓両国紛議一件》附属書(内藤虎次郎嘱託及調查報告),レファレンスコード:B03041213400~B03041213900。另外,名和悦子在《内藤湖南の国境領土論再考一二〇世紀初頭の清韓国境問題「間島問題」を通じて一》一书中(第99~104页),对内藤的两份调查书及《韩国东北疆界考略》(1907年8月)所引用的资料,列表进行了对比分析,这对笔者了解内藤调查书中所引资料有帮助。
③ 内藤湖南:《間島問題調查書》(1907年)第3,《間島ノ版図二関シ清韓両国紛議一件》附属書(内藤虎次郎嘱託及調查報告),レファレンスコード:B03041213600, REEL No. 1-0364/0340。

江。不过，他仍指出对朝方有利的如下证据：在穆克登定界以后，朝鲜实际统治了鸭绿江、图们江以南地区，但是中方却空出其地，使图们江以北不在统治范围内，成为"无人中立地"。① 这个内容迎合了日本政府所谓间岛所属未定的主张，后来屡屡出现在日方致中方的照会中，来反驳间岛属中的中方观点。

第二，有关1885年第一次勘界，他列举李重夏的状启、秘密报告书（《追后别单》）及1886年朝鲜承认土门、豆满为一江的照会，指出："这个问题缩小为单单勘定豆满江源，而间岛问题已经被放弃了。"② 意思是说，1886年朝方承认以图们江为界，实际上等于放弃了间岛所有权。有关1887年第二次勘界，他指出，中朝双方对于红土水、石乙水合流处以下均已勘定，只是合流处以上二源仍未协议。③ 以上内藤有关1885年、1887年勘界的看法还是较为客观的，与前述中井的观点，特别是清外务部的主张基本相同。

第三，有关1902—1904年李范允在图们江以北地区的活动，他指出朝鲜派李范允为"北垦岛视察使"，企图管理图们江以北地区，这是借俄、日之力欲发扬国威。④ 这个看法也与实际

---

① 内藤湖南：《間島問題調査書》（1907年）第3，《間島ノ版図ニ関シ清韓両国紛議一件》附属書（内藤虎次郎嘱託及調査報告），レファレンスコード：B03041213600，REEL No. 1-0364/0342。
② 内藤湖南：《間島問題調査書》（1907年）第4，《間島ノ版図ニ関シ清韓両国紛議一件》附属書（内藤虎次郎嘱託及調査報告），レファレンスコード：B03041213700，REEL No. 1-0364/0359-0364。
③ 内藤湖南：《間島問題調査書》（1907年）第4，《間島ノ版図ニ関シ清韓両国紛議一件》附属書（内藤虎次郎嘱託及調査報告），レファレンスコード：B03041213700，REEL No. 1-0364/0364-0365。
④ 名和悦子：《内藤湖南の国境領土論再考—二〇世紀初頭の清韓国境問題「間島問題」を通じて—》，第126页。

相符。不过他和中井所看重的是，李范允被逐出间岛以后，当中方要求朝方勘界时，日本内田公使表示日俄战争结束以后再谈，得到了中方的认可，这说明中朝勘界并没有结束，日方可以利用这一点与中方进行交涉谈判。①

第四，有关间岛的名称和区域，他指出：间岛（指东间岛）位于布尔哈通河以西，即从长白山开始，向东沿哈尔巴岭、连山，到图们江为止的区域，又称"北垦岛"（指今延边的部分地区）；而长白山西南、鸭绿江上游以北地区，应被称为"西间岛"。他反对统监府踏查员把图们江以北至嘎呀河称作"东间岛"，而把松花江上游地区称作"西间岛"的做法，认为这是没有任何根据的。他更反对"一进会"②及朝鲜人以定界碑和"土门"下游（指松花江）为据，将间岛的范围扩张至宁古塔、吉林地方，认为这是牵强的。③

以上内藤所指间岛范围与统监府、"一进会"的主张相比，稍显保守。特别是他所指"北垦岛"的范围，与后来《间岛协约》（1909年）的朝鲜人杂居地的范围接近，可见外务省采纳了内藤稍显保守的间岛范围的主张。究其原因，图们江以北地区朝鲜移民相对集中，清朝的统治相对薄弱，因而日本可以借

---

① 内藤湖南：《間島問題調査書》（1907年）第5，《間島ノ版図ニ関シ清韓両国紛議一件》附属書（内藤虎次郎嘱託及調査報告），レファレンスコード：B03041213700，REEL No. 1-0364/0371-0372。

② "一进会"是由亲日派朝鲜人构成的团体，成立于1904年8月，至1910年9月被日本解散。首任会长为尹始炳。"一进会"最初主张以日本为模本的现代化改革路线。日俄战争以后，随着朝鲜被日本"保护国"化，"一进会"转变为亲日派团体，充当了日本向延边（间岛）地区渗透的帮手。

③ 内藤湖南：《間島問題調査書》（1907年）第6，《間島ノ版図ニ関シ清韓両国紛議一件》附属書（内藤虎次郎嘱託及調査報告），レファレンスコード：B03041213800，REEL No. 1-0364/0374。

"保护"朝鲜人的名义进行渗透和扩张；相反，如果将间岛范围扩大到鸭绿江流域或者松花江流域，将会引起中方的强烈反对和抗议，更有可能招来列强的干涉。所以为了稳妥起见，后来签订《间岛协约》时，日方将间岛范围限定在朝鲜移民相对集中的图们江以北地区，称之为"北间岛"或者"东间岛"。①

三、外务省出台对清谈判策略及《间岛协约》的签订

外务省作为对清谈判的担当机构，自身也通过各种途径搜集资料和进行研究。1907年10月30日，外务省要求统监府抄送李重夏的启草、别单草、"卞晰考证八条"及两份咨文。② 12月3日，应外务省的要求，朝鲜内阁总理大臣李完用抄送了1711年、1712年中朝两国的往复公文（载于《同文汇考》），其中包括清礼部咨文等。③ 然而在朝鲜宫内府未找到1887年八月十九日朝鲜致清礼部咨文中的地图和《覆勘图们界址谈录公文节略》（谈判记录），于是外务省下令驻北京公使林权助与清外务部交

---

① 图们江以北地区被称作"北间岛"（北垦岛）或"东间岛"，指今天我国延边朝鲜族自治州的部分地区，鸭绿江以北地区则被称作"西间岛"。
② 国史编纂委员会编：《统监府文书》2，"間島問題에 관한 書類一～三"，第256条，第422～423页。两份咨文分别为光绪十三年八月十九日朝鲜国王致礼部咨文，以及光绪十四年四月二十日朝鲜国王致北洋大臣的咨文。
③ 国史编纂委员会编：《统监府文书》2，"間島問題에 관한 書類一～三"，第344条，第455页。

涉，争取获得这些资料。① 12月7日，林权助与清外务部的那桐、袁世凯见面时，要求描摹1885年、1887年勘界地图，得到了后者的允许。12月27日，包括两次勘界地图及1887年李重夏致秦煐的照会、朝鲜国王致北洋大臣的咨文等，均被抄送回国。结果在1885年、1887年勘界地图上，并没有发现在朝鲜所称"土门江"（黄花松沟子）上记载其名称。据此，外务省认识到中朝两国在土门江即豆满江上分歧并不大。②

经过1907年9月的实地踏查（参谋本部测量手）和文献研究（中井、内藤），以及外务省自身的调查研究，1907年12月6日，外务省终于得出"据我方调查，有关间岛问题的韩国政府的主张，其论据薄弱"的结论。于是外务省下令林权助"为了制定境界的基础，先要了解对方的论据"。③ 这里所谓朝鲜政府的"论据薄弱"，是指建立在土门、豆满"二江说"基础上的间岛属于朝鲜的观点难以成立。

既然间岛属韩的论据薄弱，那么日本理应撤回"统监府临时间岛派出所"，放弃间岛交涉案才是正理。但是，日本并没有这么做，而是准备利用"二江说"和所谓间岛对韩有利的证据，与中方周旋、谈判，以便扩大日方利益。同年12月28日，外务省归纳了所谓有利于韩方证据的"诸要领"④，内容包括：其一，间岛又称垦岛、垦土，是移住的新垦地。爱新觉罗氏兴起

---

① 外務省編：《日本外交文書》40卷2冊，"間島問題一件"，第141～142、145～147、171页。
② 外務省編：《日本外交文書》40卷2冊，"間島問題一件"，第173～175、187～188、190～191页。
③ 外務省編：《日本外交文書》40卷2冊，"間島問題一件"，第172页。
④ 外務省編：《日本外交文書》40卷2冊，"間島問題一件"，第192～194页。

后，带领图们江左岸（北岸）住民南征北战，而间岛地方全然空虚。清与朝鲜各自禁止人民移住该地，宛然中立地带。另据法人雷孝思的"备忘录"记载，"在长栅和朝鲜国境之间设立了无人地带"，说明图们江左岸具有中立地带的性质。其二，间岛处于清朝政令之外，是无主的中立地带，在这一地方行使行政权力的是朝鲜官宪，这可以通过文献得到证明。朝鲜李朝发祥于图们江下游，旧基陵寝在图们江外（以北）。其三，清朝主张以图们江为界，这颇值得怀疑。雷孝思奉康熙帝之命实测后绘制的地图，以该江左岸（以北）山脉为两国边界。其后康熙帝虽然派穆克登定界，但是并未对图们江左岸行使统治权，只是在下游建了珲春厅，上游全部抛弃，对岸（以北）不得建房。其四，对韩方最不利的是1887年勘界时李重夏的措施，指李重夏承认以图们江为界。中方还凭借力量主张石乙水说，搬运碑石，企图沿石乙水划界。但是双方终未达成任何协议。后来朝鲜政府并没有承认李重夏的独断越权行为，这一点从朝鲜派李范允到间岛，同时主张图们江左岸（以北）为朝鲜领土，以及试图加以管辖可以得知。以上"诸要领"的内容，特别是有关间岛对韩方有利的证据，主要参考了内藤湖南的第二份调查书[①]，而有关李重夏独断越权行为则引自"间岛派出所"的报告。[②]

同一天，外务省将上述"诸要领"和雷孝思"备忘录"、法

---

① 参见外务省"诸要领"，有引用内藤湖南第二份调查书的卷、页标记（外务省编：《日本外交文書》40卷2册，"間島問題一件"，第192～194页）。
② 篠田治策编：《統監府臨時間島派出所紀要》，第22～27页。

文地图、参考书等①，分发给了驻北京公使、驻奉天总领事、驻吉林领事、总理大臣、陆军大臣、海军大臣、参谋总长、军令部长、曾弥副统监、驻英大使、驻安东事务代理、伊藤统监、山县公爵，以及其他驻外使领馆（美、法、德、意、俄、奥、上海、天津、汉口）等②，其意图是表明将利用这些有利于韩方的证据开始与中方进行谈判，特别是用以牵制中方。③

几天后（1908年1月15日），驻北京公使林权助提出了

---

① 从外务省档案资料来看，外务省向各部门长官和驻外使领馆寄送的材料，除了"诸要领"以外，还有法文地图、雷孝思"备忘录"和参考书（两部）、"间岛派出所"的电文等。在这些资料中，只有驻北京公使得到了全部资料，其余各部门长官只得到了"诸要领"、法文地图、"备忘录"和一部参考书（内藤湖南的第二份调查书），驻外使领馆（美、法、德、意、俄、奥、上海、天津、汉口）得到了"诸要领"、法文地图和"备忘录"等（外务省外交史料馆藏：《間島ノ版図ニ関シ清韓両国紛議一件》第5巻，アジア歴史資料センター网，レファレンスコード：B03041197400-B03041197500，REEL No. 1-0353/0563-0581）。这两部参考书，一部是内藤湖南提交给外务省的调查书（参见名和悦子：《内藤湖南の国境領土論再考—二〇世紀初頭の清韓国境問題「間島問題」を通じて—》，第170~171页）；另一部参考书是什么，尚不清楚，据笔者推测，似为日本驻朝鲜军于1906年提交的《間島ニ関スル調査概要》（收入《間島ノ版図ニ関シ清韓両国紛議一件》第1巻和"参考書"第2巻。参见《間島ノ版図ニ関シ清韓両国紛議一件》第1巻，レファレンスコード：B03041192800，REEL No. 1-0350/0444-0454；以及《間島ノ版図ニ関シ清韓両国紛議一件》"参考書"第2巻，REEL No. 1-0366/0328-0338）。

② 《間島ノ版図ニ関シ清韓両国紛議一件》第5巻，レファレンスコード：B03041197500，REEL No. 1-0353/0572-0581。

③ 其实从内藤湖南的调查书来看，不利于朝方的内容更多，如指出康熙五十一年定界的水是图们江，光绪十一年、十三年勘界时，中朝双方在红土水、石乙水合流处以下达成了以图们江为界的共识，特别是光绪十二年朝方承认以图们江为界，等于抛弃了间岛所有权等内容。参见内藤湖南：《間島問題調査書》（1907年）第3，《間島ノ版図ニ関シ清韓両國紛議一件》附屬書（内藤虎次郎嘱託及調查報告），REEL No. 1-0364/0340-0341；内藤湖南：《間島問題調査書》第4，《間島ノ版図ニ関シ清韓両國紛議一件》附屬書（内藤虎次郎嘱託及調查報告），REEL No. 1-0364/0359-0364。

《有关间岛境界碑文中"土门"的意见》①，表明赞同外务省有关韩方"论据薄弱"的观点，内容如下：其一，1712年定界碑中的"土门"与1711年上谕中的"土门"，都是指豆满江（今图们江），朝方对此无异议。其二，1885年李重夏要求以误定的水流（指黑石沟）为界，但是清朝并未接受。其三，李重夏在秘密复命书（指《追后别单》）中指出，碑东的土石堆、木栅到达图们江边。1886年朝方承认以图们江为界，1887年主张红土水说。这以后的中朝边界交涉涉及的只是1887年的未勘部分。其四，从外务省寄来的参考书来看，认为碑文中的土门非豆满的韩方主张，极其遗憾，缺乏理由。以此为论据，主张以流入松花江的支流为界，决难支持。即便以错定的松花江支流为界，但到什么地方为止也很难说，到头来不过是红土水附近的问题。最后，林权助提出了处理"间岛问题"的对策：牵制性地利用这一问题，使清朝承认间岛地方和朝鲜有密切的关系，签订"国境贸易条约"，以扩大朝鲜人的保护管辖设施。

1908年4月7日，外务省向林权助下达了更加具体的对策，即"间岛问题内训"，指出韩方主张的根据有些薄弱，结果不得不承认以图们江为界，准备向中方提出如下要求：其一，允许日人、朝鲜人杂居于此；其二，在局子街设立领事馆，在其他重要地点设分馆，朝鲜人的裁判权由领事馆行使；其三，吉长铁路延长至会宁，即提出修筑吉会铁路的建议；其四，使中方承认日方在天宝山矿及其他事业的利权；其五，中朝两国承认以图们江为界，红土、石乙二水由日、中调查员立会调查。对于以上条件，

---

① 外務省编：《日本外交文書》41卷1册，"間島問題一件"，第418～420页。

考虑到中方不可能立即接受，暂时仍坚持间岛所属未定，在适当的时候再提出上述条件。另外，有关延长吉长铁路，在适当之时与"间岛问题"分开谈。① 这份内训具备了后来的《间岛协约》（1909年签订）的雏形，只差东三省"五案"与之挂钩，标志着日本的"间岛问题"谈判策略基本形成，即日本准备承认以图们江为界，同时换取在间岛的特权，包括对日人、朝鲜人的领事裁判权等。

4月11日，日本政府通过敕令正式公布了"统监府临时间岛派出所官制"②，其意图是：一方面通过"间岛派出所"继续向中方施加压力，另一方面准备与中方进行谈判，争取实现上述目标。

按照外务省的内训，4月14—28日，"间岛派出所"所长斋藤季治郎前往北京，与驻北京公使林权助一起讨论撰写反驳中方的照会事宜。③ 5月10日，这份照会终于出笼，内容包括：其一，中朝两国以白头山（长白山）上的碑为起点，西边以鸭绿江为界，东边以"土门江"为界。"土门江"是与碑、堆相连的实际水流，而不是豆满江。其二，1885年朝方要求以"土门江"（指松花江上游）为界，1887年迫于中方的压力，同意红土、石乙二水合流处以下以豆满江（今图们江）为界，但是合流处以上相争未决，所以1887年会勘结果全然无效。1888年以后两国进行复勘的交涉，但至今仍未实行。其三，1903年朝鲜派李范允管理图们江以北地方，并向中方知照，但是从两国近年

---

① 外務省编：《日本外交文書》41卷1册，"間島問題一件"，第437～439页。
② 外務省编：《日本外交文書》41卷1册，"間島問題一件"，第437～439页。
③ 外務省编：《日本外交文書》41卷1册，"間島問題一件"，第437～439、441～442页。

的交涉来看，以白头山碑为起点，东方一带的边界全线仍未确定。其四，1904年签订的《中韩边界善后章程》第一条规定，两国界址以白头山上碑记为证（暗指"东为土门"非豆满江），表明图们江并不是两国确定的边界。

此外，该照会还列举了所谓间岛对朝方有利的证据，包括：图们江以北为朝鲜发祥地，该地方内附于朝鲜并成为藩屏，古城址、古坟遗迹丰富；康熙年间清朝在老爷岭以南未设一处卡伦，表明这里在清朝统治之外；在白头山建碑后，清人在图们江以北结舍垦田，朝鲜一旦抗议中方则加以毁撤，① 另外在1883年以前，图们江以北没有中方地名。总之，认为中朝两国自古以图们江为界，这和历史事实不相符。②

以上照会内容，显然杂糅了参谋本部测量手调查碑东之沟的结果（主张和松花江相连）和内藤湖南所谓间岛对朝方有利的证据。其核心观点是土门、豆满"二江说"及1887年勘界案无效，以此反驳中方以图们江为界和间岛属中的观点。

日方并不满足于在间岛获得特权，不久又追加了东三省"五案"，形成了所谓东三省"六案"。③ 1908年9月25日，日

---

① 康熙五十三年清朝撤毁图们江以北兵民的房舍、垦田，是出于怀柔朝鲜边疆的措施（《备边司誊录》第67册，肃宗四十年六月七日、八月八日、九月二十八日；《朝鲜肃宗实录》卷55，肃宗四十年八月丁丑、十二月辛未；《同文汇考》原编卷48，"疆界"，第1册，第909～911页等），详见张存武：《清韩陆防政策及其实施——清季中韩界务纠纷的再解释》；李花子：《清朝与朝鲜关系史研究——以越境交涉为中心》，第127～133页。

② 外务省编：《日本外交文書》41卷1册，"間島問題一件"，第444、455～457页。

③ 有关"间岛问题"与"满洲五案"一起解决的建议，是在寺内正毅任陆相兼外相时（1908年7—9月）提出的，其目的是巩固日俄战争以后日本获得的南满铁路的利益。参见名和悦子：《内藤湖南の国境領土論再考—二〇世紀初頭の清韓国境問題「間島問題」を通じて—》，第183～186页。

本阁议决定:"韩政府的主张其根据甚薄弱,从康熙定界以来清、韩交涉的历史,以及清朝先于韩国在该地方实施行政的事实,都可以证明豆满江是两国的国境。现在留下的问题只是豆满江上游(红土水、石乙水)哪一条是该江上游边界的问题。"考虑到双方官宪之间的冲突不断,为了防止激起异变和影响大局,推进日本在满洲的经营,决定向清政府提出如下条件:一是承认图们江为中朝两国的国境,上游地方的边界由中日两国派共同委员调查决定;二是中方承认日人、朝鲜人杂居于间岛;三是在局子街及其他枢要地方设立日本领事馆或分馆,根据条约行使领事官的权利;四是中方承认该地方日人、朝鲜人已经获得的财产及所进行的事业;五是有关吉会铁路在适当之时再与中方交涉;六是提出东三省"五案"的要求,包括修筑法库门铁路,撤毁大石桥、营口铁路,开采抚顺、烟台煤矿,延长京奉铁路至奉天城根,安奉线及其他铁路沿线矿山开采等要求。①

第二年(1909年)1月11日,日本驻北京公使伊集院彦吉向清外务部正式提出将"间岛问题"和东三省"五案"一起解决。② 2月17日,双方进行第六次谈判时,伊集院表示只要中方接受"间岛问题"的五个条件和满洲悬案的要求,那么日本可以在间岛所属问题上让步③,表明日本拿间岛所属问题与中方讨价还价。9月4日,中日两国签订了《间岛协约》和《东三省

---

① 外务省编:《日本外交文书》41卷1册,"满州ニ关スル日清协约缔结一件",第685~691页。
② 外务省编:《日本外交文书》42卷1册,"满州ニ关スル日清协约缔结一件",东京,巖南堂书店2002年版,第222~203页。
③ 外务省编:《日本外交文书》42卷1册,"满州ニ关スル日清协约缔结一件",第235~239页。

五案协约》。其中,《间岛协约》① 规定:中日两国政府彼此声明,以图们江为中朝两国国界,其江源地方自定界碑至石乙水为界;开放龙井村、局子街、头道沟、百草沟四处为商埠,日本可以建立领事馆或分馆;图们江以北允许朝鲜人居住的杂居区的范围,东边是嘎呀河,西边和北边是哈尔巴岭(老爷岭),南边是图们江,还绘制了地图;在上述杂居区内统治权归中国,但是对于朝鲜人的民刑事案件的审判,日本领事有到堂听审及要求复审的权力,这一条为后来日本干涉间岛司法权埋下了隐患;还规定了日本修筑吉会铁路的利权。另外,通过《东三省五案协约》,日本获得了修筑新法铁路、京奉铁路延长至奉天城根,以及开采抚顺、烟台煤矿等利权。至此,近两年之久的中日间岛交涉案告一段落。11月3日,"统监府临时间岛派出所"从龙井村撤退,代之以在间岛地区设立日本领事馆和分馆。

总之,日本一方面通过设立非法的"统监府派出所"向中方施加压力,另一方面提出所谓间岛所属未定与中方周旋、谈判,最终以承认间岛属中作为交换条件,获得了在间岛设立领事馆、修筑吉会铁路及东三省"五案"等利权。显然,这些是日本借日俄战争胜利的余威,靠推行强权外交而获得的。尽管如此,由于中方的反对,日方并不能在"六案"上全部得逞。例如朝鲜人裁判权,日本只在四处商埠内获得领事裁判权,而在商埠以外则由中国处分。② 对于中方来说,在自身实力弱小的情况之下,不得不靠出让部分利权来保住领土权。值得一提的是,以吴禄贞为首的吉林边务公署与"派出所"进行了针锋相对的斗

---

① 《间岛协约》的全称为《有关间岛的日清协议》,中方称之为《图们江中韩界务条款》,但这不是签订条约时的正式名称。

② 参见姜龙范:《近代中朝日三国对间岛朝鲜人的政策研究》,第140页。

争,使日方感受到了压力,担心列强干涉和影响满洲全局利益,这是日本在领土权问题上让步的一个重要原因。

四、小　结

日俄战争以后,日本接续大韩帝国的间岛扩张政策,以"保护"朝鲜人的名义,在延边的龙井村设立了"统监府临时间岛派出所",从而挑起了所谓"间岛问题"。为了与中方进行谈判,日方需要了解中朝边界纠纷的由来及原因,以便制定谈判策略。为此,日方一方面由参谋本部派遣测量手前往长白山进行实地考察,另一方面任命中井喜太郎、内藤湖南为嘱托进行文献研究。

日本驻朝鲜军最早参与"间岛问题"的调查,分别于1905年、1906年提交了两份报告书。第一份报告书搜集朝鲜人对间岛归属问题的看法,提出间岛位于布尔哈通河和图们江之间,另有所谓"土门江"(指松花江上游)与豆满江相区别,位于"土门江"以南、豆满江以北的间岛属于朝鲜。第二份报告书结合日军搜集情报的内容,指出间岛位于海兰河和图们江之间,否认朝鲜人所谓"土门江"指松花江上游的看法,认为"土门江"指海兰河上游。这两份调查书所指间岛范围不同,一个指布尔哈通河以南,一个指海兰河以南;所指土门江也不一样,一个指松花江上游,一个指海兰河上游。为了搞清楚事实真相,1907年参谋本部派遣两名测量手,对长白山的碑和堆进行了考察。

测量手的考察结果认为,碑东之沟(黑石沟,即黄花松沟子)与松花江相连,其东南岸建有约7公里(一说5公里)的石堆。这一考察结果支持了所谓土门、豆满"二江说",以后被外务省用来反驳中方以图们江为界的观点。但是其结果有两处值得怀疑:一是黑石沟下游并不和松花江相连的事实;二是似乎隐瞒了石堆下面相沿十几公里的土堆(据笔者考察,除了黑石沟东南岸以外,红土水附近也有土堆遗址),这似乎也是为了造成此沟与松花江相连的假象,因为这是土门、豆满"二江说"及间岛属韩的观点成立的前提条件。

另外,中井喜太郎被统监府任命为嘱托,内藤湖南被参谋本部和外务省任命为嘱托,从事间岛归属问题的研究。二人除了在首尔查阅资料以外,如中井还潜入间岛进行情报搜集,内藤则到奉天查阅地图、档案资料,于1907年9月分别提交了报告书。他们参考的文献差不多,得出的结论也很相似:一是有关1712年定界,认为穆克登定的是豆满江,土门、豆满为一江;朝鲜人所指以分界江或者以松花江为界,那不过是牵强附会;朝鲜人所说的碑东的"土门江"(指黑石沟,主张与松花江相连),那是穆克登定错的图们江源。二是有关1885年、1887年勘界,认为中朝两国在图们江上游红土、石乙二水合流处以下既已勘定,只是合流处以上未达成协议。而1886年朝方承认以图们江为界,实际上等于放弃了间岛所有权。以上二人基于文献研究的结果是较客观的,有助于外务省客观了解中朝边界纠纷的由来及其沿革。于是,1907年12月6日,外务省终于得出间岛属韩的论据薄弱的结论,同时决定以承认图们江为界来换取在间岛的特权和其他利权。

为了牵制中方,日本一方面通过"间岛派出所"向中方施加压力,另一面提出所谓土门、豆满"二江说",光绪十三年勘界案无效,以及所谓间岛对韩方有利的证据,以便与中方周旋、谈判。1908年4月，外务省向驻京公使下达"间岛问题内训"，决定以承认图们江为界，换取在间岛设立领事馆等特权。同年9月，经日本阁议决定，除了要求在间岛享有特权外，又追加了东三省"五案"，形成了所谓东三省"六案"。

1909年9月，中日两国签订了《间岛协约》和《东三省五案协约》。日本以承认间岛领土权属于中国作为谈判筹码，迫使中方接受了有关间岛及东三省"五案"的要求。这是日本借日俄战争胜利的余威靠推行强权外交而获得的。对于中方来说，在国力不及对方的情况之下，针对日本在中国领土内设置"统监府派出所"的非法行径，一方面以吉林边务公署为首与之进行了针锋相对的斗争，使日方有所收敛；另一方面通过出让部分利权，从而守住了领土权，这是迫不得已而为之。不过，中方为了维护国家领土、主权而进行的斗争是值得肯定的。由于中方的坚决斗争，日方并不能全部实现东三省"六案"的要求。

中日两国有关"间岛问题"和东三省"五案"的谈判详析

中日两国经过两年的交涉与谈判，于1909年9月签订了《间岛协约》和《东三省五案协约》。有关这两个协约，学界已有不少研究，但是大多笼统叙述交涉、谈判的过程，没有细究谈判的具体内容和双方讨价还价的内幕。国内学界一般认为两协约是不平等条约，由于清廷软弱，故而一再出让利权。这种评价有其合理的一面，日本确实以本属于中国的间岛领土权作为谈判筹码，获得了在间岛的特权和东三省"五案"的利权；但是，这种评价又难免偏颇，不能透过当时中国所处的国际环境，特别是受到与列强签订的不平等条约的限制，对中方为了维护领土主权的斗争和迫不得已的让步做出客观评价。[①] 另外，有关东三省"五案"的研究，可能涉及的内容比较繁杂，梳理得还不够充分。

本文试利用中日韩三国史料，如《日本外交文书》《统监府文书》《清光绪朝中日交涉史料》等，对间岛问题和东三省"五案"的谈判过程再做详细的探析，力求回答以下问题：间岛问题的谈判为何拖了两年；日方采取了怎样的谈判策略，中方又是如何应对的；双方争论的焦点是什么；哪些事件促使谈判出现转

---

① 姜宏伟在《论1907—1909年中日关于"间岛问题"交涉》一文中（东北师范大学硕士学位论文，2013年，第34页），对清政府为了维护国家领土主权而进行的斗争和所取得的部分胜利，给予了肯定的评价。

机；中方如何以牺牲东三省铁路、煤矿等利益来保住间岛的领土权和主权。通过对以上问题的回答，将使我们更清楚地了解日本最初的侵略意图和最终的结局，以及中方的坚决斗争和迫不得已的让步，使中日两国围绕间岛问题的角逐和斗争更加立体地呈现出来，以揭示日本利用中朝界务纠纷和越垦朝鲜人问题，向图们江以北地区渗透和向东三省扩张利权的侵略本质。

一、日本挑起"间岛问题"和谈判策略的形成

日本挑起"间岛问题"是利用中朝两国存在界务纠纷和图们江以北有大量越垦朝鲜人。中朝两国自明初以来即以鸭绿江、图们江为界，康熙五十一年更立碑于长白山东南麓，明确划分了鸭、图二江之间的长白山地区边界线。其后到了光绪年间，随着朝鲜灾民大规模越境开垦图们江以北地区，同时将新垦地命名为"间岛"或者"垦岛"，两国之间围绕图们江边界的纠纷不可避免。经过光绪年间的两次勘界，双方虽达成了以图们江为界的共识，但是在上游红土山水、石乙水合流处以上终未达成协议，这就给日本挑起"间岛问题"留下了隐患。

1895年中日甲午战争以中国战败结束，中日《马关条约》宣布朝鲜为"独立自主国"，清朝与朝鲜维持了200多年的宗藩关系结束。1897年朝鲜宣布成立"大韩帝国"。1903年大韩帝国政府利用俄国占领东北之机，任命李范允为"北垦岛管理

使"，企图借助垦民的力量，将图们江以北地区纳入朝鲜管辖。①但不久李范允和他领导的"私炮队"被清朝"吉强军"赶出了上述地区，两国边界官之间于1904年签订了《中韩边界善后章程》，规定两国遵守"图们江一带水，各守汛地，均不得纵兵持械，潜越滋衅"②。中方要求朝方派员会勘边界，以解决两国边界的未决部分。而此时正值日俄战争，朝鲜的内政外交已被日本控制，日本驻北京公使内田康哉表示待日俄战争结束以后再谈边界问题，得到了中方的认可。③ 这就为日本在战后挑起"间岛问题"提供了口实。

日方经过事先踏查和情报搜集，发现图们江以北的居民主要是朝鲜人，占全体居民的七成至九成④；而清朝的行政设施还不够完备，1714年（康熙五十三年）清朝在珲春设立协领，后来升为副都统，到了1902年才设立管理地方民政的延吉厅。日本发现有机可乘，于是决定借口"保护"朝鲜人，在该地设立统监府的派出机构。统监府是1905年日本在朝鲜设立的殖民统治机构，首任统监是伊藤博文。他一手策划和挑起"间岛问题"，其战略意图可以概括为以下几点：一可以牵制俄国，防止俄国进

---

① 有关大韩帝国的间岛政策，详见杨昭全、孙玉梅：《中朝边界史》，第408～445页；李花子：《大韩帝国时期（公元1897—1910年）的疆域观与间岛政策的出台》，第483～498页。

② "中央研究院"近代史研究所编：《清季中日韩关系史料》第9卷，第5952～5953页。

③ 中井喜太郎：《間島問題ノ沿革》，《間島ノ版図ニ関シ清韓両国紛議一件》第3卷，アジア歴史資料センター網，レファレンスコード：B03041195600，REEL No. 1-0352/0369。

④ 篠田治策編：《統監府臨時間島派出所紀要》，第53～54页。

行反扑，因为间岛介于中朝俄三国交界①；二可以巩固对朝鲜的殖民统治，镇压有可能在这里燃起的朝鲜反日运动②；三可以从靠近朝鲜的延吉、吉林向中国东三省扩张，这与日本侵华的"大陆政策"息息相关③。继通过在日俄战争中从俄国手中夺取南满利益之后，再从东满扩张利益，所谓"旅大是正门，延吉是后门"指此。④

1907年8月19日，日本派遣以陆军中佐斋藤季治郎为首的60多名日本宪兵和朝鲜巡检，在龙井村设立了"统监府临时间岛派出所"。⑤ 同一天，日本驻北京代理公使阿部守太郎向清外务部发出照会，指出："间岛为中国领土，抑为韩国领土，久未解决。该处韩民十万余，受马贼及无赖凌虐，拟即由统监派员至间岛保护，请速电该处华官，免生误会。"⑥ 即一面声称间岛所属未定，一面以"保护"朝鲜人的名义派出军警驻扎该地。

对于日本在中国领土内设立"统监府派出所"，中方始料未及。清外务部通过东三省总督了解到"日人所称'间岛'即延吉厅所属和龙峪、光霁峪等地，在图们江北境，确系中国领土"；朝鲜人属于越界耕种，"历经北洋大臣、吉林将军办理有案"。⑦ 基于此，8月24日，清外务部复照日方："查中朝边界

---

① 参见李盛焕：《近代東アジアの政治力学―間島をめぐる日中朝関係の史的展開―》，第41～47页。
② 参见李盛焕：《近代東アジアの政治力学―間島をめぐる日中朝関係の史的展開―》，第47～53页。
③ 参见姜宏伟：《论1907—1909年中日关于"间岛问题"交涉》，第6～8页。
④ 姜龙范：《近代中朝日三国对间岛朝鲜人的政策研究》，第94页。
⑤ 外务省编：《日本外交文書》40卷2册，"間島問題一件"，第140页。
⑥ 故宫博物院编：《清光绪朝中日交涉史料》71卷，1932年，第10页；外务省编：《日本外交文書》40卷2册，"間島問題一件"，第92～93页。
⑦ 故宫博物院编：《清光绪朝中日交涉史料》71卷，第16页。

向以图们江为天然界限,本无间岛名目";此地"旧设有延吉厅及分防和龙峪经历",属于中国领土;该地朝鲜人自应仍由中国"地方官设法保护";"来照所称统监府派员一节,中国断难允议"。① 三天后,清外务部再次复照日方:据奉省督抚来电,该地"甚属平静",要求统监转饬"派出所""速行撤回"。②

考虑到日本利用中朝界务纠纷挑起事端,清外务部要求日方派员共同勘界。9月19日,清外务部电令驻日公使杨枢向日方提议,"先行撤兵,并派员会同勘界"③。但是日本无意于立即派人勘界。曾一手策划挑起"间岛问题"的朝鲜统监伊藤博文在11月2日与中国驻首尔公使马廷亮会谈时指出,先由两国政府协议划界的基础,再由双方任命委员实地调查。④ 日本挑起"间岛问题"的真实意图是利用中朝界务纠纷与中方周旋谈判,以扩大日本在这一地区的利益。日本设立"间岛派出所",似乎也不是为了占领该地,而是为了牵制中方,使日本在谈判中处于有利地位,最终使"间岛问题"朝有利于日本的方向解决。

为此,"派出所"以区区60多名日本宪兵和朝鲜巡检,加紧在图们江以北地区进行渗透活动。"派出所"将所谓间岛划分为四个区,即北都所、钟城间岛、会宁间岛和茂山间岛。同时任命都社长一名,更分为41社,各置社长一名,又分290村,各置村长一名。⑤ 另在重要地点设立宪兵分遣所,附以朝鲜巡检,如在新兴坪、局子街、头道沟、湖川浦、禹迹洞、朝阳川、伏沙

---

① 外務省編:《日本外交文書》40卷2冊,"間島問題一件",第92~93页。
② 外務省編:《日本外交文書》40卷2冊,"間島問題一件",第97~98页。
③ 故宫博物院编:《清光绪朝中日交涉史料》71卷,第16页。
④ 外務省編:《日本外交文書》40卷2冊,"間島問題一件",第146~147页。
⑤ 篠田治策編:《統監府臨時間島派出所紀要》,第158~159页。

坪等处，设立了14个宪兵分遣所。① 他们还擅改地名，订立木桩，从图们江沿岸起至六道沟（龙井村）为止，沿途钉立木桩，标识地名，桩上书写"大韩国北间岛某某社"。② 他们还利用"一进会"朝鲜人金海龙等作为爪牙，鼓动垦民拒绝向中方纳租。③

对于"派出所"在中国领土内进行的非法活动，中方进行了坚决抵制和斗争。1907年10月，受东三省总督徐世昌之命，陈昭常、吴禄贞带领约400名中国军警来到局子街，建立了吉林边务公署。④ 以后中方又陆续增派兵员、巡警，最多时达到了4000多名，在人数上明显压倒了日方。⑤ 另外，为了扼制"派出所"的非法扩张行动，边务公署在各地设立了14个派办处，如六道沟、东盛涌、湖川街、马派、头道沟、太拉子、沙器洞、铜佛寺、吉地、八道沟、茶村、百草沟、凉水泉子、汉窑沟等；封禁了中日合办的天宝山矿，使这一问题成为中日悬案，对日方起到了牵制作用。此外，边务公署还采取一系列措施，打击"派出所"的支持势力及活动，如：抓捕"派出所"聘用的朝鲜巡检；打击亲日派"一进会"的活动；抓捕日方邮政人员；拔去"派出所"设立的里程标⑥；在九等墟（古洞河）、娘娘库（松江镇）等地方，

---

① 篠田治策：《間島問題の回顧》，第36页。
② 外務省编：《日本外交文書》41卷1册，"間島問題一件"，第449页；故宫博物院编：《清光绪朝中日交涉史料》73卷，第4页。
③ 王芸生编：《六十年来中国与日本》第5卷，第110页。
④ 1907年10月20日，吴禄贞到达局子街；同月25日，陈昭常到达局子街。参见国史编纂委员会编：《统监府文书》2，"間島問題에 관한 書類一〜 三"，第213、239条，第404页、413〜412页。
⑤ 篠田治策编：《統監府臨時間島派出所紀要》，第243〜244页。
⑥ 篠田治策编：《統監府臨時間島派出所紀要》，第245〜246、254〜256页；外務省编：《日本外交文書》41卷1册，"間島問題一件"，第435〜436、446〜455页。

要求越垦朝鲜人薙发易服、归入中国籍①，这一措施粉碎了"派出所"试图利用朝鲜人，将间岛范围扩大到松花江上游地区的阴谋。

如上所述，日方一方面利用"派出所"极力进行扩张活动；另一方面按照伊藤博文的指示，由日本驻北京公使林权助开始与清外务部接触和谈判。12月7日，林权助与清外务部尚书那桐、袁世凯等在袁宅见面。② 这是双方有关"间岛问题"的第一次会谈，已涉及"间岛问题"的两个主要方面：一是间岛领土权问题，二是朝鲜人保护权问题。袁世凯根据康熙上谕（康熙五十年有关查界的谕旨）及光绪十一年（1885年）勘界地图，指出中朝两国以图们江为界；还指出光绪十三年（1887年）朝鲜致清朝的公文记载：图们江上游红土水、石乙水合流点以下双方测定完成，合流点以上至鸭绿江发源地尚未决定，即中朝界务应接续光绪十三年的勘界结果。对此林权助无言以对，只是要求中方将所掌握的公文、地图让日方抄写；还指出"不管境界问题的决定如何，韩人的裁判管辖权不属于清国官吏"，即否认中方拥有对朝鲜人的保护权。袁世凯反驳道：间岛的朝鲜人具有特别地位，光绪十七年（1891年）左右朝方曾将保护权依赖中方，《清韩通商条约》（1898年）第12条③也有相关规定④。意思是

---

① 外务省编：《日本外交文书》41卷1册，"間島問題一件"，第442～445、457～460页；故宫博物院编：《清光绪朝中日交涉史料》73卷，第13页。

② 外务省编：《日本外交文书》40卷2册，"間島問題一件"，第173～175页。

③ 《清韩通商条约》第12条规定："两国陆路交界处所，边民向来互市。此次应于订约后重订陆路通商章程税则。边民已经越垦者，听其安业，俾保生命财产。以后如有潜越边界者，彼此均应禁止，以免滋生事端。至开市应在何处，俟议章时会同商定。"

④ 外务省编：《日本外交文书》第40卷第2册，"間島問題一件"，第173～175页。

说，间岛领土权和朝鲜人保护权均归中方。

此前，日本虽然在龙井村设立了"派出所"，但是对于中朝边界及界务交涉的来龙去脉还不甚清楚。为了与中方进行谈判，日本开始进行中朝界务问题的研究，通过派人实地考察和文献研究，不久得出了间岛属韩的证据薄弱的结论。[①] 如1907年12月6日，日本外务大臣向驻京公使发电表示："据我方调查，有关间岛问题的韩国政府的主张，其论据薄弱"，"为了制定境界的基础，先要了解对方的论据"。[②] 这里所谓"论据薄弱"是指建立在土门、豆满"二江说"基础上间岛属韩的观点难以成立。加之中方坚决反对和要求"派出所"撤出该地，日本不得不决定放弃领土权而争取朝鲜人保护权归自己。

1908年4月7日，日本外务大臣向驻京公使下达"间岛问题内训"，指出韩方主张的根据有些薄弱，结果不得不承认以图们江为界，准备向中方提出在间岛设立领事馆或分馆、朝鲜人的领事裁判权属于日方，以及吉会铁路修筑权等。考虑到中方不可能立即接受以上条件，决定暂时仍坚持间岛所属未定。[③] 4月11日，日本政府通过敕令公布了"统监府临时间岛派出所官制"[④]，

[①] 1905年11月，日本驻朝鲜军向陆军参谋本部提交了《间岛境界调查材料》，第二年3月提交了《关于间岛的调查概要》。1907年9月，参谋本部派遣两名测量手，对长白山的碑、堆进行了调查。另外，统监府任命的嘱托中井喜太郎于1907年9月提交了报告书《间岛问题的沿革》；内藤湖南被参谋本部和外务省任命为嘱托以后，分别于1906年2月和1907年9月提交了两份《间岛问题调查书》。以上报告书和踏查报告为日本制定间岛政策提供了参考依据。（参见李花子：《1905—1909年日本调查"间岛"归属问题的内幕》，《近代史研究》2015年第2期）

[②] 外务省编：《日本外交文书》第40卷第2册，"間島問題一件"，第172页。

[③] 外务省编：《日本外交文书》第41卷第1册，"間島問題一件"，第437～439页。

[④] 外务省编：《日本外交文书》第41卷第1册，"間島問題一件"，第437～439页。

其意图是一方面通过"派出所"继续向中方施加压力，另一方面与中方进行谈判以争取实现上述目标。该内训的出台，标志着日本的"间岛问题"谈判策略基本形成。

如上，为了用领土权交换在间岛的特权，就要先否定中方以图们江为界的主张，再以让步于领土权的姿态来交换其他利益。为此，日方精心准备了反驳中方的照会，不久，"间岛派出所"所长斋藤季治郎特意从龙井村到北京与林权助一起讨论。① 同年（1908年）5月10日，这份照会终于出笼，手交袁世凯，其核心内容是主张土门、豆满"二江说"和光绪十三年（1887年）勘界案无效。该照会指出：其一，中朝两国边界以白头山（长白山）上的碑为起点，西边以鸭绿江为界，东边以"土门江"为界。土门江是与碑、堆相连的实际水流（指松花江上流）而非豆满江（今图们江）；其二，1885年勘界时朝方曾要求以"土门江"（松花江上流）为界，1887年朝方迫于中方的压力，才同意红土、石乙二水合流处以下以豆满江为界，但是合流处以上相争未决，所以1887年会勘结果全然无效；其三，1904年《中韩边界善后章程》第一条规定，两国界址以白头山上碑记为证（暗指碑文"东为土门"指松花江上流），这说明豆满江并不是两国确定的边界。②

针对上述日方照会，7月2日（六月四日），清外务部回复了一篇长文节略，逐一反驳日方的观点，强调中朝两国未定边界

---

① 外務省編：《日本外交文書》41卷1册，"間島問題一件"，第437～439、441～442頁。

② 外務省編：《日本外交文書》41卷1册，"間島問題一件"，第444、455～457頁。

只是石乙、红土二水合流处以上，要求两国派员进行踏查和测定。① 但是日方无意于解决边界问题，一方面借故拖延谈判，另一方面不断向"派出所"增派宪兵，以便施加压力和牵制中方。到了9月，日本军警已由最初的60多名增加到107名，最多时达到了250多名。② 另外，由于中方边务公署与"派出所"进行了坚决的斗争，双方军警之间的冲突不断，同年（1908年）10月发生了"禹迹洞事件"。③

二、"禹迹洞事件"和东三省"六案"的七次会谈

1908年10月发生了中日军警之间的冲突事件，即"禹迹洞事件"，又称"火狐狸沟事件"。日本为了向图们江以北增派宪兵和增设分遣所，在禹迹洞（朝鲜会宁对面）加盖士兵宿舍。

---

① 外务省编：《日本外交文書》41卷1册，"間島問題一件"，第466、486页；故宫博物院编：《清光绪朝中日交涉史料》74卷，第2页。

② 日本向间岛地区增派宪兵和朝鲜警察共计两次：一次是在1908年5月，朝鲜反日武装团体向茂山对面进军，日本增派宪兵32名；另一次在1909年7月，吉林边务督办吴禄贞与"间岛派出所"强硬对抗，日本增派宪兵96名、朝鲜警察63名。参见故宫博物院编：《清光绪朝中日交涉史料》74卷，第4页；篠田治策：《間島問題の回顧》，第35页。

③ 据记载，自"间岛派出所"设立以来，与中方的边务公署所发生的冲突和交涉事件包括：天宝山事件，山林封禁事件，日清人争斗事件，里程标拨取事件，日宪兵职务妨害事件，对韩国官吏的中伤事件，对韩人辫发易服强制事件，豆满江渡船妨害事件，防谷令事件，1908年9月中旬清兵暴行事件，局子街事件，禹迹洞事件，盐专卖法施行事件，伏沙坪冲突事件，交番所建筑妨害事件，太拉子冲突事件，日本人拘留事件，等等。参见篠田治策编：《統監府臨時間島派出所紀要》，第274～359页。

延吉的边务公署闻讯后派军警予以制止。10月12日，有60多名中国巡警、宪兵出现在工地上，日方人员包括平田中尉在内共有17人，显然在人数上占劣势。最初双方军警发生肢体冲突，平田中尉眼看己方势单力薄，在情急之下下令开枪，结果中国巡警2人中枪即死，1人受重伤后死亡，另有3人受伤，日方也有3人受伤。① 这起事件是自"派出所"在龙井村设立以来最大的冲突事件。

中方在提出严重抗议的同时，敦促日方尽快解决"间岛问题"。10月21日，中国驻日公使胡惟德向日方提出了以下要求：一是惩治犯人；二是惩治其官长；三是抚恤伤亡者；四是撤退"派出所"；五是中韩界务查照光绪十三年成案接续会勘，以及"延吉境内越垦韩侨，应速定办法，此两节应立即由两国政府派员妥商清理"。② 对于中方要求派人共同调查"禹迹洞事件"，日方推说"事理明白"而加以拒绝。③ 究其原因是日方自觉理亏，因而不想被中方牵着鼻子走，共同调查显然不利于"间岛问题"按日方的意图解决。④

恰在此时，奉天巡抚唐绍仪作为专使出使日本，他受清外务部之命准备向日方提议解决"间岛问题"的两个方面：一是中韩界务接续光绪十三年成案之事，二是越垦韩侨之事。⑤ 10月

---

① 篠田治策编：《統監府臨時間島派出所紀要》，第320～324页；外務省编：《日本外交文書》41卷1册，"間島問題一件"，第517页；故宫博物院编：《清光绪朝中日交涉史料》74卷，第12～15页。

② 外務省编：《日本外交文書》41卷1册，"間島問題一件"，第530、541页。

③ 篠田治策编：《統監府臨時間島派出所紀要》，第324页。

④ 伊集院公使向小村外相建议与中方一起调查"禹迹洞事件"，但小村推说"间岛问题"的谈判即将开始而反对。参见外務省编：《日本外交文書》41卷1册，"間島問題一件"，第527～528页。

⑤ 故宫博物院编：《清光绪朝中日交涉史料》74卷，第15页。

21日，唐绍仪和日本外相小村寿太郎举行会谈，详谈延吉之事。小村指出，中方以界务为重，日方以保护韩民为重，如果中方能承认日方"在延吉保护韩民之权"，那么日方也承认中方"在延吉有地主之权"。这是日本第一次公开表明有条件地承认间岛属于中国。小村还表示，延吉的所有韩民"如通商口岸之韩侨民，应归日本保护，此外别无他望"，即要求开放间岛和允许日本设立领事馆，由日本对朝鲜人实施保护权。此外，小村还提到了东三省铁路、煤矿等问题，包括新法铁路，南满铁路与京奉铁路在沈阳交会，以及吉长铁路等问题，即后来所说的东三省"五案"基本都提到了。最后他表示，伊集院公使已经赴任，不久会向中方提出和平商议之事。① 以上唐绍仪－小村会谈，开启了"间岛问题"的谈判进程。

1908年12月25日（十一月十三日），新上任的日本驻北京公使伊集院彦吉向中方通告了东三省"六案"的件名②，包括：法库门铁路，大石桥支线，京奉铁路延长至奉天城根，抚顺、烟台煤矿，安奉铁路沿线矿务，间岛问题，等等。即将东三省"五案"和"间岛问题"绑在了一起。③ 从这时起到第二年（1909年）3月，伊集院公使和清外务部之间，围绕以上"六案"进行了七次会谈。下面概述七次会谈的详细内容。

1908年12月28日（十一月十六日），伊集院与清外务部

---

① 故宫博物院编：《清光绪朝中日交涉史料》74卷，第24～25页。
② 外務省编：《日本外交文書》41卷1册，"満洲に関する日清協約締結一件"，第700页。
③ 决定将"间岛问题"和东三省"五案"绑在一起谈，是在寺内正毅任陆相兼外相时提出的。参见名和悦子：《内藤湖南の国境領土論再考—二〇世紀初頭の清韓国境問題「間島問題」を通じて—》，第183～186页。

的那桐、袁世凯、梁敦彦在清外务部见面，此即第一次会谈。①会谈开始后，伊集院详细说明"六案"的具体内容，中方则由袁世凯担当谈判。针对日方提出"六案"要求，袁世凯表示，有关东三省的铁路、矿山，最好和东三省总督谈判，有必要的话可以由中央政府劝告总督妥协，即委婉拒绝日方将"五案"和"间岛问题"绑在一起。另外，有关"间岛问题"，袁世凯指出，根据唐绍仪的报告，小村外相已经明确承认间岛是中国领土。但伊集院予以否认，指出双方只是大体上交换了意见，日方还会追加论据，再听听中方的意见，在公平合理的基础上加以解决。②在这里，伊集院之所以在"间岛问题"上出尔反尔，是出于谈判策略，即为了用领土权作为谈判筹码交换朝鲜人保护权和东三省其他利益。

1909年1月11日，伊集院与清外务部尚书梁敦彦、咨询陶大均等举行第二次会谈。③此时袁世凯已被摄政王载沣免职，此后他再也没有参与到谈判中来。陶大均是奉天交涉使，估计谈判涉及东三省铁路、煤矿各案，所以从奉天调入北京。会谈开始后，梁敦彦要求先谈"间岛问题"，伊集院要求各案一起谈。于是依次谈新法铁路④、京奉铁路⑤、大石桥支线⑥以及抚顺、烟台

---

① 外務省编：《日本外交文書》41卷1册，"満洲に関する日清協約締結一件"，第700～703页。
② 外務省编：《日本外交文書》41卷1册，"満洲に関する日清協約締結一件"，第703页。
③ 外務省编：《日本外交文書》42卷1册，"満洲に関する日清協約締結一件"，第222～224页。
④ 日方担心中方修筑新法铁路（新民屯—法库门），会与南满铁路产生竞争，故阻碍中方修筑新法铁路。
⑤ 京奉铁路与南满铁路共用奉天车站的问题。
⑥ 日方想把大石桥、营口线作为南满铁路的支线。

煤矿①等。此次会谈双方并没有深入进行谈判，重点放在了解对方意图和互摸底牌。日方还将反驳中方边界论的觉书（汉译本）交给了中方，其意图是用间岛领土权牵制中方和作为谈判筹码。②

1月27日，梁敦彦带着右侍郎邹嘉来、右参议曹汝霖及陶大均来到日本公使馆，与伊集院进行第三次会谈，③主要谈"间岛问题"、抚顺煤矿和法库门铁路等案。

第一，有关"间岛问题"，梁敦彦拿出诸多证据说明间岛领土权属于中国，如光绪八年的朝鲜国王咨文，光绪十一年、十三年勘界地图，朝方代表李重夏的照会，朝鲜国王致李鸿章的咨文等；并指出中朝两国争议地或者说未定地，只是图们江上游红土、石乙二水合流处以上。不仅如此，他还拿出韩、日两国的官私地图，包括22枚《大唐舆地图》（韩国）、《韩国舆地图》、日本民间《朝鲜海陆全图》等，说明中朝两国以图们江为界。对以上证据，伊集院显然底气不足，但仍狡辩说，民间地图不足为信，即便官版地图也不应将间岛争议区放入中国领域内。

第二，有关抚顺煤矿，梁敦彦指出该矿属于王承尧的个人私产。④伊集院一方面表示将尽力补偿该矿主，另一方面强调根据

---

① 根据1905年日俄两国签订的《朴茨茅斯条约》及《中日会议东三省事宜条约》，日本主张抚顺、烟台煤矿应交由日本独自开采。
② 外务省编：《日本外交文书》42卷1册，"満洲に関する日清協約締結一件"，第223～224页。
③ 外务省编：《日本外交文书》42卷1册，"満洲に関する日清協約締結一件"，第227～228页。
④ 清外务部的陶大均以个人身份与伊集院面谈，陶大均指出抚顺煤矿可以搞中日合办。参见外务省编：《日本外交文书》42卷1册，"満洲に関する日清協約締結一件"，第224～225页。

日俄《朴茨茅斯条约》第六条①及《中日会议东三省事宜条约》（以下简称《东三省事宜条约》），日本享有对该矿的开采权，即要求日本独自开采该煤矿。由于涉及日俄战争后所签订的条约及东三省煤矿利益，梁敦彦迟迟不敢表态。②

第三，有关法库门铁路，伊集院提出，为了避免中方修新法铁路（新民屯至法库门）而给南满铁路（长春至大连）造成的损失，要求隔一段距离如在彰武台门，修筑从新民屯到彰武台门的铁路，再向西而不是向北延长，这样可以和南满铁路相隔稍远。他还提出了另一个补偿方案：中方照修新法线，同时允许日本修筑从南满铁路到法库门，再到郑家屯（双辽）的铁路。对此，中方人员表示难以接受，因为这样会使日本势力向"南满"铁路以外的更广地区扩展。③

2月3日，梁敦彦与伊集院举行了第四次会谈，主要谈抚顺、烟台煤矿是否适用《东三省事宜条约》之事。④ 梁敦彦引用该条约"会议录"第十号指出，中方当时考虑到东三省矿山的复杂性，因而提出已经让给俄国的矿山根据条约来处理，除此以外的矿山，为了防止将来产生误会，经日方同意在"会议录"上记下如下一段话："奉天省内的矿山，不论既开未开，约定公

---

① 《朴茨茅斯条约》第6条规定：俄国政府允将由长春（宽城子）至旅顺口之铁路及一切支路，在该地方铁道内所附属之一切权利财产，以及在该处铁道内附属之一切煤矿，或为铁道利益起见所经营之一切煤矿，不受补偿，且以清国政府允许者均移让于日本政府。

② 外務省编：《日本外交文書》42卷1册，"満洲に関する日清協約締結一件"，第224～228页。

③ 外務省编：《日本外交文書》42卷1册，"満洲に関する日清協約締結一件"，第228页。

④ 外務省编：《日本外交文書》42卷1册，"満洲に関する日清協約締結一件"，第228～229页。

平详细的章程。"而抚顺、烟台煤矿属于既开矿山，没有让给俄国，所以无需让给日本。对此，伊集院表示《东三省事宜条约》已经承认了日俄《朴茨茅斯条约》，所以不仅铁路沿线的矿山，还包括日方认为利益相关的其他矿山，也应让给日本。意思是说，抚顺、烟台煤矿根据两条约属于日本的正当权利。

为了使中方清楚了解"六案"要求，2月6日，伊集院向清外务部递交了"有关满洲诸案件处理的觉书"。① 2月10日，双方根据该觉书进行谈判，此即第五次会谈。②

第一，谈法库门铁路，梁敦彦表示不能同意日方提出的甲案和乙案③，要求搁置此问题，先讨论最重要的"间岛问题"。

第二，谈"间岛问题"的五个方面：

一是有关日本人、朝鲜人杂居。伊集院指出，如果图们江北一带地方成为中国所属，那么中方应承认日本人、朝鲜人杂居及营业，不得强制改风易俗。对此，梁敦彦表示，朝鲜人的杂居暂且不论，但日本人的杂居不能承认。由于中方的坚持，后来始终未承认日本人在间岛的杂居权。

二是有关开放商埠。梁敦彦最初表示，开放商埠会与诸外国发生关系，所以不大合适，但紧接着要求日方提供设置领事馆及分馆的位置，这表明中方为了使日方尽早撤走非法的"统监府

---

① 外务省编：《日本外交文書》42卷1册，"満洲に関する日清協約締結一件"，第229~232页。

② 外务省编：《日本外交文書》42卷1册，"満洲に関する日清協約締結一件"，第232~235页。

③ 甲案：日方要求中方停止修新法铁路，而是修筑法库门—铁岭线，以与南满铁路相连接。乙案：日方允许中方修新法铁路，同时允许日方修筑从南满铁路一站经过法库门到达郑家屯的铁路。参见外务省编：《日本外交文書》42卷1册，"満洲に関する日清協約締結一件"，第230页。

派出所"，准备允许日本设置领事馆。另外，有关朝鲜人保护权，梁敦彦指出，朝鲜人应分为两种：一是具有土地和房屋的住民，应置于中国的法权之下；二是单纯游历往来者，如果犯了法可以引渡到朝鲜。对此，伊集院表示反对，指出所有朝鲜人的裁判管辖权全部要归日本。这个问题是双方争论最为激烈的焦点，使谈判久拖不决。对于中方来说，这个问题关系到间岛领土权和管辖权的统一，如果日方只承认领土权而剥夺了朝鲜人的管辖裁判权，那么领土权将徒有虚名，所以坚决不肯让步。

三是有关天宝山矿。梁敦彦指出，中国官方并没有承认中野二郎与程光弟之间签订的合同，而该矿与美国人有关系，美方对此也有说法，所以要求和"间岛问题"分开谈。中方实际上用此问题牵制日方。

四是有关不妨害间岛与中韩其他地方的交通、贸易问题。梁敦彦指出，这个提法太抽象，将来可能产生误解，要求日方指明具体事项。伊集院表示，这是有关中方不妨碍图们江渡船自由，以及允许朝鲜人从间岛搬运谷物等内容。日方的意图是将《中韩边界善后章程》（1904年）的有关规定纳入将要签订的新条约中，以加强对图们江以北的经济渗透。

五是有关吉会铁路。梁敦彦表示，吉长铁路（吉林至长春）尚未完成，所以这个问题不要和"间岛问题"一起谈；如果将来要修吉会铁路，中国境内的由中国办，朝鲜境内的由日本办即可。然而伊集院坚持吉会铁路和"间岛问题"一起谈，考虑到中方不可能同意由日方独办，于是提出由中日合办。

2月17日，梁敦彦和伊集院举行了第六次会谈，涉及"六案"的各个方面。①

第一，谈"间岛问题"。

一是有关领土权和裁判权。伊集院指出，只要中方承认有关"间岛问题"的五个条件和其他悬案的要求（2月6日的日方觉书），那么日方可以在间岛所属问题上让步，他接到了这样的训令。这是伊集院第一次公开表明可以有条件地承认间岛领土权属于中国。对此，梁敦彦表示，如果只承认领土权而不承认中国对杂居地朝鲜人的法权，那将是有名无实的。他建议在该处开设两三个商埠，在商埠内居住或者在其他地方游历者，可以服从韩国法权；而在商埠以外（杂居地）居住且拥有土地从事耕作者，要和中国人一样看待，服从中国法权。显然，中方在朝鲜人裁判权上又做了让步，除了单纯游历者以外，还包括商埠内的居住者也归日本裁判。

二是有关天宝山矿。梁敦彦指出，对中日合办无异议，但仍需询问奉天总督。

三是有关吉会铁路。梁敦彦指出，由于奉天总督反对，中日合办可能会有困难。吉会铁路始终是中方手中的一个筹码，后来中方以承认中日合办为条件，迫使日方在杂居地朝鲜人裁判权和图们江水源问题上让步。详细内容将在后面展开。

第二，谈其他悬案。

一是有关抚顺煤矿。梁敦彦指出，奉天总督考虑到日方立场，同意由中日合办。但伊集院表示反对，坚持认为这是日本的正当权利，要求独办。

---

① 外務省编：《日本外交文書》42卷1册，"滿洲に関する日清協約締結一件"，第235～238页。

二是有关法库门铁路。梁敦彦指出,新法线可以和南满铁路隔开一段距离,意思是说中方修筑新法线不会影响南满铁路的利益,所以无意中止新法线的修筑。

三是有关大石桥支线。梁敦彦表示,这是小事。伊集院据此判断,将大石桥、营口线作为南满铁路的支线,可能不会有太大问题。

以上通过第五次、第六次会谈,伊集院认识到中方在杂居地朝鲜人裁判权上态度坚决。为了使谈判取得进展,他向小村外相建议让步,即日方承认中方拥有杂居地朝鲜人的裁判权,同时由日本监督裁判,例如日本领事"立会"裁判,或者朝鲜人不服裁判的话可请求"复审",等等。① 但是小村外相表示反对,他命令伊集院:"有关韩民保护,希望彻底贯彻我主张","尽全力全部收回对韩民的裁判管辖权"。② 小村之所以在朝鲜人裁判权问题上如此坚决,是因为争夺朝鲜人裁判管辖权正是日本挑起"间岛问题"的主要目标,其潜在意图是利用该地区的朝鲜人扩张日本利益,以及监督朝鲜人的反日运动。后来的历史证明这种担忧并非多余,它关系到日本巩固对朝鲜的殖民统治。③

2月28日,梁敦彦与伊集院举行了第七次会谈,主要谈杂居地朝鲜人裁判权和开放商埠的问题。④ 伊集院强调朝鲜人保护

---

① 外務省編:《日本外交文書》42卷1册,"満洲に関する日清協約締結一件",第238～239页。
② 外務省編:《日本外交文書》42卷1册,"満洲に関する日清協約締結一件",第239～240页。
③ 1919年朝鲜爆发了"三一"反日运动,受其影响延边地区掀起了"三一三"反日运动,之后延边地区成为朝鲜反日武装斗争的重要基地。第二年,日本借"珲春事件",出动2万多名军队进行讨伐,此即"庚申年大讨伐"。
④ 外務省編:《日本外交文書》42卷1册,"満洲に関する日清協約締結一件",第240～242页。

权是"间岛问题"的根本，日方既然承认领土权归中方，那么朝鲜人保护权应归日方。①他还将间岛的地理范围和要求开放的六处地名通告了中方。其中，间岛的地理范围，以现有朝鲜人密集地为限，东面以嘎呀河为界，北面沿老爷岭，西面沿老岭（今先锋岭）到定界碑为止。实际上这就是当时图们江以北朝鲜人分布区，同时也是日本打算行使管辖裁判权的范围。另外，日本要求开放商埠的地点，即准备设置领事馆、分馆的地点，包括在龙井村设立领事馆，在局子街、头道沟、百草沟、下泉坪、铜佛寺等五处设立分馆。此外，伊集院还提出在商埠以外设置日本警察署或者警察官驻在所。②他之所以提出设警权这一严重侵犯中国主权的非分要求，估计是出于谈判策略，即用更严苛的条件来牵制中方，迫使中方在杂居地朝鲜人裁判权上让步。对此，梁敦彦表示坚决反对，他指出商埠以外的设警权要比裁判管辖权对中方更为不利，中方根本不会考虑。③

总之，通过以上七次会谈，日本将"间岛问题"和东三省"五案"绑在一起，以承认间岛领土权作为谈判筹码，企图夺取朝鲜人管辖裁判权和东三省"五案"的利权。而中方为了使日方承认领土权属于中国及撤出"统监府派出所"，除了在"五案"上让步以外，还允许日本在间岛设立领事馆和分馆，以及承认日本对商埠内的朝鲜人行使裁判权，但是商埠以外的杂居地仍坚持中国法权，这实为中方谈判的底线。可以看出，双方争论

---

① 外务省编：《日本外交文书》42卷1册，"満洲に関する日清協約締結一件"，第239～240页。
② 外务省编：《日本外交文书》42卷1册，"満洲に関する日清協約締結一件"，第240页。
③ 外务省编：《日本外交文书》42卷1册，"満洲に関する日清協約締結一件"，第241页。

的焦点集中在杂居地朝鲜人裁判权问题上。

三、中方欲提交海牙国际仲裁及日本的反对

图们江以北的所谓间岛地区，越垦朝鲜人占七成至九成，如果日方只承认中方的领土权而剥夺了对朝鲜人的管辖裁判权，那么领土权就会形同虚设，所以中方坚持领土权和朝鲜人管辖裁判权的统一。为了给日方施加压力，不久中方提出要将"六案"提交海牙国际仲裁。

1909年3月22日，清外务部的曹汝霖向伊集院公使转达了有关东三省悬案的节略。①该节略几乎全盘否定了日方有关"六案"的要求，提出要将"六案"提交海牙国际仲裁。中方节略的内容包括：其一，反对日本对法库门铁路的要求（甲案、乙案），指出中方欲修的新法线不会伤害南满铁路的利益。其二，大石桥支线由中方自己铺设，不同意日方将其作为南满铁路的支线。其三，不同意京奉线与南满铁路共同使用奉天车站，指出将京奉线延长至法库门，不会伤害南满铁路利益。其四，抚顺煤矿属于王承尧的个人私产，烟台煤矿也没有让给俄国的明文，所以根据《东三省事宜条约》的"会议录"，两煤矿的开采权不能让给日本。其五，先商定有关抚顺、烟台煤矿的办法，再由奉天总

---

① 外务省编：《日本外交文书》42卷1册，"満洲に関する日清協約締結一件"，第243～245、249～254页。

督根据安奉线沿线矿山规程，来商定南满干线沿线的矿山规程。其六，有关"间岛问题"：a）间岛属中的证据明确，经由中方屡屡声明；越垦朝鲜人从来和中国人一样，受中国管辖，将来也会如此。越垦朝鲜人如欲复归朝鲜国籍，应于一年内将所领垦田产缴还中国，一律迁入商埠内居住。b）商埠由中方自行选择地段开放一二处，允许各国商民居住、贸易，设立领事；所有巡警、工筑、卫生及一切行政权，按照中国自开商埠的办法，统归中国地方管理；各国领事可照约管理商埠内的各该国居留人民贸易、游历事务。其现在延吉各处之日本文武大小官吏及宪兵等项，当即一律撤回。c）吉长线延长至会宁一事与界务无涉，自毋庸议。总之，只要"先将延吉问题结束"，那么"其余问题自易商办"，否则将各案"送交海牙和平会公断"，日本政府"是否愿交公断之处，即希见覆"。以上节略，一方面向日方表明间岛领土权和杂居地朝鲜人裁判权归中国，另一方面表明谈判的大门始终敞开着。

在递送上述节略的同时，曹汝霖还将有关中朝边界的另一份节略交给伊集院。① 该节略由吴禄贞起草，分为十三节，滔滔万言，一一反驳了日方有关中朝边界的谬论，强调间岛领土权属于中国。② 在接到以上两份节略以后，伊集院认识到中方在"间岛问题"上的态度坚决，为了使谈判早日取得进展，他向小村外相建议，有关领土问题毕竟中方的论据比日方充分，如果中方真的骑虎难下而提交海牙国际仲裁，那对日本是不利的，所以妥协是最好的办法。他建议小村说服中国驻日公使胡惟德不要将

---

① 外務省编：《日本外交文書》42卷1册，"満洲に関する日清協約締結一件"，第245页。
② 王芸生：《六十年来中国与日本》第5卷，第128～148页。

"六案"提交海牙国际仲裁。①

中方欲提交海牙国际仲裁的消息，很快由西方媒体传开。1909年3月24日伦敦《泰晤士报》登载消息指出，中方欲将"六案"提交海牙国际仲裁，而日本驻北京公使正致力于撤回该照会，局外者则对中方的措施表示赞同。该报还登载了"六案"的详细内容，指出其中最重要的一是法库门铁路，二是"间岛问题"。②以上消息的透露估计是中方有意而为之，其目的既是为了获得国际上的支持，又是为了给日本施加压力。

为了了解中方的意图，日本加紧进行情报搜集，不久探得中方想依靠美国提交仲裁③，以及提交仲裁的建议可能出自与法库门铁路有关的英国人④。为了阻止英美等列强干涉，日本通过本国驻英、驻美大使与各该国取得联络。日本驻英大使与英国外务大臣会谈时，后者表示尚未得到任何通知，以及了解日方拒绝提交仲裁。英方的态度估计考虑到了"英日同盟"，于是日本驻英大使表示希望英方不要干涉。⑤ 日本驻美大使又与美国国务卿会面，同样转达了日本反对提交仲裁的意思。⑥

4月5日，伊集院派高尾通译官到清外务部表示日方反对提

---

① 外务省编：《日本外交文书》42卷1册，"满洲に関する日清协约缔结一件"，第245页。

② 外务省编：《日本外交文书》42卷1册，"满洲に関する日清协约缔结一件"，第245页。

③ 外务省编：《日本外交文书》42卷1册，"满洲に関する日清协约缔结一件"，第246页。

④ 外务省编：《日本外交文书》42卷1册，"满洲に関する日清协约缔结一件"，第263～265页。

⑤ 外务省编：《日本外交文书》42卷1册，"满洲に関する日清协约缔结一件"，第248页。

⑥ 外务省编：《日本外交文书》42卷1册，"满洲に関する日清协约缔结一件"，第248～249页。

交海牙国际仲裁。梁敦彦在与高尾见面时指出，中方最重视"间岛问题"，只要日方在这个问题让步，那么其他问题将尽力达成妥协。① 可见中方的意图不是真的要提交仲裁，而是迫使日方在"间岛问题"上让步。在接到高尾的报告以后，伊集院公使再次向小村外相建议在朝鲜人裁判权上让步，但小村仍不同意，并表示承认中方的裁判权就等于破坏"间岛问题"的根本。②

不久，中方主动向日方表示撤回提交海牙国际仲裁的计划。5月17日，清外务部大臣奕劻向伊集院发出照会，指出东三省各案之所以欲"送交海牙和平会公断"，是因为"会议多次，迄无效果，徒滋争执，故请交公断，以期速结"；但是考虑到日方要求"两国自行和平议决"，这与清外务部的"初意相符"，所以建议将"前议各案，从速定期会议，俾得早日解决"。③ 对此，日方立刻表示欢迎。5月19日，伊集院在致中方的照复中指出，提交仲裁只会招来第三者的干涉，建议在方便时择日重开谈判。④ 至此，双方有关提交海牙国际仲裁的交涉结束，开始了新一轮的谈判。

---

① 外務省編：《日本外交文書》42卷1册，"満洲に関する日清協約締結一件"，第249頁。
② 外務省編：《日本外交文書》42卷1册，"満洲に関する日清協約締結一件"，第246～247、254～255頁。
③ 外務省編：《日本外交文書》42卷1册，"満洲に関する日清協約締結一件"，第272～273頁。
④ 外務省編：《日本外交文書》42卷1册，"満洲に関する日清協約締結一件"，第273頁。

四、日方在杂居地朝鲜人裁判权上让步

6月23日，清驻日公使胡惟德向日外务省转达书函，表明中方在"间岛问题"上的态度不变，如指出：其一，延吉地方确实属于中国的所属地，曾得到了伊集院公使的书面声明，他还承诺在该地撤走日本警察；其二，朝鲜人久已归化中国，并受治于中国，与中国国民无异，所以不能抛弃他们，使其归入日本裁判管辖；其三，中方已承诺自开商埠，这是中方顾及双方友谊而进行的率先让步，希望日方也做出让步，实现所谓互相让步，以解决东三省悬案。①

7月19日，日本外务省复函表示：其一，只有中方承认"间岛问题"及其他悬案的要求，日方才可以承认领土权属于中国；其二，驻北京公使未曾表示从间岛撤走日本警察；其三，中方所说朝鲜人难以归入日本裁判管辖，并非指归化证据明确者，而是指尚未归化者。显然，日方又提出所谓朝鲜人分为归化者和未归化者，企图将未归化者纳入日本裁判。②

中方对此坚决反对，尤其日本在领土权和撤警问题上出尔反尔令中方愤慨。胡惟德举出实例对此一一进行反驳，如其书函指出：其一，日本承认间岛领土权属于中国的证据，如宣统元年二

---

① 外务省编：《日本外交文書》42卷1册，"満洲に関する日清協約締結一件"，第283～284页。
② 外务省编：《日本外交文書》42卷1册，"満洲に関する日清協約締結一件"，第293～294页。

月十日（3月1日）伊集院公使致清外务部的声明、闰二月五日（3月23日）伊集院公使致清外务部的节略；其二，日方提出从该地撤警的证据，如宣统元年二月二十七日（3月18日）伊集院公使对清外务部的声明等。最后胡惟德强调，延吉的土地，无论考诸历史，还是征之图籍，均属于中国，证据凿凿，无须得到别国承认。①

与此同时，为了尽早谈判解决"间岛问题"，中方主动在各案上表明妥协的态度，特别是在"五案"上让步。8月7日（六月二十二日），清外务部向伊集院转达《东三省诸悬案节略》，内容包括：其一，延吉为中国领土，该处越垦之民应归中国裁判；其二，延吉即可酌开商埠，亦系按照自开商埠办法，埠内警察且应由中国自设，埠外更不待言；其三，新法铁路：中国可允将拟造由新民屯展至法库门一路暂行缓议；其四，大石桥支路：中国可允将此路让作南满支路，俟南满铁路期满时，一律交还中国；其五，抚顺、烟台煤矿：该两矿本系中国产业，今因顾重两国交谊起见，中国可允让由中日两国人合办，照安奉铁路沿线矿务一律办理；其六，安奉铁路沿线矿务：此条贵国政府已允可与南满铁路沿线矿务同商人合办，现抚顺、烟台煤矿，中国既允让归合办，自可一律商订章程；其七，京奉铁路展至奉天城根：此事无非为便于交通起见，既与南满路线毫无妨碍，前节略所称各办各站一节，谅贵政府可以照允。②

以上中方节略，除了间岛领土权和杂居地朝鲜人裁判权以

---

① 外务省编：《日本外交文书》42卷1册，"満洲に関する日清協約締結一件"，第294～295页。

② 外务省编：《日本外交文书》42卷1册，"満洲に関する日清協約締結一件"，第305～307页。

外，其他基本满足了日方要求。不过仍有几个问题与日方要求存在差距：一是吉会铁路修筑权，未包括在该节略中；二是抚顺、烟台煤矿，日方要求独办，中方提议合办；三是京奉铁路，日方要求与南满铁路共享一个奉天车站，但中方提议各办各站。这几个问题双方继续进行谈判和讨价还价，特别是吉会铁路修筑权，实为中方手中的一个谈判筹码，中方凭此最终迫使日方在杂居地朝鲜人裁判权上让步。

如上，中方在各案上表示让步以后，日方的态度也起了变化。特别是当时清朝两宫（光绪帝、慈禧）去世所带来的清朝政局的变化，包括袁世凯被摄政王免职，掌管外务部的庆亲王奕劻被指办事不力而遭到反对派的攻击，以及摄政王掌控局势后希望尽快解决"间岛问题"等，都使得一直以来与清外务部打交道的伊集院产生了危机感，他担心清朝政局不稳而使谈判节外生枝。① 于是，他再次向小村外相建议在朝鲜人裁判权上让步。为了加快谈判进程，他还建议将日俄战争的遗留问题安奉线改轨② 与"六案"分开，认为这是两个问题都得以速决的捷径。③

伊集院的以上建议得到了小村的支持。8月9日，小村向伊集院下达命令："鉴于清国政府多次声明只要在'间岛问题'上我方让步，那么在其他问题上接受我方主张，决定在'间岛问

---

① 外务省编：《日本外交文書》42卷1册，"満洲に関する日清協約締結一件"，第307～309页。

② 根据日俄《朴茨茅斯条约》，日俄战争时日本铺设的安奉线，在战后与清政府协商后可以改为宽轨，但东三省总督拒绝让步，要求日本先撤兵、撤警。日本根据该约也不肯让步，还威胁开工，并向各国驻日公使发出照会。为了早日解决"间岛问题"，清外务部决定在安奉铁路问题上向日方妥协。参见故宫博物院编：《清宣统朝中日交涉史料》第3卷，文海出版社1971年影印本，第170～182页。

③ 外务省编：《日本外交文書》42卷1册，"満洲に関する日清協約締結一件"，第309页。

题'上满足对方,以图解决全部悬案问题。将间岛杂居区域居住的朝鲜人的裁判权让给清国,从而为取得我当初保护朝鲜人之实,要求立会裁判,以妥结'间岛问题'。"①

8月13日,日本阁议通过了有关满洲悬案的对策,其中有关"间岛问题"规定:其一,承认图们江为中韩两国国境,该江上游地方的边界,由中日两国派委员共同调查。其二,中方在间岛开设三四个商埠,允许日本设立一个领事馆及两三个分馆(商埠为龙井村、局子街、头道沟、百草沟等,领事馆设置地为龙井村)。其三,使中方承认在一定的杂居区域内朝鲜人的杂居及营业(该地域:东至嘎呀河,北至老爷岭,西至老岭,南至定界碑和图们江)。其四,中方保障间岛朝鲜人的既得权利和利益,且承认天宝山矿为中日合办。其五,中日两国不妨碍间岛与其他中韩地方之间的交通和贸易。其六,居住在间岛商埠内或者在内地游历的朝鲜人,由日本行使领事裁判权;在商埠以外的杂居地居住的朝鲜人,由中国行使裁判权,日方派官吏立会裁判。其七,吉长铁路延长至会宁,与韩国铁路相连接,其铺设方法遵循吉长铁路之例,实行时期由中日两国的追加协议来决定。其八,在本件决定以后确定实施日期,日本在这一日期之前设置领事馆,撤出"统监府派出所"。② 对于以上决定,小村外相强调是日方让步的极限,他下令伊集院,在杂居地设警权及吉会铁路等问题上尽量争取日方利益。③ 同日,伊集院将有关东三省悬案

---

① 外务省编:《日本外交文書》42卷1册,"満洲に関する日清協約締結一件",第309页。

② 外务省编:《日本外交文書》42卷1册,"満洲に関する日清協約締結一件",第311~316页。

③ 外务省编:《日本外交文書》42卷1册,"満洲に関する日清協約締結一件",第312页。

的觉书通告清外务部，准备以此为基础进行最后一轮谈判。①

五、悬案达成妥协及条约文的最终定夺

中日谈判自1909年3月22日中方表示要提交海牙国际仲裁后一度中断，8月16日重开谈判，由清外务部尚书梁敦彦和日本驻北京公使伊集院二人进行，主要谈以下问题：一是有关间岛领土权。伊集院表示，日本政府承认间岛属于中国，这是日方让步的明显证据。二是有关朝鲜人法律地位。梁敦彦强调从来由中国裁判，与中国人无异；可以开放一两处商埠，埠内的朝鲜人由日领裁判，这实为中方的让步。另外，有关杂居地朝鲜人裁判权，梁敦彦指出只有重大案件日领才有复审权。对此，伊集院表示反对，要求由双方共同调查朝鲜人的国籍，未入中国籍者仍由日领裁判。如前述，日本阁议已经同意在这个问题上让步，但伊集院仍想最后一搏。三是有关开放商埠。伊集院要求开放六处，梁敦彦认为太多，要求择要开放一两处。梁敦彦还强调商埠内的工程、巡警、卫生等均由中方自理。四是有关吉会铁路。梁敦彦指出这与"间岛问题"无关，将来也不想把吉长铁路修到边境。如前述，这可能也是中方的谈判策略，为了迫使日方在杂居地朝鲜人裁判权上让步。对此，伊集院几乎哀求说，吉会铁路只需在原则上约定一下。五是有关其他五案。日方最重视抚顺、烟台煤

---

① 外務省編：《日本外交文書》42卷1册，"滿洲に関する日清協約締結一件"，第316~321页。

矿，中方答应让步，即由日本独自开采，同时要求对抚顺矿主王承尧给予优厚的补偿。①

第二天（8月17日），针对日方拟定的条约文，中方提出了修正案，② 18日继续进行谈判③。首先，讨论日本领事立会问题。梁敦彦要求限定条件，如命盗大案或者监禁10年以上的重刑，以及民事诉讼案件中财产10万元以上的案件，由中国官吏判定后知照日本领事；如果日本领事发现不按法律裁判，可以向中方请求复审。但是伊集院认为这和日方的意图相差甚远而反对，为了牵制中方，他提出在清朝各种法典及裁判所完备之前，暂由日本领事裁判朝鲜人。其次，讨论吉会铁路问题。梁敦彦指出，中方已经在其他问题上做了很多让步，所以不能再让了，他还因此受到了政府当局的批评，因此要求取消吉会铁路的谈判。对此，伊集院表示，如果不便放入条约的话，可以另签秘约或者别约；梁敦彦表示再议，但无法保证其结果。无奈之下，第二天（19日），伊集院派高尾通译官到清外务部大臣那桐那里，表示日方非常重视吉会铁路，如果达不成协议，搞不好其他悬案都达不成协议。那桐指出，杂居地朝鲜人的裁判权必须全部归中国，如果答应这个条件，那么可以另签有关吉会铁路的协约，规定在中方需要资本时首先使用日资。他还指出，如果日方在朝鲜人裁

---

① 外務省编：《日本外交文書》42卷1册，"満洲に関する日清協約締結一件"，第322～324页。

② 外務省编：《日本外交文書》42卷1册，"満洲に関する日清協約締結一件"，第326页。

③ 外務省编：《日本外交文書》42卷1册，"満洲に関する日清協約締結一件"，第325页。

判权上让步，那么一天之内可以结束所有谈判。① 显然他试图用吉会铁路修筑权来交换杂居地朝鲜人裁判权全部归中方。

8月21日，伊集院与那桐、梁敦彦一起会谈，谈判取得了突破。② 一是有关朝鲜人裁判权。日方提出了条约草案，规定：杂居地朝鲜人服从中国法律，日本领事具有立会权利及要求复审的权利。③ 对此，中方要求对日领立会限定条件，提出了修正案："至于关系该韩民之民事、刑事一切诉讼案件，应由中国官员按照中国法律秉公审判。日本国领事官或由领事官委任官吏，可任便到堂听审。惟人命重案，则须先行知照日本国领事官，到堂听审。如日本国领事官能指出不按法律判断之处，可请中国另派员复审。"④ 对于以上中方修正案中的"任便"到堂听审，伊集院要求加上"全部"到堂听审，那桐表示那样会使日方不胜其烦，指出中方承认日方修筑吉会铁路，是以日方将裁判权完全、无保留地转给中方为条件的，否则将撤回该铁路的修筑权。⑤ 于是，伊集院不得不同意中方的修正案。该修正案后来成为《间岛协约》第四款的正文。二是有关吉会铁路。伊集院表示在裁判权上日方让步很大，所以吉会铁路必须按照日方的提案进行。中方提出了修正案："如果将来将吉长铁路延长连接到朝

---

① 外務省编：《日本外交文書》42卷1册，"滿洲に関する日清協約締結一件"，第328页。

② 外務省编：《日本外交文書》42卷1册，"滿洲に関する日清協約締結一件"，第329~332页。

③ 外務省编：《日本外交文書》42卷1册，"滿洲に関する日清協約締結一件"，第331页（别电265）。

④ 外務省编：《日本外交文書》42卷1册，"滿洲に関する日清協約締結一件"，第331页（别电266）。

⑤ 外務省编：《日本外交文書》42卷1册，"滿洲に関する日清協約締結一件"，第332页。

鲜会宁的话，一切办法将按照吉长铁路办理，开办时期按照中方的情形酌量办理，再和日本商议。"① 三是有关茂山以上的图们江边界。中方要求以石乙水为界，理由是石乙水比起红土水（光绪十三年朝方曾要求此水）离长白山稍远，而长白山是清朝的发祥地，清帝室非常重视此山，特别是摄政王载沣看重此事。对此，伊集院表示，红土、石乙二水不过是五十步百步的问题，暂时不要决定以何水为界，将来由中日两国派人共同调查后再做决定。那桐表示反对，他指出如果边界问题不能全部解决，有悖于悬案全部妥结的宗旨，也无法向摄政王交差。伊集院表示再议。② 第二天，伊集院在给小村外相的报告中，建议承认以石乙水为界，但小村下令仍坚持原案，即由中日共同调查后再做决定。③ 估计是为了拿这个问题与中方交换其他利益。

如上所见，通过8月21日伊集院与那桐的谈判，最终解决了杂居地朝鲜人的裁判权问题，特别是中方的修正案得以通过，这是中方长期斗争的结果，为此中方也付出了不少代价，如同意日领立会裁判及请求复审，以及同意吉会铁路由中日合办等。④

这以后，8月24日、26日、31日及9月1日，伊集院与那桐、梁敦彦进行了最后的谈判。⑤ 其中，24日决定了抚顺、烟台

---

① 外務省编：《日本外交文書》42卷1册，"満洲に関する日清協約締結一件"，330页。
② 外務省编：《日本外交文書》42卷1册，"満洲に関する日清協約締結一件"，第330、333页。
③ 外務省编：《日本外交文書》42卷1册，"満洲に関する日清協約締結一件"，第333、337页。
④ 直到1931年九一八事变前，吉铁路只修到敦化，未到达朝鲜边境。参见姜龙范：《近代中朝日三国对间岛朝鲜人的政策研究》，第151页。
⑤ 外務省编：《日本外交文書》42卷1册，"満洲に関する日清協約締結一件"，第340～345、349～352页。

煤矿的条约文,在中方的要求下,加入了诸如"日本国尊重中国一切主权"等字句,删除了日方有可能援以为例的不利于中方的内容,例如"清国承认日本国根据'日俄条约'(指《朴茨茅斯条约》)第六条及有关满洲的'日清条约'(指《东三省事宜条约》)第一条,对两煤矿的正当的开采权",而改为"中国政府承认日本国政府开采上开两处煤矿之权",并记入《东三省五案协约》的正文中。① 26日决定了"五案"中的京奉铁路、大石桥营口线、安奉铁路沿线矿务及新法铁路等案的条约正文。② 另外,抚顺、烟台矿务的条文及《间岛协约》的正式文本,于8月31日、9月1日最终定夺。9月4日签订了两协约,即《间岛协约》(又叫《图们江中韩界务条款》)和《东三省五案协约》。

前述8月24日及以后的谈判内容,可归纳如下:

第一,有关抚顺、烟台煤矿。日方给予抚顺矿主王承尧一定的赔偿,但没有写入条约正文中,而是另外签订了公文。③

第二,有关茂山以上的图们江边界。中方提出以石乙水为界,日方提出从定界碑开始在红土、石乙二水中间划一条线,中方表示反对,坚持以石乙水为界。④ 后来因涉及吉会铁路问题,中方提出如果日方承认以石乙水为界,那么可以将中日合办吉会

---

① 外務省编:《日本外交文書》42卷1册,"満洲に関する日清協約締結一件",第340～341页。
② 外務省编:《日本外交文書》42卷1册,"満洲に関する日清協約締結一件",第340～345页。
③ 外務省编:《日本外交文書》42卷1册,"満洲に関する日清協約締結一件",第342～343页。
④ 外務省编:《日本外交文書》42卷1册,"満洲に関する日清協約締結一件",第343页。

铁路写入条约正文中，于是日方同意以石乙水为界。① 其实，图们江上游边界有一个更重要的问题，即从石乙水发源地往上以何为界的问题。前此光绪十三年勘界时，中方曾提出石乙水连接小白山（天池东南 20 多公里）为界，这样可以和长白山天池拉开一段距离；朝方则提出以红土水连接长白山碑、堆为界。但是此次谈判中方根本无暇顾及这些，只满足于石乙水连接定界碑为界。然而定界碑的位置靠近天池（天池东南约 4 公里），实际上大大有碍于长白山发祥地。

第三，有关间岛开放为商埠。日方提出的草案为"有关商埠的一切章程由日、清两国官宪另定"，中方坚决反对，因为有损中国主权，后来日方不得不同意删掉此内容。另外，开放商埠的数目，日方最初提出六个（龙井村、局子街、头道沟、百草沟、下泉坪、铜佛寺），中方认为太多，要求去掉百草沟，可能考虑属于内地；但日方表示反对，要求在铜佛寺、下泉坪中去掉一个。最后在 31 日谈判中，中方表示地方督府反对开放这么多商埠，连局子街（该地有 2 万朝鲜人）也不同意，于是日方同意去掉下泉坪、铜佛寺，而保留其他四个。②

第四，有关吉会铁路。在 21 日谈判时，中方要求在协约以外约定以下内容：如果中方打算修吉会铁路，不足资本采用日资；中方作为自办铁路修筑时，则由中方自己决定。③ 26 日谈判时，伊集院再次要求将吉会铁路纳入条约正文中，并以图们江上

---

① 外務省编：《日本外交文書》42 卷 1 册，"满洲に関する日清協約締結一件"，第 349～352 页。

② 外務省编：《日本外交文書》42 卷 1 册，"满洲に関する日清協約締結一件"，第 351 页。

③ 外務省编：《日本外交文書》42 卷 1 册，"满洲に関する日清協約締結一件"，第 329 页。

游边界来牵制中方。① 31 日,中方不得已同意将有关吉会铁路的内容纳入条约正文中。②

第五,有关杂居地的范围。在 8 月 31 日谈判时由日方提出,中方大体上无异议,但是地名与中方固有名称不同,所以决定绘制地图以作为补充。地图也是日方提供的,上面有中文名称也有日文名称。③

第六,有关日期。在 31 日谈判时,日方提出两个月内撤退"派出所"、设立领事馆,中方要求一个月内撤走,后来由于日方的坚持不得已同意两个月内撤走,中方还要求在条约正文中加入"派出所"即刻撤退的内容。④ 如《间岛协约》第七款规定:"本协约签订后,本约各条即当实行。其日本统监府派出所及文武人员,亦即从速撤退,限于两月内退清。日本国政府在第二款所开商埠,亦于两月内设立领事馆。"

第七,有关附属公文。很少有人注意到谈判的最终结果除了两协约以外,还有附属公文,这是作为秘密文件签订的。附属公文共有三条:一是日本国政府向当初与抚顺煤矿有关的清国人王承尧支付若干银,其金额参照其出资额从优协商配给;二是商埠地及地域内的工程、巡警、卫生等事,由清国政府自己办理,该章程由清国自己定,拟定后与该地驻扎领事接洽;三是天宝山矿

---

① 外務省编:《日本外交文書》42 卷 1 册,"滿洲に関する日清協約締結一件",第 344 页。

② 外務省编:《日本外交文書》42 卷 1 册,"滿洲に関する日清協約締結一件",第 349 页。

③ 外務省编:《日本外交文書》42 卷 1 册,"滿洲に関する日清協約締結一件",第 351 页。

④ 外務省编:《日本外交文書》42 卷 1 册,"滿洲に関する日清協約締結一件",第 351 页。

如果没有障碍的话，由日清两国合办无异议，万一实行起来有困难的话，由两国妥商。①

9月1日，结束了所有谈判，分为两个协约，即《间岛协约》《东三省五案协约》，此外还有附属公文，但不公开。中方决定由外务部尚书梁敦彦签字，日方由驻北京公使伊集院签字。9月4日二人完成签字。②长达两年的"间岛问题"的谈判最终结束。

六、小　结

日俄战争结束以后，1907年8月19日，日本派遣以斋藤季治郎为首的60多名日本宪兵和朝鲜巡检，在延边的龙井村设立了"统监府临时间岛派出所"。同一天，日本驻北京代理公使阿部守太郎向清外务部发出照会，声称间岛所属未定，为了"保护"朝鲜人免遭马贼及无赖凌虐，由统监派官前往该地，由此挑起了所谓"间岛问题"。日本挑起"间岛问题"的战略意图，一是为了牵制俄国，二是为了巩固对朝鲜的殖民统治，三是为了开辟向东三省扩张的新路径。

日方通过派人实地踏查和文献研究，得出了间岛属韩的证据薄弱的结论。加之中方的坚决反对，特别是吉林边务公署与

---

①　外务省编：《日本外交文書》42卷1册，"満洲に関する日清協約締結一件"，第352～353页。

②　外务省编：《日本外交文書》42卷1册，"満洲に関する日清協約締結一件"，第352～358页。

"间岛派出所"进行了针锋相对的斗争,于是日方决定放弃领土权而争取朝鲜人保护权归自己。1908年4月,日本外务省向驻北京公使林权助下达"间岛问题内训",决定承认间岛领土权归中方,同时争取在间岛设置领事馆,使朝鲜人的管辖裁判权归日本,以及获得开采天宝山矿、修筑吉会铁路等利权。为了牵制中方,日方决定仍坚持间岛所属未定。该内训的出台,标志着日本的"间岛问题"谈判策略基本形成。

为了实现上述目标,日本一方面利用"派出所"在当地进行扩张活动,为的是牵制中方和在谈判中处于有利地位;另一方面下令驻北京公使开始与清外务部接触和谈判。1907年12月7日,日本驻北京公使林权助和清外务部尚书那桐、袁世凯在袁宅见面,这是双方有关"间岛问题"的第一次会谈,已涉及两个主要方面:一是间岛领土权问题,二是朝鲜人保护权问题。袁世凯主张领土权和朝鲜人保护权均归中方;而林权助对领土权含糊其辞,同时否认中方拥有对朝鲜人的保护权。为了给中方施加压力,日方故意拖延谈判。

1908年10月,在图们江以北的禹迹洞(会宁对岸)发生了中日军警之间的冲突事件即"禹迹洞事件"。"间岛派出所"为了增设分遣所而加盖房屋时,与前来阻止的中国军警发生冲突,日方的平田中尉在人少势弱的情况下下令开枪,结果造成了中国军警三死三伤的恶性事件。中方借这一事件向日方抗议的同时,敦促日方尽快解决"间岛问题"。恰在此时,奉天巡抚唐绍仪作为专使出使日本,他在与小村外相会谈时,提议解决"间岛问题"的两个方面:一是中朝界务接续光绪十三年勘界成案,二是越垦韩侨问题。小村外相表示只要中方承认朝鲜人保护权归日方,那么日方可以承认领土权归中方,这是日方第一次公开表示有条件地承认间岛领土权属于中方。唐绍仪－小村会谈开启了"间岛问题"的谈判进程。

同年12月28日,日本驻北京公使伊集院向清外务部提出将东三省"五案"和"间岛问题"一起解决,即提出所谓"六案"的要求。从这一天到第二年(1908)的2月28日,伊集院公使与清外务部尚书梁敦彦之间,进行了有关"六案"的七次会谈。日方的主张是,只要中方接受朝鲜人管辖裁判权归日本及"五案"的要求,那么日方可以承认间岛领土权归中国。中方则主张领土权和朝鲜人管辖裁判权的统一,虽然中方承诺在图们江以北开放一两处商埠,允许日本在商埠内设置领事馆及对朝鲜人实施裁判权,但是在商埠外的杂居地则要求朝鲜人服从中国法权。由于双方在杂居地朝鲜人裁判权上无法达成妥协,谈判遇到了瓶颈。

为了牵制日方,使之做出让步,1909年3月中方提出要将"六案"提交海牙国际仲裁。日方认识到中方在领土权和杂居地朝鲜人裁判权问题上的态度坚决,加之通过情报搜集探得中方的背后有与法库门铁路有关的英国人及美国人的支持,特别是清朝两宫去世以后日本担心政局不稳,唯恐迄今为止的谈判节外生枝,于是决定在杂居地朝鲜人裁判权上让步,同时要求日本具有领事立会权和请求复审权。

8月16日,双方重开谈判。8月24日,日方正式承认杂居地朝鲜人服从中国法权,中方也做出让步,承认日本具有领事立会裁判和请求复审权。同时,中方对日领立会限定了条件,规定只有重大的民刑事案件,日领才有立会权。其他悬案随之解决。值得一提的是,中方以承认吉会铁路由中日合办为条件,迫使日方承认杂居地朝鲜人裁判权全部归中方(之前日方要求将朝鲜人分为归化者和未归化者,试图将未归化者纳入日本裁判),以及图们江上游以石乙水为界。9月1日结束所有谈判,9月4日签订了《间岛协约》和《东三省五案协约》,限定两个月内撤退"间岛派出所",代之以设立日本领事馆。

从"间岛问题"的谈判路径来看,主要是在日本驻北京公使和清外务部之间进行,日公使受外相指挥,清外务部主要由大臣奕劻和那桐等指挥。具体谈判由驻北京公使伊集院和清外务部尚书梁敦彦二人进行,后期关键性谈判由那桐、梁敦彦一起进行。中方还通过驻日公使胡惟德、驻首尔公使马廷亮,直接与驻朝鲜统监伊藤博文、外相小村寿太郎等交涉和谈判。1908年10月,奉天巡抚唐绍仪出使日本并与小村外相会谈,开启了"间岛问题"的谈判进程。

从双方签订的两协约内容来看,首先,可以说是日本外交的胜利。日本利用中朝界务未决,以承认间岛领土权归中国作为谈判筹码,获得了在间岛设立领事馆及东三省"五案"的利权。这样一来,日本可以通过领事馆对商埠内的朝鲜人行使领事裁判权,即通过合法途径,以"保护"朝鲜人的名义,向图们江以北地区渗透;还可以通过领事馆对朝鲜人进行监督和控制,达到扼制朝鲜反日运动的目的,这显然对日本巩固对朝鲜的殖民统治是有利的。不仅如此,日本还获得了在东三省修筑铁路、开采煤矿等利权,特别是将日俄战争后通过《朴茨茅斯条约》获得的利权落到了实处,从而为"满铁"的发展扫清了障碍。

其次,对于中方来说,通过签订两协约,最终迫使日本承认间岛领土权和杂居地朝鲜人裁判权属于中国,从而在很大程度上实现了领土权和管辖权的统一,特别是迫使日方撤出了非法的"统监府临时间岛派出所",这无疑是中方维护领土主权斗争的重大胜利。另外，由于中方的斗争，还使得日本的领事裁判权限定在四处商埠内，从而堵住了日本更大的侵略企图和野心。特别是由于中方的斗争，两协约增加了不少维护中国主权的内容，这就使得中方在以后与日方交涉时，有了更多的回旋余地。这些都是值得肯定的。总之，中方以牺牲东三省部分铁路、煤矿利权，保住了间岛领土主权这一国家的根本利益。

试析1907—1909年日本界定的间岛地理范围

有关间岛的地理概念，学界认识到最初指朝鲜人开垦的钟城附近的图们江沙洲，又称作"垦岛"，意思是江中之岛或者开垦之岛。后来随着朝鲜人大规模越境开垦图们江以北地区和移居到鸭绿江以北地区，将鸭、图二江以北地区均冠之为"间岛"，实则已非岛屿。他们将图们江以北地区称为"北间岛"或者"东间岛"，鸭绿江以北地区称为"西间岛"。学界对于日本挑起"间岛问题"及中日谈判均有研究①，但是对于日本利用朝鲜人分布区假定间岛范围，试图扩张其范围，以及与1909年《间岛协约》的关系，该协约中《间岛图》（《朝鲜人杂居区域图》）的来历等，尚未梳理清楚。

本文试利用中日韩三国史料，包括《日本外交文书》、韩国《统监府文书》及日本外务省外交史料馆收藏的地图资料等，考察间岛名称的由来和日本介入的背景，"统监府派出所"界定间岛假定区域及其扩张活动，中方边务公署的反制措施，以及在签订《间岛协约》，特别是在划定朝鲜人杂居区域时，日本外务省减缩间岛范围及其原因进行分析，从而阐明间岛地理概念的形成

---

① 国内学界有关"间岛问题"谈判的研究，有杨昭全、孙玉梅：《中朝边界史》，第446～526页；姜龙范《近代中朝日三国对间岛朝鲜人的政策研究》，第91～163页；李花子：《中日"间岛问题"和东三省"五案"的谈判详析》，《史学集刊》2016年第5期；等等。

与日本的关系，揭示日本利用朝鲜垦民及其创出的间岛概念，向图们江以北地区渗透扩张，特别是在外务省主导下稳步推进的过程。

一、间岛名称的由来和日本介入调查

在清代，朝鲜人不得擅自越过鸭绿江、图们江，更不得越江耕垦江北土地，越江即意味着犯了越境之罪（称为"犯越"），会被处以枭示的极刑，地方官也要被革职或者流配到边地。[①] 这种严厉的惩罚措施，诚然与清朝维护东北发祥地的封禁政策有关。依靠严格的禁江政策，两国维持了较为安定的边疆环境。但是到了同治年间，朝鲜发生前所未有的自然灾害，史称"己庚大灾"（1869—1870年），朝鲜边民终于冲破了200多年的江禁，越境开垦图们江以北地区，由起初开垦图们江中间的沙洲之地，转而越过图们江开垦江北广大地区。随之"间岛"名称被创出，其范围随着朝鲜人开拓步伐的扩大而扩大。从某种意义上说，间岛概念与朝鲜人越境移民史、中国朝鲜族形成史有关联。日本紧随其后，利用朝鲜越垦民进行渗透和扩张，因此，间岛概念又暗藏着日本侵略的企图。

间岛名称的出处，最早见于朝鲜勘界使李重夏的报告书《乙酉别单》（1885年）。据记载，1877年（光绪三年），朝鲜

[①] 有关朝鲜人越境的交涉，详见李花子《清朝与朝鲜关系史研究——以越境交涉为中心》。

钟城边民要求耕食图们江中的沙洲之地,得到了朝鲜政府的允准。① 这个沙洲的面积不大,"纵十里,宽一里,计有地二千余亩"②。朝鲜边民往返于间岛(图们江沙洲)与钟城之间耕种土地,收获期架桥,冬天则撤桥,即早耕暮归、春耕秋收。边民起初向钟城郡守纳租,自1890年开始向清政府纳租,③ 估计其耕地渐与中方的陆地连在了一块儿,所以被要求向中方纳租。到了1904年,两国边界官签订的《中韩边界善后章程》规定:"古间岛即光霁峪假江地,向准钟城韩民租种,今仍循旧办理"④,即允许朝鲜边民继续耕种钟城附近的沙洲之地,并向清政府纳租。这里的"假江",据记载指的是图们江水歧出,边民故意在"北岸私掘一沟",使之成为江中之岛,目的是为了模糊其归属,以便耕种土地。⑤ 这片由朝鲜边民开垦的图们江沙洲之地,位于今天我国延边朝鲜族自治州龙井市光昭村附近,这里是间岛名称的最早出处。

问题在于,朝鲜边民不仅开垦了图们江边的沙洲之地,还越过图们江开垦了江北的广大地区,"遂至沿江遍野,无处不垦,而通称间岛"⑥。这是1885年(光绪十一年)朝鲜勘界使李重夏目睹的图们江边的情景,也是间岛的出处名称最早见于史料者。

---

① 李重夏:《乙酉别单》,胶片第8页。
② 吴禄贞:《延吉边务报告》,第125页。
③ 《统监府文书》5,"一二. 電受合綴一・二・三・四",第131、133、134、136条,第413～415页。
④ "中央研究院"近代史研究所编:《清季中日韩关系史料》第9卷,第5952～5953页。
⑤ 吴禄贞:《延吉边务报告》,第125～126页。
⑥ 李重夏:《乙酉别单》,胶片第8页。

甲午中日战争结束以后，朝鲜摆脱了与清朝维持了200多年的宗藩关系，于1897年宣布成立"大韩帝国"。大韩帝国政府趁俄国占领全东北之机，实施间岛扩张政策。1902年派遣李范允为"北垦岛视察使"（后改为管理使），企图从俄国手中接过该地区，纳入韩政府管辖。① 然而针对中方的抗议，韩政府并不敢公开声称图们江以北地区属于自己，这可能是顾虑到之前的两次勘界谈判，双方已达成对图们江边界的共识，因而当中方要求撤走李范允时，韩方借口派遣"保护官"为自己的非法行为辩护。② 后来的日本"统监府派出所"恰恰承袭了这一做法。

值得一提的是，此时韩方的文献明确区分了图们江以北朝鲜人的越垦区和江中小岛，将前者称为"北垦岛"（实则已非岛屿），后者称为"间岛"，即用"间岛"特指江中小岛。③ 然而在以后的历史时期，由于间岛、垦岛在韩语中的发音相同，均被称作"Gando"，所以逐渐混用起来。特别是间岛一词具有"中间之岛""中间之地"的意思，这与后来日本强调的间岛（指图们江以北地区）为无主的中立地，归属未定地，既不属于中国也不属于朝鲜等含义相通，因而被日本广为宣传并最终代替了垦岛一词。④

1904年李范允和他的"私炮队"被清朝"吉强军"赶出图

---

① 有关大韩帝国的间岛政策，详见杨昭全、孙玉梅《中朝边界史》，第369～445页；李花子《明清时期中朝边界史研究》，第157～173页。
② "中央研究院"近代史研究所编：《清季中日韩关系史料》第9卷，第5694～5695、5746～5747、5788、5805、5821页。
③ 参见高丽大学亚细亚问题研究所编：《旧韩国外交文书》第9卷，"清案"2，第639、657页；"中央研究院"近代史研究所编：《清季中日韩关系史料》第9卷，第5693～5694页。
④ 有关日本报纸宣传间岛，参见吴禄贞《延吉边务报告》，第161～162页，转引自杨昭全、孙玉梅：《中朝边界史》，第455页。

们江以北地区，标志着大韩帝国的间岛扩张政策破产。继之而来的是日本的势力。1905年日俄战争结束以后，日本加强了对朝鲜的控制，通过《乙巳保护条约》（又名《第二次日韩协约》）将朝鲜变成了"保护国"，这是朝鲜殖民地化的前奏。为了防止一江之隔的图们江以北地区变成朝鲜反日运动的基地，以及为了牵制俄国，更为了开辟一条向东三省渗透、扩张的新路径，日本将注意力转向该地区。

日本很快发现中朝之间的边界纠纷未决，于是决定利用这一问题，同时借口"保护"朝鲜人进行渗透。由于间岛一词是朝鲜人的新创名，泛指图们江以北地区或者鸭绿江以北地区，所指地理范围相对模糊，日本便着手进行中朝边界和间岛范围的情报搜集活动。

根据日本驻朝鲜军司令部于1905年11月和1906年3月的调查，间岛主要指图们江以北的朝鲜人分布区，其范围，有人认为海兰河（图们江支流）以南是间岛，也有人认为布尔哈通河（图们江支流）以南是间岛。[①] 另据驻朝鲜军调查，当时朝鲜人主要分布在"茂山以东至稳城之间的六百里间，长百里或数十里，广五六十里或二三十里"[②]，即分布在从茂山到稳城之间的图们江以北狭长地带，这个位置恰好是海兰河、布尔哈通河及嘎呀河流经之地。

值得一提的是，日本驻朝鲜军注意到朝鲜人在定义间岛时，

---

① 有关日本驻朝鲜军对间岛范围的调查，详见李花子：《1905—1909年日本调查"间岛"归属问题的内幕》，《近代史研究》2015年第2期，第37~39页。
② 《間島境界調查材料》（1905年11月），日本防衛省防衛研究所藏，陸軍省-日露戦役-M37-6-127/1428，アジア歴史資料センター网，レファレンスコード：C06040131500。

利用了所谓土门、豆满"二江说",即认为土门江和豆满江是两条不同的江,间岛介于其间,属于朝鲜。这里的"土门江"指康熙五十一年(1712年)穆克登定界碑中的"东为土门",认为土门江并不指豆满江(今图们江),而是指与长白山碑、堆相连的松花江上游。① 换言之,朝鲜人认为位于松花江以南、图们江以北的间岛属于朝鲜。对于以上主张,日本驻朝鲜军虽认同海兰河以南或者布尔哈通河以南是间岛,但是并不认同所谓"土门江=松花江",指出这不过是朝鲜人"特有的牵强附会"。因为从中俄两国的领土现状考虑,松花江全领域不可能都成为朝鲜领土。②

为了解决这个难题,日本人和朝鲜人想出的一个办法是将松花江上游的一段截取为"土门江",如将松花江支流五道白河(靠近长白山碑堆)称为"土门江",下游流到哪里则不去管它,再去定义间岛。这个办法最初由朝鲜人提出,如著名学者张志渊在《大韩新地志》中记载如下:"北垦岛,一曰间岛,在白头山东,南接六镇和豆满江,北限土门江,与清国吉林省敦化等县分界,东北与俄领乌苏里浦盐斯德等地为界。"③ 即认为间岛位于长白山以东,介于土门江和豆满江之间。参见该书的附图(图26),"土门江"指与长白山石堆、土堆及干川相连的向北流去

---

① 据笔者实地考察,黑石沟的上游靠近定界碑,下游靠近二道松花江支流五道白河,但黑石沟与五道白河并不相连。据史料记载,黑石沟的东南岸筑有石堆、土堆,其下设有40余韩里的木栅连接到图们江源上,但由于年代久远,木栅早已朽栏难辨,详见李花子《康熙年间中朝边界的标识物——长白山土堆群的新发现》;李花子:《黑石沟土石堆考》。

② 《間島ニ関スル調査概要》(1906年3月),外務省外交史料館藏,《間島ノ版図ニ関シ清韓両国紛議一件》第1卷,アジア歴史資料センター網,レファレンスコード:B03041192800,REEL No.1-0350/0445。

③ 张志渊:《大韩新地志》卷2,首尔,汉阳书馆1907年版,第139页。

的水流，显然它不是豆满江（今图们江），而是指松花江上游。

这个办法后来被日本的"统监府派出所"借用来定义间岛，如将五道白河称为"土门江"，同时将整个二道松花江流域（主要包括后来的安图县）囊括进间岛范围，称为"西间岛"（后改称"东间岛西部"）。

图26 《大韩新地志》之《咸镜北道图》
（张志渊制作于1907年，首尔大学奎章阁收藏）

总之，间岛名称的产生与朝鲜人越境开垦图们江以北地区有关，主要指早期朝鲜垦民分布的海兰河、布尔哈通河及嘎呀河流域，即稳城以西的图们江对岸。我们还发现，稳城以东的珲春不在其中，这是因为早在康熙五十三年（1714年）清朝就在珲春设立了协领，咸丰九年（1859年）升为副都统，即设立了军政机构。因此，早期越境朝鲜人尽量避开珲春，要么向珲春以西移民，要么向东北的俄国沿海州移民。

二、"统监府派出所"界定间岛假定区域及其扩张活动

日本着手界定间岛范围是从建立"统监府派出所"开始的。1907年4月18—29日，按照驻朝鲜统监伊藤博文的指示，统监府御用挂斋藤季治郎和嘱托筱田治策二人，秘密潜入图们江以北地区进行考察。他们用了10天时间，集中考察了朝鲜人聚居的海兰河、布尔哈通河流域，并向统监府提交了《间岛视察报告书》。在这份报告书中，他们提出了"统监府派出所"将要设置的地点和将要管辖的地域范围，后者即间岛范围。[①] 斋藤和筱田二人后来分别被任命为"统监府临时间岛派出所"的所长和总务课长，二人为日本在图们江以北地区渗透扩张，特别是在"间岛问题"谈判中牵制中方，夺取在间岛的特权及东三省利

---

① 篠田治策：《間島問題の回顧》，第4～12页；篠田治策编：《統監府臨時間島派出所紀要》，第47页。

权，发挥了重要作用。

根据该报告书，间岛分为东、西两部分（图27）。东间岛指的是图们江流域，即海兰河、布尔哈通河及嘎呀河流域，主要包括后来的延吉、和龙、汪清等县。西间岛指的是二道松花江流域，即古洞河、富尔河、二道白河、五道白河等地方，主要包括后来的安图县。东、西间岛之间的分界线是老爷岭山脉及其向北、向东延伸的支脉，包括西边的先锋岭、北边的哈尔巴岭（布尔哈通河发源地）等。这个分界线实际上是图们江水系和二道松花江水系的分水岭，也是图们江水系和牡丹江水系的分水岭。这个分水岭至今成为东三省相邻县市的分界线，如和龙市和安图县，安图县和敦化市，汪清县和宁安市（黑龙江），基本以此分水岭为界。再看一下二人界定的西间岛范围，先是沿"土门江"（实指五道白河）向下延伸，顺二道松花江到达与头道松花江汇合处，再连接东北的哈尔巴岭，这个三角形内即是西间岛。可见，西间岛是借助"土门江＝松花江上游"（即错误的土门、豆满"二江说"）来定义的。

以上"统监府派出所"的筹设人员界定的东、西间岛，比起朝鲜人所谓海兰河以南或者布尔哈通河以南是间岛，其范围进一步扩大了：一是向这些河流的发源地或者分水岭扩大；二是借助所谓"土门江＝松花江上流"将二道松花江流域纳入间岛范围，称之为西间岛。之所以有此扩充，当然是为了将来向更广的内地扩充和移民预留空间，同时也是为了开发这里丰富的自然资源。

1907年8月，"间岛派出所"正式设立（设于龙井村）以后，考虑到朝鲜人惯称鸭绿江以北地区为西间岛，于是将东、西

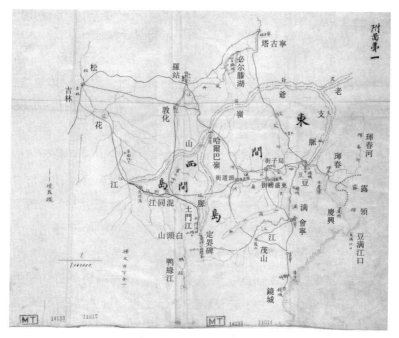

图 27　间岛的范围

资料来源：齊藤季治郎、篠田治策：《間島視察報告書》附図第一，外務省外交史料館藏，《間島ノ版図ニ関シ清韓両国紛議一件》参考書，第 2 卷，MT14133/11014-11015。

间岛分别改称为"东间岛东部"和"东间岛西部"。① 鸭绿江以北地区仍被称作"西间岛"，这反映出日本利用朝鲜人创出的间岛概念准备向鸭绿江以北地区扩张的险恶用心。

为了将间岛假定区域确实纳入日本的势力范围，"间岛派出所"以不足百名的军警力量，借口"保护"朝鲜人加紧进行渗

---

① 高丽大学亚细亚问题研究所编：《旧韩国外交关系附属文书》第 8 卷，"间岛案"，第 83 页。

透活动。如将东间岛东部（图们江以北）划分为四个区：北都所、钟城间岛、会宁间岛、茂山间岛，同时任命亲日派朝鲜人任社长（一名），更分为41社，各置社长一名，又分290村，各置村长一名。① 另在重要地点设立宪兵分遣所，附以朝鲜巡检，以扩张势力范围。1907年8月，"派出所"刚刚设立时，有65名日本宪兵、10名朝鲜巡检，分别设立了新兴坪、局子街、头道沟、湖川浦（后转为下泉坪）、禹迹洞、朝阳川（后转为铜佛寺）、伏沙坪等七个宪兵分遣所。到了1908年5月，日本借口朝鲜反日武装团体（李范允的义兵）向茂山对面进军，增派了60名宪兵，增设了八道沟、杰满洞、东京台等三个分遣所。又过了一年，1909年7月，吉林边务督办吴禄贞与"派出所"强硬对抗，此时"间岛问题"尚在谈判中，双方围绕朝鲜人裁判权的斗争异常激烈。为了迫使中方做出让步，日方增派了96名宪兵，增设了龙岩坪、鹤城、龙潭村、七道沟等四个分遣所。至此，日本的宪兵分遣所达到14个，宪兵数量增至250多名，另有63名朝鲜巡检。②

以上14个日本宪兵分遣所的分布特点为：一是沿会宁到龙井一线密集分布，设有四个分遣所，因为这条线是由朝鲜通往间岛的交通主干道，日本宪兵及其物资均从这里运入间岛，日本预想修筑的吉会铁路（吉林至会宁）也经过这里；二是沿图们江以北沿岸密集分布，设有五个分遣所，因为图们江沿岸与朝鲜一江之隔，一旦间岛有事，可以直接与日本边境守备队联络和呼应；三是沿海兰河、布尔哈通河、朝阳河、依兰河等内地河谷地

---

① 篠田治策编：《統監府臨時間島派出所紀要》，第158～159页。
② 篠田治策编：《統監府臨時間島派出所紀要》，第165～168页。

带分布。不过由于"派出所"的力量有限，加上中方的强硬对抗，其势力尚未到达内地深处，如在嘎呀河流域、二道松花江流域，日方尚未设立宪兵分遣所（图28）。

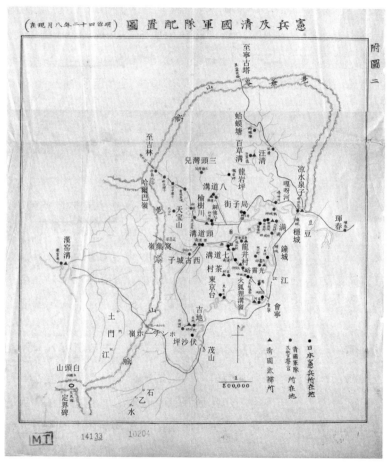

图28　宪兵及清国军队配置（1909年8月）

资料来源：篠田治策编：《統監府臨時間島派出所紀要》附图二，外务省外交史料馆藏，《間島ノ版図ニ関シ清韓両国紛議一件》第17卷，MT14133/10204。

另外,"派出所"的势力更无法染指珲春地区。如前述,珲春很早设有清朝的军政机构,先设协领、后升为副都统,因此早期朝鲜移民尽量避开珲春,要么向西边的海兰河、布尔哈通河流域移民,要么向东边的俄国沿海州移民。考虑到这一点,"派出所"在界定间岛范围时,未将珲春包括进去。另外,根据1905年签订的《东三省事宜条约》,珲春和宁古塔、三姓等已经开放为商埠,所以日本可以合法地在珲春设立领事馆和进行经济渗透。再者,日本设立"派出所"时,借口间岛归属未定,从策略上讲不便将珲春纳入间岛范围。

对于以上"派出所"蚕食中国主权的非法行径,中方进行了坚决抵制和斗争。1907年10月,受东三省总督徐世昌之命,以陈昭常、吴禄贞为首在局子街(延吉)建立了吉林边务公署。针对"派出所"到处设立宪兵分遣所,边务公署以各地的派办处和驻军进行反制,共设立了六道沟、东盛涌、湖川街、马派、头道沟、太拉子、沙器洞、铜佛寺、吉地、八道沟、茶村、百草沟(嘎呀河流域)、凉水泉子(嘎呀河与珲春河之间)、汉窑沟(二道松花江上游)等14个派办处。①

中方派办处和驻军的分布特点为:一是在日方设置分遣所的地方,必有中方的派办处或驻军,目的是监督日本宪兵的非法行径。二是密集分布在沿布尔哈通河、嘎呀河的河谷地带,前者是由间岛通向吉林的交通要路,后者是由间岛通向北满即牡丹江流域的交通要道。三是抢先在"派出所"势力未及的嘎呀河及东边的凉水泉子、二道松花江等地设立派办处或驻军,以扼制

---

① 《统监府文书》9,"四.間島派出所年報",第1条,第79～80页;篠田治策编:《統監府臨時間島派出所紀要》,第242～248页。

"派出所"向这些地区的扩张。

中方的反制措施颇为奏效，挫败了"派出所"在二道松花江流域的扩张企图。该区域（东间岛西部）包括古洞河、富尔河及五道白河、二道白河等河谷地带，即主要是后来的安图县。这里的中国移民比朝鲜移民来得早，大约从1868年开始自山东移民，其后20年即1888年开始朝鲜移民相继到来。① "派出所"的策略是朝鲜人到达哪里，就打着"保护"朝鲜人的旗号，将宪兵分遣所设在哪里。为了扼制"派出所"的扩张势头，中方的边务公署先下手为强，于1907年11月在汉窑沟设立了派办处，掌管此地边务。作为补助机构，在古洞河、富尔河、大沙河、娘娘库、汉窑沟等地设立会房，实行自治管理。各会房有乡约、牌头、练长及数十名武装壮丁，各司其职，保护这里的中国居民。这里的民刑事案件，大事归敦化县管辖，小事归派办处裁决。② 不仅如此，边务公署还反复强调，这里在行政上隶属于敦化县。③

为了不至给"派出所"留下渗透的借口，汉窑沟派办处下令九等墟（古洞河）、娘娘库（松江镇）等地的朝鲜人薙发易服，归入中国籍，在500多户中有400多户同意归服，另有不服的40多户被逐出该地。④ 对此，"派出所"一面向边务公署提出抗议，如指出"土门江以内是所属未定地"，"派出所""具有保护此地韩民之责"⑤；一面派遣铃木、八田等人前往该地准备

---

① 篠田治策编：《統監府臨時間島派出所紀要》，第368～369页。
② 篠田治策编：《統監府臨時間島派出所紀要》，第370～371页。
③ 敦化县设于1882年（光绪八年），归属奉天省吉林府。
④ 外务省编：《日本外交文書》第41卷第1册，"間島問題一件"，第442～445、457～460页；故宫博物院编：《清光绪朝中日交涉史料》第73卷，第13页；篠田治策编：《統監府臨時間島派出所紀要》，360页。
⑤ 外务省编：《日本外交文書》第41卷第1册，第445、459～460页。

设立宪兵分遣所。但由于中方势力过强,加之交通不便,在得不到本国政府支援的情况下,单靠"派出所"现有力量根本无法办到,设立宪兵分遣所的计划受挫。① 可以说,在二道松花江流域的双方对决中,中方的边务公署取得了完胜,这也间接导致日本外务省后来不得不将该区域排除出间岛范围。

三、外务省减缩间岛范围及《间岛协约》中的《朝鲜人杂居区域图》

在"间岛问题"的解决方式上,"间岛派出所"和外务省的考虑有所不同。对于"派出所"来说,只要有朝鲜人居住,就会打着保护的名义,想方设法设立宪兵分遣所,其范围越广越好,甚至妄想把所谓间岛并入朝鲜版图,进而并入日本治下。② 这与"派出所"构成人员以现役军人、宪兵为主分不开。但是外务省作为与中方谈判的担当机构,不得不考虑其可行性,即所界定的间岛范围能否被中方接受,能否作为日本行使特权的区域,以及会不会招来列强的干涉,以致影响日本在东三省的整体利益等。

从表面上看,中日两国有关"间岛问题"的谈判包括两个方面,一是间岛领土归属问题,二是间岛朝鲜人裁判管辖权问题,但是领土归属问题不过是日方牵制中方的砝码而已。早在"派出所"设立不久,外务省即通过内藤湖南等人的文献研究和

---

① 《统监府文书》9,"四、間島派出所年報",第1条,第88页;外务省编:《日本外交文書》第41卷第1册,"間島問題一件",第514页。

② "间岛派出所"的施政方针第一条规定:"虽然间岛所属未定,但是在将来要作为韩国领土,增进帝国(指日本)及韩国臣民的福利。"(篠田治策:《間島問題の回顧》,第34页)

派人实地踏查，了解到由于光绪年间两次勘界时，中朝两国已达成对图们江边界的共识，间岛属于朝鲜（建立在土门、豆满"二江说"基础上）的现实可能性几乎为零。基于这种判断，外务省提出的"间岛问题"谈判策略，就不是要夺取间岛领土权，而是要设立领事馆，夺取对朝鲜人的管辖裁判权和其他利权。因此，外务省界定的间岛范围是利用朝鲜人准备行使特权的范围，这就要考虑朝鲜人的地理分布，中方的管辖力度是否强，以及在谈判中中方能否接受等因素。

1909年2月，日本驻京公使伊集院彦吉在与清外务部尚书梁敦彦进行有关东三省"六案"的谈判时，告知了中方间岛的地理范围：以现有朝鲜人密集地为限，东面以嘎呀河为界，北面沿老爷岭，西面沿老岭（今先锋岭）到定界碑为止。① 显然，这个范围比起前述"派出所"提出的间岛假定区域变小了，除了二道松花江流域被排除出间岛以外，东部界线也由老爷岭支脉②退至西边的嘎呀河。对其原因分析如下：

第一，二道松花江流域被排除出间岛范围，如前述，除了那里朝鲜人少，大部分已归化入籍，在行政上隶属于敦化县，边务公署设了派办处，日本不容易插手等原因以外，还有一个重要原因是，日方准备承认中朝两国以图们江为界，意味着将放弃错误的土门、豆满"二江说"。如前及，二道松花江流域被纳入间岛范围是依据错误的"土门江＝松花江上流"，尽管外务省早已认识到所谓土门、豆满"二江说"是错误的，但是为了在谈判中

---

① 外務省編：《日本外交文書》第42卷第1册，"満洲に関する日清協約締結一件"，第240页。
② "间岛派出所"界定的间岛假定区域，其东部界线为珲春河与嘎呀河的分水岭，位于嘎呀河以东（篠田治策編：《統監府臨時間島派出所紀要》，第47页）。

用作筹码，特别是以承认间岛属于中国作为谈判条件，获取在间岛的特权和东三省的利权，因而牵制性地利用了"二江说"。①然而到了与中方正式签订《间岛协约》时，外务省不得不放弃"二江说"，自然地，基于错误的"二江说"的二道松花江流域也被排除出间岛范围。日方不但在《间岛协约》中承认中朝两国以图们江为界，还在该约的附图即《朝鲜人杂居区域图》（又叫《间岛图》，图29）② 中加以体现。图29中，中朝界河明确标为中方惯称的"图们江"，既没有标"土门江"也没有标"豆满江"，可见日方淡化或者说抛弃了土门、豆满"二江说"。

第二，间岛的东部界线，从"派出所"界定的老爷岭支脉退至西边的嘎呀河，这与其说日本势力后退了，不如说向嘎呀河流域前进了。从"派出所"的活动范围看，其足迹已经到达嘎呀河及东边的凉水泉子，曾经派宪兵到这里调查垦民户口，准备设立宪兵分遣所。但是由于中方边务公署的抵制，特别是中方先下手为强设置了派办处和驻扎了军队，"派出所"的企图受挫。③然而双方代表在北京进行的"间岛问题"谈判中，由于日方的坚持和拿其他利益做交易，中方不得不同意开放百草沟（嘎呀河流域）为商埠。④ 如此一来，"派出所"在当地未得之利益，

---

① 有关日本外务省牵制性地利用"二江说"，详见李花子《1905—1909年日本调查"间岛"归属问题的内幕》，《近代史研究》2015年第2期。

② 在图们江以北划出朝鲜人与中国人的杂居区，这是由日本驻京公使林权助提出的。1907年12月18日，他在致外务大臣的电报中提出此建议。参见外务省编：《日本外交文书》第40卷第2册，"間島問題一件"，第188页。

③ 1908年7月，"间岛派出所"准备增设百草沟、八道沟、杰满洞、东京台等四个宪兵分遣所，但由于中方的抵制只设了三个，百草沟未能设立分遣所。参见高丽大学亚细亚问题研究所编《旧韩国外交关系附属文书》第8卷，"间岛案"，第82、114页。

④ 有关"间岛问题"谈判时，双方交换利益，详见李花子《中日"间岛问题"和东三省"五案"的谈判详析》。

驻京公使通过谈判获得，间岛的东部界线相应划在了嘎呀河上。日方借助开放百草沟，将其势力渗透到了嘎呀河流域。由于其东边的珲春已经开放为商埠，间岛和珲春实际上连成了一片，嘎呀河作为间岛东部界线的意义不大了。

根据中日签订的《间岛协约》，在间岛范围内（延吉、和龙、汪清三县，参见图29）允许朝鲜人和中国人一起杂居，拥有土地、房屋及财产权，这个范围被称作朝鲜人杂居区。在杂居区内，朝鲜人的管辖裁判权归中方，不过，日本领事具有到庭立会、重大案件知照权及要求复审权等。由于中方的坚决反对和斗争，日本未能获得杂居区朝鲜人的领事裁判权，而是被限定在了四处商埠（龙井村、局子街、头道沟和百草沟）内。尽管如此，日本仍达到了在图们江以北地区设立领事馆的目的，还在领事馆内配备了警察，这就为日本监督和镇压延边地区的朝鲜反日运动，以及利用朝鲜人搞各种渗透活动打下了基础。①

如上，日本之所以极力争夺对间岛朝鲜人的领事裁判权，除了利用朝鲜人向这一地区渗透扩张以外，还有一个重要目的是获得对朝鲜人的管控权，从而扑灭有可能在那里燃起的朝鲜反日运动，以巩固对朝鲜的殖民统治。如果考虑在《间岛协约》签订的第二年即1910年日本将朝鲜变成了殖民地，那么日本通过《间岛协约》获得设立领事馆和分馆的权力，其目的正如一些学者所指出的，是打着"保护"朝鲜人的名义，达到了通过领事馆监管朝鲜反日活动的目的，可以说这是日本为将朝鲜变成殖民

---

① 有关日本在东三省设立的领事馆警察机构，详见李洪锡：《日本驻中国东北地区领事馆警察机构研究——以对东北地区朝鲜民族统治为中心》，延边大学出版社2008年。

地而进行的一次准备工作。① 那么，间岛地理范围的界定，则是为日本的这一准备工作提供了地理空间。

虽然在《间岛协约》签订时珲春不在其中，但是由于珲春所处战略地位重要，介于中朝俄三国交界处，日本很快着手设立领事馆。1910年日本将朝鲜变成了殖民地，为了防止处于三国交界处的珲春成为朝鲜反日运动基地，日本提出根据《东三省事宜条约》在珲春设立领事馆。同年4月，中方同意在珲春设立间岛领事馆出张所，12月升格为间岛领事馆分馆。② 从此，珲春实际上纳入了间岛范围。正因为如此，后世人们谈起间岛时，往往会将延吉、和龙、汪清、珲春四县包括进去，或者将间岛和珲春并称为"间珲"地区。《间岛协约》所规定的朝鲜人杂居区，对后来延边地区行政建制产生了影响。③

---

① 李盛焕：《近代東アジアの政治力—間島をめぐる日中朝関係の史的展開—》，第93页。

② 外务省编：《日本外交文书》第44卷第2册，236～267页，转引自李盛焕《近代東アジアの政治力学—間島をめぐる日中朝関係の史学的展開—》，第95～96页。

③ 1909年《间岛协约》签订以后，中方加快了在延边建制的步伐。同年珲春副都统改为珲春厅，延吉厅改为延吉府，东南路分巡兵备道先设于珲春，后转至延吉。同时设立了汪清县、和龙县，均隶属于东南路道。第二年，还设立了安图县（松江镇），但不属于延吉府，而是隶属于奉天省长白府。1912年中华民国建立以后，第二年改延吉府为延吉县，珲春厅为珲春县，均隶属于延吉道，延吉设有道尹公署。至此，以延吉为中心的行政设施渐趋完备。1931年日本发动九一八事变以后，在东北地区扶植和建立了伪满洲国。1934年12月，日本在延边地区设置了"间岛省"，包括延吉、和龙、汪清、珲春、安图等五县，延吉成为间岛省省会。1943年4月1日，延吉县升格为"间岛市"，成为间岛省直辖市。延吉火车站改称"间岛"站。1952年在延吉成立了"延边朝鲜族自治区"，1955年改为"自治州"。延边朝鲜族自治州除了延吉、和龙、汪清、珲春、安图以外，1958年又将敦化县包括进来，形成了现今包括六市二县（延吉、图们、敦化、龙井、珲春、和龙、汪清、安图）的地级行政建置（参见吉林省延吉市地方志编纂委员会编：《延吉市志》，新华出版社1994年，第1～60页）。

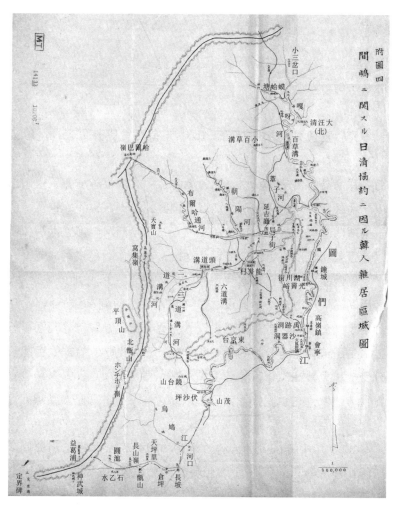

图29 《朝鲜人杂居区域图》

外务省外交史料馆藏,《间岛ノ版图ニ関シ清韩両国纷议一件》第17卷,MT14133/10206。

四、小　结

受"己庚大灾"的影响，1877年朝鲜贫民开垦了钟城附近（中国光霁峪）的图们江沙洲之地，称之为间岛或垦岛，这是间岛名称的最初由来。其后，随着朝鲜边民大规模越境开垦图们江以北地区，以及移居到鸭绿江以北地区，这一名称随之扩展。由于早期朝鲜垦民主要分布在海兰河、布尔哈通河的河谷地带，所以这两条河流以南、图们江以北地区，被视作间岛或垦岛范围。

日俄战争以后，日本利用朝鲜人向图们江以北地区渗透时，借用间岛地理概念，不但设立了"统监府临时间岛派出所"，还界定了间岛假定区域，并通过设立宪兵分遣所扩张势力范围。不过，由于吉林边务公署的牵制和斗争，"派出所"的扩张企图部分受挫，尤其在二道松花江流域（东间岛西部），日方未能设立宪兵分遣所，这也间接影响了日本外务省不得不调整和减缩间岛范围。

1909年中日《间岛协约》规定的朝鲜人杂居区范围即间岛范围，基本涵盖了图们江以北朝鲜人分布区（延吉、和龙、汪清三县），日方通过谈判基本确保了"派出所"在当地扩充的势力范围。在嘎呀河流域则有意外的收获，驻北京公使通过谈判促成百草沟开放为商埠，弥补了"派出所"在当地的渗透失败。另外，二道松花江流域（东间岛西部）被排除出间岛范围，一方面与中方的边务公署与之斗争有关，另一方面与外务省承认以图们江为界，从而抛弃错误的土门、豆满"二江说"也有关系。

总之，"间岛"一词是在朝鲜垦民中自然形成的地理概念，是对图们江、鸭绿江以北地区的泛称。随着日本势力的介入，特别是日本利用朝鲜越境垦民进行渗透和扩张，欲将不平等的领事裁判权强加给中国，将间岛作为保障其特殊利益的势力范围，间岛概念暗藏着日本侵略的企图。正因为如此，中国历届政府都拒绝或者说禁止间岛概念的使用和流布，将日方所称的《间岛协约》称为《图们江中韩界务条款》，间岛地域名称也用"延边"一词来代替，延边即延吉边务公署的简称。

中韩两国研究"间岛问题"的思路及存在的问题

中国有识之士关注和研究"间岛问题",始于1907—1909年中日两国进行相关谈判时。最具代表性的包括吴禄贞的《延吉边务报告》(1907年)、宋教仁的《间岛问题》(1908年)、匡熙民的《延吉厅领土问题之解决》(1909年)等。"间岛问题"关系到中国的领土主权,因而牵动每一个爱国之士的神经,与反日爱国主义紧密联系在一起。

韩国学者研究"间岛问题"是在1945年朝鲜半岛独立以后。由于日本介入这一问题,特别是通过1905年《乙巳保护条约》剥夺朝鲜外交权以后,于1909年同中国签订了《间岛协约》,并承认中韩两国以图们江为界,即承认间岛归属中国,所以对于韩国而言,间岛与日本殖民统治的痛史联系在一起,与"被害意识"和民族主义联系在一起。

一、韩国学界的研究思路

韩国学者研究"间岛问题"是从20世纪50年代开始的。学者们分别从历史、国际政治、国际法等不同角度探讨这一问题,取得了丰硕的成果。然而我们在有感于这些研究成果的同时，不能不正视其存在的问题。特别是当间岛研究与韩国的民族主义，以及受到日本殖民统治的痛史联系在一起，为"被害意识"所左右的时候，其研究所表现的主观性往往掩盖了客观性。

韩国学者有关间岛领土权的思路和观点可以归纳为以下几点：其一，清代柳条边和鸭、图二江之间的空旷地为"无主地"或者"中间地带"，即是归属未定区，既不属于中国，也不属于朝鲜。其二，康熙五十一年（1712年，朝鲜肃宗三十八年）清朝派乌喇总管穆克登到长白山定界，立碑于天池东南十余里的分水岭上，碑文记载"西为鸭绿，东为土门"，确定以鸭绿江、"土门江"为界。这里的"土门"指松花江上游，而不是指豆满江（今图们江）。那么，位于松花江以南、图们江以北的间岛地区属于朝鲜。其三，1869—1870年朝鲜发生前所未有的自然灾害，朝鲜边民纷纷越过图们江开垦江北土地，特别是以1880年"庚辰开拓"为契机，掀起移居图们江以北地区的浪潮，由此引发中朝两国围绕间岛归属权的纷争。1885年、1887年中朝两国派代表进行两次共同勘界。在谈判过程中，朝方主张土门、豆满为二江，朝鲜边民开垦的土门以南、豆满以北的间岛属于朝鲜；中方则坚持土门、豆满是同一条江，只不过两国的发音不同。1887年第二次勘界时，朝方代表李重夏之所以放弃土门、豆满为二江的主张，这是迫于清朝的政治压力。总之，经过两次勘界，双方未能解决土门、豆满是一江还是二江的问题，谈判最后以失败告终。其四，大韩帝国（1897年成立）时期派遣李范允为"北垦岛管理使"，虽然时间短暂，却对间岛地区实施了有效的管理和统治，不但调查朝鲜人户口，编制户口册，进行收税，还建立"私炮队"来保护朝鲜人。其五，日俄战争以后，1907年日本开始介入"间岛问题"，试图将朝鲜人占据了大部分地域的间岛作为侵略中国东北和实行大陆政策的前哨基地，在间岛的龙井村设立了"统监府临时间岛派出所"。两年以后，日本与中国签订了《间岛协约》，承认中朝两国以图们江为界，其江源地方从定界碑至石乙水为界。其结果，日本以牺牲本属于朝鲜的间岛领土权作为代价，换取了包括抚顺、烟台煤矿开采权等在内的东三省"五案"的利权。正如1905年日本强迫朝鲜签订的《乙巳保护条约》属于非法和无效一样，1909年日本剥夺朝鲜外交权以后签订的《间岛协约》也是无效的。换言之，间岛领土权归属朝鲜。

将以上韩国学者研究"间岛问题"的思路归纳起来，可以概括为以下内容：间岛本属于无主地，或者说归属未定区，1712年穆克登定界时，碑文记载"西为鸭绿，东为土门"，确定"土门"以南、豆满（今图们江）以北的间岛属于朝鲜。1880以后朝鲜人越过图们江开垦间岛地区，1903—1904年朝鲜派官管理这一地区，并实行了有效的统治。然而1909年日本通过《间岛协约》牺牲了本属于朝鲜的间岛领土权。正如1905年日本强迫朝鲜签订的《乙巳保护条约》无效一样，1909年中日两国签订的《间岛协约》也是无效的，间岛领土权归属朝鲜。

韩国学者有关间岛领土权的前述主张，无法说明以下事实或证据，因而是站不住脚的。

第一，柳条边至鸭、图二江之间是否为无主地，在清代是否归属不明。如果是这样，那么为何从清初至晚清光绪年间一直实行禁江政策，禁止朝鲜人越过鸭绿江、图们江，违者一概以"犯越"罪论处？

第二，1712年穆克登定界的碑文记载"东为土门"是否指松花江上游，土门、豆满是否为两条不同的江。如果是这样，那么1712年朝鲜制定的"差官接待事宜别单"为何明记土门、豆满是同一条江①？

第三，1887年第二次勘界时，朝方承认土门、豆满是同一条江，即承认中朝两国以土门江即豆满江（今图们江）为界，但是韩国学者要么对这一事实视而不见，要么主张朝方代表李重夏迫于中方的压力，才不得不让步于豆满江（今图们江）界线。②然而仔细研读史料的话不难发现，在第二次勘界时朝方之所以放弃土门、豆满为二江的主张，主要是因为在第一次勘界时，李重夏在图们江上游红土山水发现了堆标遗迹，所以他认识到土门、豆满实为一江，碑文中的"东为土门"指豆满江（今图们江）。他把这一事实通过秘密报告书（《追后别单》）报告给了朝鲜政府。③

第四，1902—1904年大韩帝国派遣李范允为"北垦岛管理使"，此时韩国外部致中方的照会只字未提间岛所有权，而只是仿效西方国家在国外派驻领事的做法，以保护韩民生命、财产为口实，企图派官管理间岛。④另外，当李范允要求派军队保护间岛韩民时，韩政府并未答应他的要求，使得李范允不得不自行组建"私炮队"以行使保护之责。其原因，除了担心清朝的反对

---

① 《备边司誊录》第64册，肃宗三十八年三月五日。

② 1887年第二次勘界时，李重夏迫于中方的压力，抛弃土门江界而让步于豆满江界的观点，出自曾任"统监府临时间岛派出所"总务课长的筱田治策。他还指出，当时韩国政府并没有想让步于豆满江，这完全出于李重夏的个人独断。参见篠田治策编：《统监府临时间岛派出所纪要》，第24页。

③ 李重夏：《追后别单》，胶片第10～11页。

④ 在大韩帝国外部致清朝的照会中，并未提及土门、豆满为二江或者间岛属于朝鲜，只是提出为了保护朝鲜人的生命、财产安全，向间岛地区派驻管理使。参见李花子：《大韩帝国时期（公元1897—1910年）的疆域观与间岛政策的出台》，第493页。

和列强的干涉以外,是否还有主张间岛领土权理由不够充分的因素?对于此韩国学者尚未做出令人信服的回答。

第五,1907—1909年中日进行"间岛问题"谈判时,日本由最初主张间岛属于无主地或归属未定地,到后来经过实地踏查和文献研究,认识到图们江是中朝边界,未定部分只是图们江上游以哪一条支流为界,从而得出间岛属韩的证据薄弱的结论。这一点在韩国学者的研究中往往被忽略,他们只顾强调日本牺牲了本属于朝鲜的间岛领土权。

晚近的一些韩国学者逐渐摆脱过去的研究思路,从客观的历史事实出发,探究历史真面貌。姜锡和在《朝鲜后期咸镜道与北方领土意识》(经世苑,2000年)中指出,1712年定界时穆克登确定的水源就是土门江即豆满江,当时朝鲜认识到土门江和豆满江是同一条江;后来(18世纪中期以后)朝鲜提出土门江和豆满江是两条不同的江,这与朝鲜北部开发引起的北方领土认识的变化有关。这种观点在韩国学界以往的研究中绝无仅有,表现出新一代学者的客观精神和探索的勇气。

还有一些学者撰文论述清朝在柳条边外实施的卡伦(边卡)制度和统巡制,以及和朝鲜一起实施的会哨制,① 这可以说是清朝对东边外地区(柳条边外的鸭绿江以北地区)实施有效管理的有力证据。

还有一些学者对大韩帝国时期推行的间岛政策提出了独到的见解。如殷丁泰撰文指出,1887年第二次勘界时朝方承认土门、豆满是同一条江,亦即承认图们江是中朝边界,然而数年以后派

---

① 丘凡真:《19世纪盛京东边外山场管理与朝、清公同会哨》,东北亚历史财团编:《近代边境的形成与边境民的生活》,2009年。

遣李范允为"北垦岛管理使",这表现出大韩帝国政府推行"殖民化"政策及帝国主义属性的一面。①

黄铭浚的《间岛领有权问题的国际法分析》(首尔大学硕士学位论文,2005年)从国际法的角度分析了1909年《间岛协约》和1964年《中朝边界议定书》的有效与否。他得出的结论是,自从渤海国灭亡以后,韩民族从未统治过图们江以北地区,因此即使《间岛协约》第一条(规定图们江为中朝边界)无效成立,而国际法中所谓"历史权原(historical title)"的依据,即间岛属于朝鲜的历史依据仍十分薄弱。他还指出,作为国际法上承认的主权国家朝鲜(指朝鲜民主主义人民共和国)和中国之间于1964年签订的《中朝边界议定书》(规定以鸭绿江、图们江、长白山天池为界)是有效的国际条约,因此即使《间岛协约》第一条无效成立,仍不能否定中朝两国以图们江为界,即间岛无法回归朝鲜。

还有一些学者从东亚国际政治的角度,探讨"间岛问题"的产生及其演变过程。李盛焕在《近代东亚的政治力学——以间岛为中心的日中朝关系史的展开》(锦正社,1991年)中指出,1910年以后虽然作为国家主体的朝鲜灭亡了,但是作为民族主体的韩民族依然存在,中日韩三个民族在间岛展开了力的角逐。特别是占间岛总人口80%以上的韩民族,由于其具有反日倾向,使间岛成为朝鲜独立运动的重要基地,从而衍生出中日两国围绕间岛朝鲜人管辖权的斗争,中日两国的间岛政策随之发生变化。白荣勋在《东亚政治外交史研究——〈间岛协约〉和裁判管辖权》(大阪经济法科大学出版部,2005年)中,集中探

---

① 殷丁泰:《大韩帝国时期"间岛问题"的演变过程及"殖民化"》。

讨了中日两国围绕商埠地、杂居地朝鲜人裁判管辖权的角逐和斗争。

二、中国学者的研究思路和主要观点

中国有识之士关注和研究间岛,与中日两国进行的"间岛问题"谈判同步进行。日俄战争以后,日本开始介入"间岛问题",特别是利用移居此地的朝鲜人试图侵占中国领土,所以"间岛问题"始终和爱国主义、维护国家领土主权联系在一起。

吴禄贞的《延吉边务报告》是受东三省总督徐世昌之命,亲身踏查长白山及中朝边境地区以后撰写的,记述了间岛名称的由来,间岛的历史、地理,长白山地区的山水形势,朝鲜人越垦图们江以北地区的历史,以及日本人经营间岛的理由和政策等,用大量的事实证明图们江以北地区属于中国,为对日交涉提供了有力的证据。

宋教仁的《间岛问题》(1908年)和匡熙民的《延吉厅领土问题之解决》(1909年),则是从国际法和国际政治的角度,分析了"间岛问题"的产生,以及如何利用西方列强之间的相互牵制和矛盾关系,来维护间岛的领土主权。

1949年中华人民共和国成立以后,间岛研究走过了一段低潮期。特别是十年"文革"期间,由于该主题的敏感性,几乎无人问津。改革开放以后,随着中国总体学术环境趋向活跃,间岛研究也迈出了新步伐。1993年杨昭全、孙玉梅所著《中朝边界史》(吉林文史出版社出版)是该领域研究的力作。该书用大量丰富的资料，论述了从远古时代到近现代中朝边界的沿革史，清代部分所占比重尤其大。在出版此书的第二年，二人又合编了配套的史料集《中朝边界沿革及界务交涉史料汇编》（吉林文史出版社1994年版），为该领域研究做出了突出贡献。

我国台湾学者张存武的研究要早于大陆学者。他于20世纪70年代初撰写的两篇论文《清代中韩边务问题探源》（《"中央研究院"近代史研究所集刊》第2期，1971年）和《清韩陆防政策及其实施——清季中韩界务纠纷的再解释》（《"中央研究院"近代史研究所集刊》第3期，1972年），实为该领域研究的开山之作。他利用中韩双方史料，论述了清代中韩边界纠纷缘起的过程，特别对康熙五十一年穆克登定界和光绪十一年、十三年两次勘界的过程，都进行了详细的论述。他特别指出，鸭、图二江以北地区长期保持无人地带，这既是清朝实行封禁政策的结果，同时也是朝鲜为防备清朝而实行陆防政策的结果，称之为"瓯脱政策"①。这两篇论文对大陆学者的相关研究产生了重要影响，其观点为多数学者所吸收和利用。

中国学者研究"间岛问题"的思路和观点，可以概括为以下几点：其一，间岛自古以来属于中国领土，自明初中朝两国就以鸭绿江、图们江为界，清代仍沿袭此边界线。② 其二，清代柳条边至鸭、图二江之间保持"无人地带"，这是清朝为保护发祥地而实行封禁政策的结果，同时也是朝鲜实行"片面瓯脱"的陆防政策的结果。其三，1712年清朝派乌喇总管穆克登踏查长

---

① "片面瓯脱"政策指单单空出中方边境一侧领土，而不空出朝方边境一侧领土，参见张存武：《清韩陆防政策及其实施——清季中韩界务纠纷的再解释》，第497～517页。

② 杨昭全、孙玉梅：《中朝边界史》，第139、193页。

白山，立碑于鸭、图二江发源的分水岭上，碑文记载"西为鸭绿，东为土门"，这里的"土门"指豆满江（今图们江），土门、豆满是同一条江，只不过两国的发音不同。此次由于朝方的诱导，中方丧失了不少领土，本属于中国的长白山以南领土划归朝鲜。① 有关穆克登的踏查是中朝两国的定界，还是清朝单方面的查边，中国学者存在两种不同意见：一种观点认为这是中朝两国的定界，称此碑为"定界碑"；另一种观点认为这是清朝单方面的查边，并指位于天池东南十余里的碑为"查边碑"或者"巡视碑"。② 中国学者对于碑的最初位置也存在争议：一种观点认为碑一开始就立在长白山天池东南边；另一种观点认为碑址原来在小白山顶，后来朝鲜人意在扩地，将碑从小白山顶暗移至长白山天池附近。其四，1885年第一次勘界时朝方指出土门、豆满为二江，但是经过此次勘界，朝方认识到这是错误的，因而在1887年第二次勘界时朝方不再提土门、豆满为二江，双方争论的焦点集中在图们江上游以哪一条支流为界。中方要求以石乙水为界，朝方要求以红土山水为界。双方虽然在红土山水、石乙水合流处以下沿图们江干流划界问题上达成一致，但是在合流处以上仍存在分歧，谈判最后以失败告终。其五，1902—1904年大韩帝国时期派遣李范允为"北垦岛管理使"，这是趁俄国占领东北之机，借俄国之势侵略中国领土。③ 其六，1907—1909年中

---

① 张存武、杨昭全等认为1712年定界时，中方丧失了长白山以南大片领土。详见张存武：《清代中韩边务问题探源》，第492～497页；杨昭全、孙玉梅：《中朝边界史》，第193～196页。

② 徐德源：《穆克登碑的性质及其凿立地点与位移述考——近世中朝边界争议的焦点》；王崇时：《19世纪前中朝东段边界的变迁》，《中朝边界研究文集》，吉林省社会科学院1998年。

③ 杨昭全、孙玉梅：《中朝边界史》，第409页。

日两国经过长达两年的外交谈判签订了《间岛协约》，由于中朝两国自古以图们江为界的证据充分，加之延吉厅为维护领土主权进行坚决的抗击，最后日本不得不承认中朝两国以图们江为界。以此为谈判筹码，日本获得了抚顺、烟台煤矿开采权等东三省"五案"的利权。然而"图们江本为中朝界河，图们江北本为中国领土"。日本还通过该协约在间岛开辟商埠地、开设领事馆，这为日本利用这些据点扩大侵略东北，打开了方便之门。① 还有一些学者认为《间岛协约》是不平等条约。②

以上中国学者有关"间岛问题"的研究思路，其出发点是间岛本属于中国领土，中朝两国自明初以来以图们江为界。而"间岛问题"之所以产生，主要是因为1880年以后朝鲜人大规模越境开垦图们江以北地区，以及其后朝鲜丧失国家主权，而日本将侵略触角伸向与朝鲜一江之隔的间岛所致。中国学者的以上研究思路和观点，基本符合中朝边界的沿革历史，但是仍发现有未尽之处和需要进一步深入探究的地方。

除了有关间岛领土归属权的研究以外，还有关于间岛朝鲜人管辖权的研究。姜龙范的专著《近代中朝日三国对朝鲜人的政策研究》（黑龙江朝鲜民族出版社2000年版），是继韩国学者李盛焕之后，研究间岛朝鲜人管辖权的力作。他指出，由于日本介入"间岛问题"，特别是打着"保护"朝鲜人的旗号，行向间岛地区渗透、扩张之实，因此间岛朝鲜人长期生活在中日纷争的夹缝中，使他们受到中国地方政府和日本帝国主义的双重压迫、双重裁判，处境十分糟糕。③

---

① 杨昭全、孙玉梅：《中朝边界史》，第520～521页。
② 姜龙范：《近代中朝日三国对间岛朝鲜人的政策研究》，第158页。
③ 姜龙范：《近代中朝日三国对间岛朝鲜人的政策研究》，第295页。

三、小 结

"间岛问题"既是中朝两国围绕图们江以北领土归属权的争议问题，同时由于近代日本的介入，特别是日本以保护朝鲜人的名义向这一地区渗透和扩张，因此又是中日两国围绕间岛朝鲜人管辖权的纷争问题。

韩国学者有关间岛领土归属权的观点，基本上受到"被害意识"所扰，他们只顾痛心于1909年日本通过《间岛协约》牺牲了间岛的领土权，而对于之前间岛是否确属于朝鲜，以及清代200多年中朝两国的边界现状，特别是康熙五十一年穆克登定界和光绪两次勘界的诸多事实，要么视而不见，要么出现偏颇。最突出的就是不承认1712年穆克登定界的水源是图们江，以及1887年第二次勘界时朝方承认以图们江为界，只差在图们江上游的红土山水、石乙水合流处以上未达成协议的事实。

1945年解放以后，韩国学者的观点主要是受到曾经担任"统监府临时间岛派出所"总务课长的筱田治策的影响。筱田治策作为国际法学者，其思路是如何从国际法的角度证明间岛属于朝鲜。他编写的《统监府临时间岛派出所纪要》（大藏省纂现行法集出版所1910年版）和《白头山定界碑》（乐浪书院1938年版），实用主义色彩十分明显，套用国际法的"中间地带""无主地"和先占理论等，力图证明图们江以北的间岛属于朝鲜。对于筱田治策来说，比起搞清楚土门、豆满是否是同一条江，以及1712年定界的水是否是豆满江（今图们江）这个事实,更重要的是利用黑石沟的土石堆指向松花江上游这一现象,来证明碑文中的"东为土门"指松花江上游而不是指豆满江(今图们江),也就可以证明位于其中间的间岛属于朝鲜。

近年来越来越多的韩国学者本着客观求实的态度,摒弃研究中的民族主义和"被害意识",通过史料公正说话,对康熙五十一年穆克登定界、光绪两次勘界及大韩帝国的间岛政策等,做出了客观的评价。还有一些学者结合国际法知识,探讨1909年的《间岛协约》及1964年的《中朝边界议定书》是否有效,提供了崭新的研究视角,扩展了研究思路。

中国学者的研究思路和观点,基本符合中朝边界的历史事实,但是由于受到史料的限制,如利用后世光绪勘界资料来说明前代康熙年间的定界事实,或者只利用中方单方面史料,而不能综合利用中日韩三国史料,或者受其他主观因素的影响,在研究中也存在错误和偏颇,最突出的就是定界碑从小白山顶被暗移至天池边的所谓"移碑说";虽然有程度的深浅不同,但实际上也是主观片面性的表现。所以在中朝边界史研究中,中韩两国学者都应克服从自己单方面利益出发的主观片面性,而应着眼于客观历史事实来探求历史真实,这才是史学工作者的本分和职责。

第四编
长白山踏查记

中朝边界踏查记
——长白山土堆群的新发现

一、定界碑与黑石沟小史

近几年笔者一直在潜心研究康熙五十一年穆克登定界的史实。由于史料记载不甚明确，加上穆克登所经历的一座座山、一道道山沟或者一条条小溪，有的并没有留下确切名称，所以辨别起来有些困难。

为了搞清楚历史事实，不但要研读史料，还要进行实地踏查。笔者从2008年开始多次前往长白山和图们江发源地进行考察。有幸的是，穆克登定界的标识物历经300年依然存在于长白山地区。笔者不仅考察了中国境内的黑石沟，还经由朝鲜登上了长白山天池东坡，确认了位于天池东南麓约4公里的立碑处，以及考察了那里的黑石沟。

2012年正值穆克登定界300周年，在5月底6月初，笔者在图们江发源地进行考察时，有幸发现了那里的土堆群。其位置在黑石沟和红土山水之间，长度约2.5公里。通过文献记载可以了解到，康熙五十一年穆克登确定以红土山水为界，同时按照他的要求，将黑石沟和红土山水用堆栅连接起来。尤其从黑石沟的沟尾到红土山水之间存在40余韩里的木栅和土堆，其中只有五六韩里是土墩。在图们江发源地附近新发现土堆群，这是非常重要的，可以和史料记载相对应，成为支持笔者主张的有力证据。

黑石沟是笔者考察的另一个重点。这条沟的名称是刘建封在1908年起的，他看到沟子里有很多黑石就起了这个名字。[1] 而此前的1885年、1887年勘界时记载，这条沟则被称作"黄花松沟子"，是因为沟子里有很多黄花松树（落叶松），朝鲜称之为"伊嘎力盖（이깔이개）"，意思是"有落叶松的小溪"。[2]

有关黑石沟东南岸的土石堆，中韩日三国史料均有记载。如1885年、1887年两次勘界时，记载双方勘界人员在其东南岸发现了180多个石堆、土堆。[3] 稍后1907年吴禄贞踏查时，记载有石堆数十个、土堆百余个。[4] 第二年刘建封踏查时，记载"南岸上游垒有石堆若干，下游积有土堆若干，沟长四十六里，至黄花松甸，即平衍无踪"[5]。

1907年日本参谋本部的测量手考察时，记载在间隔20～100米的不定位置上，发现有高3尺、面积1坪左右的圆石垒成的石堆。[6] 但不知为什么，日本人并没有记载石堆下面绵延数十华里的土堆。如果到现场考察就不难发现这些土堆，但他们却没有记载，或许是故意漏掉亦未可知。因为据笔者考察，图们江发源地附近也有土堆分布，而这正是中朝两国以图们江为界的标志。日本人正准备染指图们江以北的间岛地区，土堆连接到图们江发源地的事实显然不利于日本主张间岛属于朝鲜，更会使其丧

---

[1] 刘建封：《长白山江岗志略》，第344～345页。
[2] 李重夏：《光绪十一年十一月初八日照复》。
[3] 李重夏：《光绪十一年十一月初八日照复》。
[4] 吴禄贞：《延吉边务报告》，第73～75页。
[5] 刘建封：《长白山江岗志略》，第344～345页。
[6] 参见日本外务省外交史料馆藏图，MT14133。

失染指这一地区的借口。

1909年中日两国签订了《间岛协约》,规定"中韩两国以图们江为界,其江源地方,自定界碑起至石乙水为界"。根据这项协定,定界碑仍然是两国边界的重要标志,然而黑石沟不再是两国边界了。到了1931年九一八事变前,位于天池东南麓的碑被日本国境守备队毁掉,至今下落不明。①

1949年中华人民共和国成立以后,为了解决历史遗留的边界问题,中朝两国进行了边界谈判。1957年中朝两国对长白山地区进行测绘,既有中方单独的测绘,也有与朝方的联合测绘。这一年的8—9月,由吉林省派出的一个勘查团在长白山地区勘查时,"于天池东南方约5公里,西接大旱河、东邻黑石沟的地方发现清康熙五十一年(1712年)乌拉总管穆克登奉旨查边时所立碑的碑座1个"。不仅如此,他们还发现了黑石沟东南岸的石堆、土堆,即"石堆高约1米,长约2米,宽约1米,其状有方有圆,堆距约30至50米。土堆呈圆形,高约1.5米,周约24米,系黄砂土与碎石混合构成,堆距约100米"②。这说明直到20世纪50年代,定界碑的底座仍存在于天池东南边,黑石沟东南岸仍有石堆、土堆的遗迹。

笔者于2012—2015年夏天,几次经由朝鲜登上了天池东坡。在天池最高峰将军峰(又称白头峰)东南约4公里的停车场前,发现了穆克登立的碑址(图30)。在定界碑丢失以后,朝方为了保存遗址,在原地立了一块白色的石碑,底座似乎是当年的。2005年韩国高句丽研究财团的人员在登览天池时发现了这

---

① 篠田治策:《白頭山定界碑》自序。
② 《中国测绘史》编辑委员会编:《中国测绘史》第3卷,测绘出版社2002年,第617~618页。

块石碑，他们拍回的照片为笔者确认碑址提供了帮助。

图 30　穆克登碑址（天池东南约 4 公里）

从立碑处向西看是鸭绿江沟，它起初是一条干沟，史料称之为"大旱河"，碑文中"西为鸭绿"指此。沿着这条沟一直向下，走 3～3.5 公里，鸭绿江水开始出流，这是鸭绿江源头。另外，从立碑处向东南，相隔 300～400 米是黑石沟开始的地方，碑文中"东为土门"指此。由于图们江源距离立碑处较远，所以从立碑处开始沿着黑石沟东南岸筑设了石堆、土堆，再以木栅、土墩连接到了图们江源红土山水上。换言之，黑石沟连接红土山水才是"东为土门"①的真实含义。

2012 年 8 月 16 日笔者在游览天池东坡时，在停车场南边的岔路口前发现了石堆，位于停车场东南 300～400 米处。第一个

---

①　《朝鲜肃宗实录》卷 51，肃宗三十八年六月乙卯。

石堆的下面积有土堆，上面放置了几个巨石，这里就是黑石沟开始的地方。沿沟向下，相隔40～50米，又发现了两个土堆，不过压在上面的石头不翼而飞，只留下下面的土堆（图31）。

图31 黑石沟开始的地方及东南岸的石堆遗迹（右侧山为胭脂峰）

第二天我们在停车场南边的白头桥附近又发现了几处石堆。第一个石堆在桥东边的黑石沟东南岸。第二个石堆在黑石沟和从南边来的另一个小沟的汇合处，位于一处高地上。下面有积土，上面垒有石头，但由于风化作用，下面的土堆明显变小了。跨过这个小沟继续向前，发现了第三个石堆，是用小的石块垒起来的，石块上面有很多小孔，说明这些石块是火山喷发时形成的火山石。继续向前，发现了第四个石堆，石堆的痕迹十分明显，但是上面的石头所剩无几了。再向前，前面的石堆越来越明显。但是白头桥那里的旅游大巴等候多时了，我们不得不停下脚步。先于笔者到达前面去的朋友们，将前面的三个石堆拍了回来（图32、图33）。

图32 黑石沟上游东南岸的石堆（1）

图33 黑石沟上游东南岸的石堆（2）

这一天我们从白头桥沿黑石沟东南岸约走了600米，发现了7处石堆。这里的石堆比起黑石沟中下游的土堆要小得多，堆距为40～50米或者60～70米。我们无不感叹于穆克登定界的标识物历经300年依然存在于黑石沟上游。

2014年8月，笔者随旅行团再次来到黑石沟上游。这次乘车从白头桥向东行至黑石沟前，步行沿沟下行，走了400～500米，跨过了一条岔路，并在岔路口的东、西两边发现了八九处石堆（图34）。笔者一行一直走到了大角峰跟前，在距离大角峰不足1000米处停下脚步。

图34　大角峰附近的石堆

到了今天，这条曾经的中朝边界——黑石沟被分隔在中朝两国境内。根据1962年签订的《中朝边界条约》和1964年签订的《中朝边界议定书》，现今中朝边界在长白山地区的走向为：从天池西南边横穿天池到达东北边，再笔直地连接到红土水、母树林河汇合处，此线以北属于中国，以南属于朝鲜。这条中朝边界线将黑石沟分割为两段，不足一半留在朝鲜，一多半留在中国。另外，根据《中朝边界条约》和《中朝边界议定书》，在长白山地区设了1～21号界碑，其中1～4号界碑位于天池南边的鸭绿江发源地，5号碑位于天池西坡，6～21号界碑位于天池东北边到图们江发源地之间，在这里开辟了一条笔直的林间通视道。尤其是5、6号两块碑，分别位于天池的西南边和东北边，自西南向东北将天池一分为二，天池的约45.5%属于中国，54.5%属于朝鲜。①

根据《中朝边界议定书》，界碑的材质最初是钢筋混凝土的。到了1990年经过双方的一次边界联检，改立了花岗石碑。到了2009年又经过双方的边界联检，改立了新的花岗石碑。新碑的表面打磨得非常光滑和细腻。最后一次改立时对界碑的顺序进行了大调整，原来立于鸭绿江发源地的1号碑被挪到了鸭绿江入海口，原地立了33号界碑。对此，当地长白县的人们颇有说法，他们不希望把1号碑挪到别处，毕竟1号碑的名声更大些，有利于吸引游客前来观光。

二、林间通视道及黑石沟东南岸的土堆

2011年8月笔者考察了中国境内林间通视道附近的黑石沟，其位置靠近中朝边界52号（原10号）界碑。笔者一行乘车经由林间通视道前往黑石沟。

林间通视道（图35）是根据1964年签订的《中朝边界议

---

① 李钟奭：《朝鲜—中国关系（1945—2000）》，第235页。

定书》开辟的,从天池东边的8号界碑开始到母树林河、红土水汇合处的20号界碑为止,在森林中开出了一条笔直的通道,上面自西向东排列着8、9、10、……、20号界碑(现在的40、41、42、……、62号)。在林间通视道上,允许中朝双方的边防人员通过,以巡视界碑和清理道路上的朽木等。

图35　双目峰附近的林间通视道

这条东西向的通视道几乎和中朝边界线重叠,此线以北是中国境内，以南是朝鲜境内。从20号（今62号）碑开始，边界线走红土水的水流中心线，到了赤峰前的红土水、弱流河汇合处开始以图们江为界，汇合处被称作"图们江发源地"。另外，根据边界条约和议定书，图们江边界的宽度，在任何时候都是以水面的宽度为准的。赤峰前的红土水、弱流河汇合处原来立有21号三角碑，即21（1）、21（2）、21（3）三块碑，到了2009年经过双方的边界协议，改立了69号三角碑（图36）。

图36　赤峰前的69号碑

2010年夏笔者在天池南坡游览时，曾在路边看到了34号（原2号）碑，35号（原3号）碑则位于沿路一处山顶上，36号（原4号）碑位于天池南坡。两年后，笔者在天池西坡游览时，在天池边上看到了37号（原5号）界碑。从37号碑开始，边界线自西南向东北横穿天池，到达天池东北边的38号（原6号）界碑处，自此以下沿林间通视道向东笔直地到达红土水、母树林河汇合处，那里立有62号（原20号）三角碑。

新碑的设计样式和旧碑稍有差别，中央上方嵌有一枚国徽：中国一侧有中国国徽，中间刻有"中国"二字，下面有阿拉伯数字的号码，再下面有"2009"；朝鲜一侧有朝鲜国徽，中间用朝鲜文刻有"朝鲜"二字，下面有界碑的号码，再下面同样是"2009"。

从双目峰出发以后，我们在林间通视道上看到的第一块界碑是55号（原13号）碑。这里距离天池约20公里，距离图们江发源地赤峰约17公里，即从天池到图们江发源地大约37公里。我们乘车一路向西，每隔1000～2000米或者3000米，就会出现一块界碑。过了双目峰附近的55号碑以后，连续过了54、53号碑，便来到了52号（原10号）界碑处，前面不远处可以看到黑石沟从南向北横穿过来。

林间通视道为了穿过这条深沟，先沿着山坡向下到达谷底，再沿着山坡向上到达沟岸上，之后再笔直地朝着天池方向延伸过去。我们一行五人小心翼翼地向沟底探去，说它是山沟，还不如说是山谷。这里的山谷很深，有数十米，在谷底我们看到溪水哗哗地流着（图37）。据同行的一位朋友讲，之前他来到这里时并没有看到水流。古人称这条沟为"干沟"或者"干川"[①] 看来是有道理的，除了夏季7—8月部分地段有水流以外，大部分时间沟子里没有水流。10月底，笔者再次来到这里时，就看不到水流了。第二年（2012年）的8月，笔者在黑石沟上游也没有看到水流（图38）。

[①] 金正浩于19世纪50年代制作的《东舆图》（奎章阁收藏）上面标有"康熙壬辰定界""干川"等字样。

图 37 林间通视道附近的黑石沟中游（崔成林摄）

图 38 黑石沟上游

正如刘建封所描述的,黑石沟里有很多黑石,① 两岸又有很多挺拔的松树。自从1712年穆克登定此沟为边界以来,来这里考察和寻寻觅觅的,不乏中国人、朝鲜人和日本人。他们带着不同的目的来这里寻找答案,其中又有几人真正了解了此沟的含义,以及它所承载的历史重任呢?

自1880年以后,随着朝鲜人大规模越境开垦图们江以北地区,引发了中朝两国之间的边界纷争,黑石沟与边界问题相关联,成为双方关注的焦点。光绪年间两次勘界时,朝方最初认为黑石沟是"土门江",它和松花江上游相连,和豆满江是两条不同的江,即土门、豆满为二江。中方则认为黑石沟和中朝边界没有任何关系,东南岸的土石堆不过是为了"祈祷长白,标明往来之路者",或者是猎户进山时做的路标。② 由于双方意见相左,勘界谈判最终以失败告终。

其后1907—1909年,日本利用中朝界务纠纷挑起了所谓"间岛问题"。为了应对有关"间岛问题"的谈判,双方各自派代表前往长白山和黑石沟进行考察。1907年清政府派延吉边务帮办吴禄贞进行考察,第二年刘建封受东三省总督徐世昌之命进行考察。日本参谋本部也派人进行考察。1907年日本测量手在考察后用等高线法绘制了"黑石沟图"(图24)。此图现收藏于日本外务省外交史料馆。③

当笔者站在沟的东侧,向西眺望天池方向时,似乎明白了穆克登定此沟为界的用意了。这条天然形成的深沟可以将两边分隔

---

① 刘建封:《长白山江岗志略》,第344～345页。
② 李重夏:《勘界使交涉报告书》,(1887年)"闰四月十六日",胶片第19～21页。
③ 日本外务省外交史料馆藏图,MT14133。

开来，作为边界的标志再明显不过了，沟的里侧属于朝鲜，外侧属于中国。也许这就是古人的高明之处吧。他们往往会选择天然的河流、山谷、山脉来分隔彼此。这时站在一旁的朋友说，黑石沟到了下游那里有一座桥，大概就是从二道白河镇通往双目峰的那座水泥桥吧。这引起了笔者的兴趣，想弄明白：黑石沟的水到底流到了哪里？它是否和五道白河（松花江上游）相连？黑石沟到了下游果真"平衍无踪"了吗？

回到北京以后笔者继续翻看资料，无意中看到了在日本外务省外交史料馆复印的一张地图。1907年日本在延边的龙井村设立"统监府临时间岛派出所"以后，中日之间发生了围绕间岛归属问题的外交纷争。同一年，日本参谋本部派人考察黑石沟并绘制了地图，图上署名的是大曾根诚二和中原佐藏。在这幅图上，黑石沟的起点从天池东南边的立碑处开始，海拔高度为2265米。从这里开始，黑石沟向东北方向延伸，东南岸标有石堆，到了大角峰石堆结束，再往下并没有标土堆。① 然而实际情况是，石堆下面连有土堆，绵延40多韩里，一直到达沟的尾部。像这样，日本人不但隐瞒了土堆，还将黑石沟和松花江上游连在了一起。其目的显然是为了杜撰土门、豆满"二江说"及坚持图们江以北的间岛属于朝鲜，以便有借口向这一地区渗透。

虽然已是晚秋，长白山地区下了不少雪，但是笔者仍决定一探究竟，看一看黑石沟和五道白河是否相连，以及黑石沟的水到底流到了哪里。

2011年10月底，笔者再次坐上了前往延吉的飞机，打算从

---

① 参见筱田治策编：《统监府间岛临时派出所纪要》；筱田治策：《白头山定界碑》。

延吉转往二道白河镇,再前往黑石沟一探究竟。在空中笔者有幸和长白山天池照了面,白雪已经盖住了天池的四面山坡,从空中俯瞰,蔚为壮观。这次与笔者一起前往黑石沟的,有长白山管委会属下长白山科学研究院的朴龙国、朴正吉先生,还有几次为笔者做向导兼司机的小林。两位朴先生在长白山地区从事野外考察和动植物研究已有30年了,无疑都是地地道道的"长白山通"。此行的目的是在两位朴先生的帮助下,找到黑石沟东南岸的土堆。

10月22日早上8点钟,笔者一行驱车从二道白河镇出发。最初的路面是水泥路,车子跑得很快;但过了北坡山门路面变成了土路,车子颠簸着朝黑石沟方向驶去。将近行了一个小时,来到了黑石沟下游的那座桥(图39、图40)上。我们看到黑石沟从西南延伸过来,再向东北延伸过去。这座桥从此和我们结下了不解之缘,以后我们多次来往于这座桥上。

图39　黑石沟下游的桥(1)

图 40 黑石沟下游的桥（2）

我们在双目峰上了林间通视道。雪后的通视道崎岖不平，路面很滑，车子一路颠簸着前行。通视道两边全是高大的树木，有长白落叶松、长白红松，还夹杂着白桦树，地上则是金黄色的芦苇草。路上有不少积雪，车子爬坡很吃力，车轱辘几次在地上打滑，欲冲而不能，司机只好让我们全体下车，以减轻重量。我们在通视道的雪地上发现了熊的脚印，朴正吉从前后两个脚印的距离判断，熊有 100 多公斤重。地上除了熊的脚印，还有马鹿的脚印，可见长白山原始森林保护得还好。车子爬上坡以后，我们重新坐回了车子。一路都在爬坡，越靠近黑石沟海拔越高，地上的积雪也越多。我们终于来到了 52 号界碑（原 10 号碑）处，黑石沟就在眼前。

今年夏天来这里时还在沟底流淌的水流，此时已经不见了踪影。为了寻找黑石沟的土堆，笔者和朴正吉等四人不约而同地朝下面探去，保不准土堆就建在山坡上。朴龙国可谓老练，他没有向下走，而是沿着沟岸前行。当我们还在长满苔藓、牛皮杜鹃和没过大腿的深雪中深一脚浅一脚地向下探时，听见老朴（朴龙国）在上面大喊："找到了！"笔者半信半疑地问："找到什么了？"老朴回答："土堆找到了！"笔者仍在怀疑。在山坡和谷底，我们并没有看到土堆，像今夏第一次来这里时一样，沟子里只有一些巨石横七竖八地躺着，不见水流，露出了干沟的真面目。

我们寻声向上走去，山坡上尽是积雪，脚下很滑，还有一层厚厚的苔藓，踩在上面松软得很，比踩在任何一块地毯上都要舒服。我们深一脚浅一脚地向上爬着，鞋子里进了不少雪。尽管如此，我们完全被长白山原始森林的奇妙景观给迷住了。地上除了苔藓以外，还有牛皮杜鹃，叶子呈深绿色，在雪地中成片地铺开。环顾四周都是挺拔的松树，有长白落叶松，也有四季常青的长白红松。朴正吉带着 GPS，他告诉我们这里的海拔高度为 1900 米。我们终于到达了沟岸上，老朴果真在上边找到了土堆，他说这已经是第三个了，后面还有两个。当他发现第二个土堆时就喊我们上来了，继续向前又发现了第三个土堆。

我们发现的土堆高 1 米半左右，形状像普通的坟堆一样呈圆形，看得出是将周围的土挖开后堆上去的（图 41、图 42）。土堆上面长满了苔藓，厚约 10 厘米，整个把土堆包裹起来，历经 300 年保存完好。我们决定不再向前，原路返回林间通视道。在返回的路上，我们看到了另外两个土堆，有一处土堆上面长着一棵粗壮的红松，看起来树龄不小了，似乎在诉说土堆的历史也很长了。

图41　林间通视道附近的黑石沟东南岸的土堆（海拔1900米）（1）

图42　林间通视道附近的黑石沟东南岸的土堆（海拔1900米）（2）

通过史料研究可以了解到,黑石沟的土堆、石堆是根据穆克登的要求由朝鲜设置的,沿着黑石沟的东南岸建了180多个。即从立碑处开始先设300～400米的木栅到达黑石沟上游,再沿着沟的东南岸筑设石堆到达大角峰,往下筑设土堆到达沟的下游。再从下游土堆尽头向东南到达图们江发源地设置40余韩里的木栅,其间只有五六韩里是土墩。我们在林间通视道附近看到的土堆,堆距为60～70米。当我们返回通视道时,在对面朝鲜境内也看到了土堆,它和中国境内的土堆遥相呼应。①

三、董棚水、图们江发源地及黑石沟下游

我们乘车返回了双目峰边防站。吃过午饭后,看到门口有一条小溪流过。为了解决生活用水,边防站修了两个大窖截流了这条小溪,但是在晚秋时节它依然顽强地向对面的松林流去。第二天当我们从双目峰前往圆池时,在公路的一座桥下看到了这条小溪,它已经断流,渗入地下来去无踪了。据两位朴先生讲,长白山地区有很多这样的断流之水,这叫"半截子河"。对照光绪年间的勘界地图可以了解到,这条小溪就是"董棚水"。小溪流过的地方,有一个姓董的人盖的棚子(大

---

① 2013年10月初,笔者曾考察过黑石沟。从林间通视道沿着沟岸前行,一直走到了下游桥那里。从早到晚在森林中跋涉约6个小时,走了约10公里(海拔从1800多米至1400多米),找到了70多个土堆(标号1～73号,中间丢了几个,估计有七十七八个)。土堆高度2～3米,形状呈圆形,像普通的坟堆一样,历经300年风雨侵蚀,大部分保存较好,人工痕迹十分明显。堆距稍近的相隔50～60米,稍远的相隔70～80米,最远的约100米,再远也超不过150米。

概就是边防站那个位置吧），所以称之为"堇棚水"。堇棚水的发源地位于大角峰的南边，向东北流，夏季地表有水流时汇入五道白河。

我们又驱车来到通视道上，朝着与黑石沟相反的方向行进，目的地是图们江发源地。当车子行到双目峰（朝鲜叫双头峰）山前时，没有沿着通视道前行（无法跨越双目峰顶），而是向左绕过双目峰，迂回到山的后面，再径直地朝图们江方向开去。我们很快来到了红土水、母树林河汇合处（图43至图46）。这里原来立有20（1、2、3）号三角碑，2009年改立了62（1、2、3）号三角碑。红土水从朝鲜一侧自西向东流来，母树林河从中国境内自西向东、再向南流来，二水汇合后仍称红土水。红土水绕过赤峰南边，流到赤峰东边，再和自圆池方向来的弱流河汇合，汇合处以下正式被称图们江，赤峰被称作图们江发源地。

图43 红土水和母树林河（1）

图 44　红土水和母树林河（2）

图 45　红土水和母树林河汇合处（1）

图 46 红土水和母树林河汇合处（2）

我们又前往黑石沟下游的黄花松甸子。黄花松甸子是一处落叶松林中的草甸子，1908 年刘建封踏查时起的名字。据他记载，黑石沟到了黄花松甸子，沟形变得"平衍无踪"，表明是黑石沟结束的标识。

车子行进在黑石沟桥西侧的一条林间道路上。这条道路是林区为了搬运木材修建的，呈南北走向，几乎和五道白河的水流方向一致。车子向北行驶了约 3 公里，出现了一条东西向的岔道，我们步行走进了草甸子。眼前出现了一处宽广的草地。地上有很多杂草，还有一些低矮的灌木，主要是细叶杜香，周围环绕着挺拔的落叶松（图 47）。老朴根据草甸子所处的地理位置和周围松树的走向，认为这里应该是黑石沟的尽头。但笔者仍感到不释然，毕竟我们不是从黑石沟走到这里来的。第二天笔者决定从黑石沟桥那里顺沟走到这里来。

图 47　黄花松甸子

第二天清晨，笔者和小林从二道白河镇出发了。今天的目标是步行黑石沟，从黑石沟桥一直走到黄花松甸子。笔者本想走沟底的河道（图 48），但小林选择了东南岸难走的山路，他的选择是对的，我们很快在离桥不远的东南岸发现了土堆。这里的土堆显然是从林间通视道那里延伸过来的。我们二人拨开草丛向前进，周围尽是松树和白桦树，看起来树龄都不大，可能和林区伐木有关。这里的土堆不如通视道那里保存得那么好，经过 300 年的风化作用，土堆的高度明显变矮了。这里的海拔高度约 1300 米，土堆上面没有苔藓，只有一些杂草，还有细叶杜香（图 49）。堆距为 60～70 米，或者 100 米。有的规模很大，有的风化严重，还有的中间有盗洞。

图 48　黑石沟下游河道（海拔约 1300 米）

图 49　黑石沟下游东南岸的土堆（海拔约 1300 米）

我们到达了最后一个土堆处。记得是三个大土堆沿着沟岸一字排开，再向前走了500～600米看不到土堆了，而沟子依然向前延伸。到了一个地方，沟子突然向右一拐，改变了方向。同行的小林有些担心，一来害怕迷路，二来搞不懂这条沟子到底延伸多远。如果没完没了地延伸，或者真的连到了五道白河上，那我们不知要走到哪里。我们二人单枪匹马地在林中摸索前进，心里都没有底，于是决定原路返回黑石沟桥。这一天我们已经走到了黑石沟的土堆尽头，离沟结束的地方不远了。

　　返回时我们是从河道走回来的。沟子里有不少倒木，我们一会儿从倒木的下面穿过，一会儿绕过倒木前进。绕来绕去虽然颇费力气，但是比起东南岸的树丛好走多了。越是靠近黑石沟桥，河道越宽，走起来越容易。这个季节河道是干枯的，只有水流经过的痕迹，却没有水流。我们终于回到了黑石沟桥上。

　　虽然踏查黑石沟的工作远没有结束，但是我们仍取得了不少成果。我们不仅在海拔1900米的黑石沟中游发现了土堆，还在海拔1300米的黑石沟下游发现了土堆，同时走到了黑石沟最后一个土堆处。

四、踏查黑石沟下游及发现图和公路的土堆群

　　2012年5月下旬，笔者再次动身前往黑石沟，一是为了解决去年遗留的问题，探明黑石沟是怎样消失的，黑石沟的水到底流到了哪里；二是为了探明从黑石沟的土堆尽头到图们江源的木

栅或者土堆遗迹是否存在。据史料记载,堆标的最后一段建了木栅和土堆,其长度为 40 余韩里,中间只有五六韩里是土堆。①笔者对 300 年前树立的木栅不抱什么希望,肯定早已腐蚀殆尽,但是对于木栅中间的五六韩里的土堆仍抱希望,相信它们肯定存在于长白山莽莽林海中的某一处。笔者通过谷歌卫星地图反复比画着,猜想木栅可能经过的路径和土堆存在的位置。

5 月 26 日早晨,笔者一行从二道白河镇出发了。同行的有长白山科学院的朴龙国、当地的一位热心大姐贺姨,还有去年和笔者一起踏查黑石沟的小林。车子行了一个多小时,便来到黑石沟桥上,大家不约而同地朝着东南岸有土堆的地方走去。

第一个土堆出现在离桥不远的地方,去年笔者和小林来过这里,所以很快找到了土堆。第二个土堆相隔 40 米出现。第三个土堆不太明显,位于第二个土堆前面约 70 米处。第四个土堆上面长有一棵大树,相隔 40 多米出现。第五个土堆几乎看不见痕迹,相隔约 100 米出现,左侧的黑石沟是沙川。第六个土堆相隔约 100 米出现,第七个土堆相隔 60 多米,第八个土堆相隔 180 多米,估计中间还有一个土堆,要么错过了,要么看不出痕迹了(图 50)。

到达这里以后,沟子出现了分汊,一条是旧河道,另一条是新近被洪水冲出来的新河道。但无论是旧河道还是新河道,在 5 月的季节里都没有水流。第九个土堆相隔约 100 米出现,是较大的土堆,左侧的沟形变得更加复杂,出现了三条河道。最里边的河道是旧河床,土堆就在东南岸,中间的河道次之,最外面的河道是最新冲出来的。我们沿着旧河道的沟岸向前,到达第十个

---

① 《朝鲜肃宗实录》卷 52,肃宗三十八年十二月丙辰。

图 50　黑石沟下游的土堆（崔成林摄）

图 51　黑石沟下游的最后一个土堆

土堆处。这是一个较大的土堆，中间有盗洞，左侧的沟子非常浅显，几乎不能叫作沟子了。第十一个堆是最后一个土堆（图51），去年我们来过这里，后来担心迷路折回了黑石沟桥。从这里向东南应该是木栅的起点，但是尽管我们四处搜寻，却看不到一丁点儿木栅的痕迹。

为了寻找木栅经过的路线，我们在老朴的带领之下沿着沟岸前行了400～500米。我们打算迂回到木栅线的后面，再向东或者东南搜寻木栅、土堆经过的痕迹。笔者和贺姨紧跟在老朴的后面，小林和我们相隔500米并排前进，以便扩大搜寻范围。我们路过的地方是一个平坦地带，由落叶松和白桦树组成的混合林带，落叶松占了大部分，小部分是白桦树，地上则长满了细叶杜香和宽叶杜香。老朴告诉我们，像今天这样的天气，在林子里半径1公里之内都可以看得见。但是尽管我们分路搜寻，却始终看不到木栅经过的痕迹。

我们在这片林子里摸索前进，从黑石沟向东纵深达3～4公里。前面是一望无际的松桦林带，刚刚长出嫩芽的松树叶子铺满天空，望上去让人恍惚，仿佛进了仙境。地上的细叶杜香和宽叶杜香结满了紫色的花苞，正伺机开放呢。地上杂草、灌木没过大腿，每前进一步都十分吃力，加上笔者腿病发作，不得不决定撤出森林。考虑到图们江发源地离这儿还远，我们决定折回黑石沟桥。在老朴的带领之下，我们一会儿沿着林区搬木头的小路行走，一会儿顺着马鹿走过的小径行走，正好回到了黑石沟桥旁停车处。老朴在林中的方向感极好，难怪人们称他为"长白山活地图"。

当我们走出这片林子时，已经是下午三点多了。我们转往下一个目标母树林河发源地。车子行进在图和（图们—和龙）公路上，这是一条国防道，自西向东延伸，几乎和中朝边界线平行。在公路的南北两侧，遍布着五道白河（松花江）支流和图们江支流。沿着公路一直向东，快要到达赤峰时，路南100～200米处有母树林河发源地。路北则有圆池，图们江支流弱流河也穿过这条公路向南流；在双目峰见过的董棚水，也穿过这条公路。在赤峰前还有红土水和弱流河汇合处，即图们江发源地，离公路也很近。

　　从黑石沟和图们江发源地的相对位置可以判断，40余韩里的木栅线肯定穿过这条公路，只是我们不清楚从哪里穿过。当车子行进在图和公路上时，笔者将这个想法说给大家。小林放慢了车速，车子行过双目峰入口处，过了董棚水流经的小桥，突然公路向东南拐了一个大弯，就在这时坐在车窗边的老朴看到了路南的土堆群。我们纷纷下车走向土堆，这里的土堆不像黑石沟沿着沟岸只有一个，而是五六个或者七八个形成一个堆群，再向前又有一个堆群。从外形上看，这里的土堆也比黑石沟的大得多。

　　从我们停车的地方往回走，紧挨着公路边有一个大的土堆，旁边还有几个土堆，形成一个大的堆群。路边的第一个大土堆在修路时被切断了，结果被我们发现了（图52）。或许1885年勘

图52　图和公路南边的第一个土堆

界时李重夏所发现的"旧日标识"就是这里的土堆。如果说图和公路沿线的土堆群,就是史料中所说的40余韩里木栅中间的五六韩里的土墩,那我们除了文献依据以外,还找到了实物证据,将使我们的立论更具说服力。

虽然图和公路沿线的土堆群一个接一个不断出现,但是天色已经晚了,我们决定返回二道白河镇,第二天再来探查路南的土堆群。

五、详探图和公路沿线的土堆群

第二天(2012年5月27日)笔者和小林一起来到了图和公路上。有两位战士与我们同行,他们是小李和小崔。今天的考察目标离边界线太近,加上在林中有迷路的危险,所以两位战士与我们同行。到达目的地以后,小李拿出指北针和地图,边走边测量。每当出现一个新的土堆群时,他都将所经过的路程和方向告诉我们,并在简易地图上标出土堆的位置。

路边的第一个土堆位于图和公路301、302路标之间。从这里开始,土堆群呈带状分布,沿公路自西向东延伸。土堆群的布阵方式是:当八个土堆构成一群时,中间有两个大堆,周围有六个小堆;当五六个土堆构成一群时,中间有一个大堆,周围有四五个小堆。堆群之间的距离为40~50米,可谓紧密布阵。土堆的形状大部分呈圆形,大的土堆底座直径10米,高3米。土堆的规模要比黑石沟那里的大得多。这一溜向东排开的土堆群,其目的地应该是图们江发源地,在土堆群的东边和东南边分别有母树林河、红土水、石乙水、红丹水发源。

这一天，我们不仅在路南发现了土堆群（图53），还在路北看到了几个大的土堆，估计和路南的土堆是连在一起的，只是在修路时被隔断了。

图53　图和公路南边的土堆群

在这以后，2013—2015年，笔者又多次考察了图和公路南北两侧的土堆群，利用GPS准确测定了每一个堆群的位置、走向和距离等。测得路南的第一个堆群位于302路标附近的东边，从这里开始土堆群沿公路自西向东延伸，长度约3公里，未及298路标而止。在路北也发现了不少土堆，其分布基本靠近图和公路，估计和路南的土堆是一起的。另外，笔者还发现图和公路本身就是土堆群的分布地，这条公路的形成似乎和木栅、土堆线有某种关联，特别是298~302路标段，公路几乎和木栅、土堆线重叠。换言之，这条公路也许就是历史上的中朝边界线。

通过考察还发现，土堆群向东延伸时，穿过两条五道白河支流,在河的东、西两边均建有大型土堆,以作为跨河的标志。从公路东边的最后一个土堆群,到图们江上游母树林河发源地,直线距离约 6.5 公里;另到图们江发源地赤峰直线距离约 10 公里。而从堆群的最南端到图和公路约 300 米。

笔者经过文献研究发现,木栅线所连接的图们江源似为今天的母树林河(红土水的北支)。① 笔者第一次考察母树林河发源地是在 2012 年 5 月 27 日。这一天,笔者一行沿着图和公路一直向东,在到达圆池之前,路的南边出现了三个岔道,走进中间的岔道,向南行 100~200 米,就到达母树林河发源地。

泉水从一个类似水窖的地方涌出,形成一个小水塘。水塘的直径约 3 米,泉水清澈见底,周围有很多芒草(图 54、图 55)。旁边有一条小支流流进来,其发源地距离小水塘只有数十米。当

图 54 母树林河发源地(1)

---

① 有关连接图们江源的堆栅,详见李花子:《康熙年间长白山定界与图们江上流堆栅的走向》。

笔者看到这个小水塘时，感觉它并不陌生，这和史料中记载的，图们江源从"甘土峰下一息许，始自土穴中涌出"很相似。如前述，甘土峰似指离这儿约 12 公里的西边的双目峰。

图 55　母树林河发源地（2）（崔成林摄）

我们通过实地考察已经掌握了一些数据，可以和史料记载相对照。如从图和公路西边的第一个土堆群到黑石沟的土堆尽头，直线距离约 7 公里；从公路东边的最后一个堆群到母树林河发源地，直线距离约 6.5 公里；中间的堆群长度约 3 公里。将这三部分加起来就是木栅、土堆的总长度，约 16.5 公里。如果按 1 韩里约等于 420 米计算的话，16.5 公里约等于 39 韩里。这只是理论上的长度，如果考虑到堆栅有一定的弯曲度，地形也有高低不平，那么堆栅的实际长度肯定大于 39 韩里，为 40 余韩里。这就和史料所载"又于其下至涌出处四十余里，皆为设栅，而其间五六里,既无木石,土品且强,故只设土墩"相符。① 这里的"其下"指从黑石沟向下,"涌出处"指图们江发源地。

后世史料记载黑石沟东南岸有石堆、土堆不乏其例,所以我们在这里发现土堆算不上是新发现,但是图和公路沿线的土堆群就不一样了。除了《朝鲜肃宗实录》(1712年)记载,40余韩里木栅中间有五六韩里的土墩以外,再无从查证。其后到了1885年勘界时,李重夏在红土山水附近发现了"旧日标识",如记载:"今番入山之行,默查行址,则果有旧日标识,尚隐隐于丛林之间"。这个丛林中的"旧日标识"是否就是指图和公路沿线的土堆呢?据他证言,40余韩里的木栅已经烂掉。②

六、寻找黑石沟的终影

把黑石沟走到底,这是笔者梦寐以求的,借此看一看黑石沟的水到底流到了哪里,黑石沟是怎样消失的。接下来的两天阴雨绵绵,到了(2012年)6月2日,天终于放晴了。早晨从二道白河镇出发的时候还是蓝天白云,到了北坡山门便开始下起雨来。快要到达黑石沟桥时,同行的老朴叮嘱司机在黑石沟桥向北去的道路的第一个岔道口前等我们。我们一行三人准备沿黑石沟向下走,与司机在岔道口前汇合。

黑石沟桥下是沙道,沙道上堆放着林区工人清林时剪下的树

---

① 《朝鲜肃宗实录》卷52,肃宗三十八年十二月丙辰。
② 李重夏:《追后别单》,胶片第10~11页。

枝，我们绕过树枝堆向前进。沙道比起东南岸有土堆的地方好走多了，走着走着，河道出现了分汊。我们沿着新的河道向前，旧的河道就在我们的右侧。旧河道的上边有土堆，在上面已经发现了十一二个土堆。继续沿沟向下，新旧河道合并为一个了。我们走上了东南岸，恰好是最后一个土堆处，有三个大土堆沿沟岸一字排开。从这里向东南应该是40余韩里的木栅线，但是根据我们前次详细踏查，木栅的痕迹已经找不到了。

当我们在沟岸上行走时，雨越下越大，我们个个都披上了雨衣，在雨中拨开树丛向前。越向前沟子越浅，几乎不能再叫沟子了（图56）。偶尔看到火山喷发时留下的黑色的浮石嵌在沙道中。走着走着，转眼间沟道消失了，只有流水的痕迹——一条窄窄的沙道在大森林中向前延伸（图57）。再向前，连沙道也没有了，表明曾在沟子里流淌的水流至此完全渗入地下（图58、图59）。

图56　黑石沟下游的沙道（1）

图 57　黑石沟下游的沙道（2）

图 58　黑石沟下游沙道消失的地方（1）

走到这里，总算明白黑石沟隐藏的秘密了。曾在夏季短时间内流淌的水流，还未等流到五道白河，便渗入地下来去无踪了；在此之前，沟形已经消失了。换言之，黑石沟主要以干沟的形式存

图 59 黑石沟下游沙道消失的地方（2）

在，没有地表水直接流入松花江，沟子并不和松花江上游相连。正因为它不和松花江上游相连，所以穆克登才会定此沟为界，同时要求将它和图们江源连接起来。尽管 1907 年日本人对黑石沟进行了实地考察，但是在他们所绘制的地图（图 24）上，仍将黑石沟和松花江上游连在了一起，这使得黑石沟隐藏的秘密一直不能为人所知。

到达沙道消失的地方，离前面的黄花松甸子不远了。我们在老朴的带领之下，朝西北方向走去。约走了 15 分钟，便来到了黄花松甸子。甸子里的树木显然不如黑石沟的那样挺拔和茂密，地上有很多杂草，还有低矮的灌木。臭李子树开满了白色的小花，一路伴随着我们，许多小白花沾在我们湿漉漉的衣服和背包上。我们很快找到了东西向的林场小路，它和从黑石沟桥那里向北延伸的道路相互交叉。按照约定，司机就等候在岔道口前。

这一天我们从黑石沟桥沿着沙道走到黄花松甸子，总共花了

1小时40分钟，其间的距离约3公里；从黑石沟桥到最后一个土堆处，约1.5公里。

考察任务至此全部结束。几次长白山之行，特别感谢长白山科学研究院的朴龙国、朴正吉两位先生。尤其朴龙国先生对笔者的帮助非常大，如果没有他的帮助和做向导，笔者一个弱女子在莽莽林海中可能找不到黑石沟东南岸的土堆，以及图和公路沿线的土堆群，也不可能把黑石沟走到底。还要特别感谢当地驻军的无私帮助，笔者几次穿行林间通视道，探寻图们江发源地，以及考察图和公路沿线的土堆群，都是在他们的帮助下完成的。还要感谢故乡的亲朋好友，他们成为笔者顺利完成考察任务的坚强后盾。

参考文献

一、中、日、韩史料

1. 中国史料

《大元大一统志辑本》,《丛书集成续编》,上海书店 1994 年影印。

《明史》,中华书局 1974 年。

《明实录》,"中央研究院"历史语言研究所 1962 年影印。

《明一统志》,《景印文渊阁四库全书》,台湾商务印书馆 1986 年影印。

王圻、王思义编:《三才图会》,上海古籍出版社 1988 年影印。

李辅等修:《全辽志》,《丛书集成续编》,上海书店出版社 1994 年影印。

毕恭等修、任洛等重修:《(嘉靖)辽东志》,《续修四库全书》,上海古籍出版社 2002 年影印。

《满洲实录》,文殿阁书庄 1934 年重印。

《清实录》,中华书局 1986 年影印。

《清史稿》,中华书局 1998 年。

《清一统志》,乾隆八年,356 卷本;乾隆四十九年,424 卷本,《景印文渊阁四库全书》,台湾商务印书馆 1986 年影印。

《嘉庆重修一统志》,《四部丛刊续编》史部,中华书局 1986 年影印。

《盛京通志》,董秉忠等纂,康熙二十三年 32 卷本;王河、吕耀曾等纂,雍正十二年 33 卷本;王河、吕耀曾等纂,乾隆元年 48 卷本,文海出版社 1965 年影印;阿桂等纂,乾隆四十九年 130 卷本,辽海出版社

1997年影印。

《八旗通志》,《景印文渊阁四库全书》,台湾商务印书馆1986年影印。

《钦定大清会典图(嘉庆朝)》,文海出版社1992年影印。

《古今图书集成》,中华书局、巴蜀书社1985年影印。

康熙《皇舆全览图》,1943年福克斯影印。

乾隆《一统舆图》(乾隆二十五年铜版印行),全国图书馆文献缩微复制中心2003年影印。

王士祯:《池北偶谈》,中华书局2006年。

齐召南:《水道提纲》,《景印文渊阁四库全书》,台湾商务印书馆1986年影印。

六承如等编:《皇朝舆地略》,1863年广州宝华坊刊本。

董佑诚编:《皇清地理图》,首尔大学奎章阁收藏(奎中2957)。

胡林翼、严树森编:《皇朝中外一统舆图》,首尔大学奎章阁收藏(奎中2853)。

胡林翼、严树森编:《大清一统舆图》,首尔大学奎章阁收藏(奎中2855)。

李兆洛编:《李氏五种合刊》,1871年重印。

《咸丰同治两朝上谕档》,广西师范大学出版社1996年影印。

朱寿朋编:《光绪朝东华录》,学苑出版社2000年。

曹廷杰撰:《东三省舆地图说》,《续修四库全书》,上海古籍出版社2002年影印。

《珲春副都统衙门档案选编》,李澍田主编:《长白丛书》5集,吉林文史出版社1991年。

长顺等编:《吉林通志》,《续修四库全书》648,史部·地理类,上海古籍出版社2000年,第2册。

总理衙门辑:《吉朝分界案》,全国图书馆文献缩微复制中心编:《国家图书馆藏清代孤本外交档案续编》第5册,2005年。

《覆勘图们界址谈录公文节略》,石光明等编:《清代边疆史料抄稿本汇编》

第 8 册，线装书局 2003 年影印。

《朝鲜邻边勘界文略》，中国国家图书馆古籍馆收藏。

王彦威、王亮编：《清季外交史料》，文海出版社 1985 年影印。

吴禄贞：《延吉边务报告》，李澍田主编：《长白丛书》初集，吉林文史出版社 1987 年。

刘建封：《长白山江岗志略》，李澍田主编：《长白丛书》初集，吉林文史出版社 1987 年；中国国家图书馆藏本（1909 年）。

王瑞祥、刘建封等：《长白山灵迹全影》，1911 年，北京大学图书馆收藏。

张凤台：《长白汇征录》，李澍田主编：《长白丛书》初集，吉林文史出版社 1987 年。

李廷玉等：《长白设治兼勘分奉吉界线书》，《长白丛书》初集，吉林文史出版社 1987 年。

徐世昌等编：《东三省政略》，李澍田主编：《长白丛书》三集，吉林文史出版社 1989 年。

故宫博物院编：《清光绪朝中日交涉史料》，1932 年。

故宫博物院编：《清宣统朝中日交涉史料》，文海出版社 1971 年影印本。

"中央研究院"近代史研究所编：《清季中日韩关系史料》，1972 年。

吉林省延吉市地方志编纂委员会编：《延吉市志》，新华出版社 1994 年版。

吉林省档案馆、中国边疆史地研究中心编：《清代中朝关系史料选辑》，吉林人民出版社 2000 年。

王芸生编著：《六十年来中国与日本》，生活·读书·新知三联书店 2005 年。

杨昭全、孙玉梅编：《中朝边界沿革及界务交涉史料汇编》，吉林文史出版社 1994 年。

2. 韩、日史料

《朝鲜王朝实录》，国史编纂委员会 1970 年影印。

《备边司誊录》，国史编纂委员会1959年、1960年影印。

《承政院日记》，国史编纂委员会1961—1964年影印。

《同文汇考》，国史编纂委员会1978年影印。

金允植、鱼允中：《从政年表·阴晴史》，国史编纂委员会编：《韩国史料丛书》6，1955年。

《舆地图》，首尔大学奎章阁收藏（古4709-1）。

金指南：《北征录》，1712年，东北亚历史财团编：《白头山定界碑资料集》06，2006年。

金指南、金庆门：《通文馆志》，世宗大王纪念事业会1998年影印本。

洪世泰：《白头山记》，东北亚历史财团编：《白头山定界碑资料集》06，2006年。

朴权：《北征日记》，东北亚历史财团编：《白头山定界碑资料集》06，2006年。

朴琮：《白头山游录》，李相泰等译：《朝鲜时代士人的白头山踏查记》，首尔：慧眼1998年。

李宜哲：《白头山记》，李相泰等译：《朝鲜时代士人的白头山踏查记》，首尔：慧眼1998年。

徐命膺：《游白头山记》，李相泰等译：《朝鲜时代士人的白头山踏查记》，首尔：慧眼1998年。

徐命膺：《保晚斋文集》，景印文化社1999年影印，《韩国历代文集丛书》2738。

申景濬：《旅庵遗稿》，民族文化推进委员会编：《韩国文集丛刊》（V.231），2000年。

申景濬：《旅庵全书》，景仁文化社1976年影印。

金鲁奎：《北舆要选》，收入梁泰镇：《韩国国境史研究》附录，首尔：法经出版社1992年。

李重夏：《乙酉状启》，收入《土门勘界》，首尔大学奎章阁收藏（21036）。

李重夏：《乙酉别单》，收入《土门勘界》，首尔大学奎章阁收藏（21036）。

李重夏：《追后别单》（乙酉），收入《土门勘界》，首尔大学奎章阁收藏（21036）。

李重夏：《丁亥别单草》，收入《土门勘界》，首尔大学奎章阁收藏（21036）。

李重夏：《丁亥状启》，收入《土门勘界》，首尔大学奎章阁收藏（21036）。

李重夏：《牒呈》（李重夏致总理衙门的牒呈），1885年，收入统理交涉通商事务衙门编：《土门地界审勘誊报书》，首尔大学奎章阁收藏（26677）。

李重夏：《光绪十一年十一月初八日照复》，收入《白头山定界碑关系书类》，首尔大学奎章阁收藏（26302）

李重夏：《图们界卞晰考证八条》，1887年，收入《土门勘界》，首尔大学奎章阁收藏（21036）。

《总理各国事务衙门奏议誊本》，收入《土门勘界》，首尔大学奎章阁收藏（21036）。

经理交涉通商事务衙门编：《问答记》，1885年，首尔大学奎章阁收藏（奎21041）。

《勘界使问答》，1885年，首尔大学奎章阁收藏（奎21038）。

《勘界使交涉报告书》，1887年，首尔大学奎章阁收藏（11514之2）。

《复勘图们谈录》，1887年，首尔大学奎章阁收藏（奎21035）。

《丁亥勘界图》，1887年，首尔大学奎章阁收藏（奎轴26675）；《中韩勘界地图》，1887年，中国国家图书馆收藏。

李重夏：《二雅堂集》，1975年。

《西北彼我两界万里之图》（18世纪中期），首尔大学奎章阁收藏，李灿编：《韩国的古地图》，首尔：泛友社1991年。

郑尚骥：《东国地图》之《咸镜北道图》，1740年代，首尔历史博物馆收藏；李灿编：《韩国的古地图》，首尔：泛友社1991年。

申景濬：《朝鲜地图》之《咸镜北道图》，1770年，首尔大学奎章阁收藏，首尔大学奎章阁2005年影印。

《北关长坡地图》，1785年，李灿编：《韩国的古地图》，首尔：泛友社1991年。

《海东地图》，首尔大学奎章阁1995年影印。

《北界地图》（18世纪后期），首尔大学奎章阁收藏，李灿编：《韩国的古地图》，首尔：泛友社1991年。

黄胤锡：《八道地图》，李灿编：《韩国的古地图》，首尔：泛友社1991年。

金正浩：《大东地志》，大田：忠南大学校百济研究所1982年活字本。

金正浩：《大东舆地全图》，图书出版知友社。

金正浩：《东舆图》，首尔大学奎章阁2003年影印。

《奎章阁所藏朝鲜全图》，首尔大学奎章阁2004年影印。

《东舆》，国立中央博物馆2006年影印。

《舆地图书》之《北兵营地图》，1765年，韩国教会史研究所收藏。

《（郑尚骥的）东国地图：原本系统的笔写本》，首尔大学奎章阁2006年影印。

《舆地图》"咸镜道"（18世纪末），李灿编：《韩国的古地图》，首尔：泛友社1991年。

高丽大学亚细亚问题研究所编：《旧韩国外交文书》第8、9卷，"清案1""清案2"，高丽大学出版部1970年。

高丽大学亚细亚问题研究所编：《旧韩国外交关系附属文书》第8卷，"间岛案"，首尔，高丽大学出版部1974年版。

国史编纂委员会编：《统监府文书》，1998年。

《增补文献备考》卷20，舆地考8，东国文化社1959年影印。

《舆地图书》，"关北邑志"，国史编纂委员会1973年影印。

《茂山地图》，1872年，收入首尔大学奎章阁编：《朝鲜后期地方地图》"江原道、咸镜道篇"，2000年影印。

金正浩:《大东舆地图》(1860年代),首尔历史博物馆收藏(首13157)。

张志渊:《大韩新地志》卷2,首尔:汉阳书馆1907年。

《1885年勘界图》,日本外务省外交史料馆收藏(141336)。

《1887年勘界图》,日本外务省外交史料馆收藏(141336)。

《覆勘图们谈录》,1887年,首尔大学奎章阁收藏(21035)。

篠田治策編:《統監府臨時間島派出所紀要》,東京:大藏省纂現行法規集出版所1910年,(韩)水原:史芸研究所2000年影印。

《間島図》,日本外務省外交史料館収蔵(1.4.1.33-2)。

《間島境界調査材料》,1905年,日本防衛省防衛研究所藏(陸軍省-日露戰役-M37-6-127/1424-1431,アジア歴史資料センター网,レファレンスコード:C06040131500)。

《間島ニ関スル調査概要》,1906年,日本外務省外交史料館藏(《間島ノ版図ニ関シ清韓両国紛議一件》第1卷,アジア歴史資料センター网,レファレンスコード:B03041192800,REEL No. 1-0350/0444-0454)。

篠田治策:《間島問題の回顧》,首尔:谷岡商店印刷部1930年。

《外邦測量沿革史》,1907年,日本防衛省防衛研究所藏(支那-兵要地志-129,アジア歴史資料センター网,レファレンスコード:C13110088900,0537)。

《間島問題一件》,外務省編:《日本外交文書》40卷2冊(2001年)、41卷1冊(2002年),東京:巖南堂書店。

《満洲に関する日清協約締結一件》,外務省編:《日本外交文書》41卷1冊、42卷1冊,東京:巖南堂書店2002年。

《自白頭山至小沙河線路図配置図》,収入外務省外交史料館藏《間島ノ版図ニ関シ清韓両国紛議一件》第7卷,MT14133/3443。

《長白山付近線路測図》,収入外務省外交史料館藏《間島ノ版図ニ関シ清韓両国紛議一件》第7卷,MT14133/1903。

Yun howoo:《"间岛Odyssey"白头山的历史之谜》,首尔:《周刊京乡》

848号,2009年11月3日。

中井喜太郎:《間島問題ノ沿革》,1907年,外務省外交史料館藏:《間島ノ版図ニ関シ清韓両国紛議一件》第3卷,アジア歴史資料センター网,レファレンスコード:B03041195400-B03041195600。

内藤湖南:《間島問題調查書》,1906年,外務省外交史料館藏:《間島ノ版図ニ関シ清韓両国紛議一件》附属書(内藤虎次郎嘱託及調查報告),アジア歴史資料センター网,レファレンスコード:B03041212500,REEL No.1-0364/0142。

内藤湖南:《間島問題調查書》,1907年,外務省外交史料館藏:《間島ノ版図ニ関シ清韓両国紛議一件》附属書(内藤虎次郎嘱託及調查報告),アジア歴史資料センター网,レファレンスコード:B03041213400-B03041213900。

二、论文和专著

1. 中国论文和专著

宋教仁:《间岛问题》,李澍田主编:《长白丛书》初集,吉林文史出版社1986年。

张存武:《清代中韩边务问题探源》,中央研究院近代史研究所编:《"中央研究院"近代史研究所集刊》第2期,1971年。

张存武:《清韩陆防政策及其实施——清季中韩界务纠纷的再解释》,《"中央研究院"近代史研究所集刊》第3期,1972年。

石铭鼎:《关于长江正源的确定问题》,《地理研究》1983年第1期。

杨昭全、孙玉梅:《中朝边界史》,吉林文史出版社1993年。

杨光浴:《中华人民共和国地名词典》,商务印书馆1994年。

徐德源:《长白山东南地区石堆土堆筑设的真相》,《中国边疆史地研究》

1996年第2期。

徐德源：《穆克登碑的性质及其凿立地点与位移述考——近世中朝边界争议的焦点》，《中国边疆史地研究》，1997年第1期。

杨昭全：《"十字界碑"考》，《中朝边界研究文集》（内部资料），吉林省社会科学院1998年。

金春善：《1880—1890年代清朝的"移民实边"政策与韩人移住民实态研究》，《韩国近现代史研究》第8集，1998年。

王崇时：《19世纪前中朝东段边界的变迁》，《中朝边界研究文集》，吉林省社会科学院1998年。

姜龙范：《近代中朝日三国对间岛朝鲜人的政策研究》，黑龙江朝鲜民族出版社2000年。

刘秉虎：《在满韩人的国籍问题研究（1881—1911）》，韩国中央大学博士学位论文，2001年。

《中国测绘史》编辑委员会编：《中国测绘史》第3卷，测绘出版社2002年。

刁书仁：《康熙年间穆克登查边定界考辨》，《中国边疆史地研究》，2003年第3期。

李洪锡：《日本驻中国东北地区领事馆警察机构研究——以对东北地区朝鲜民族统治为中心》，延边大学出版社2008年。

李花子：《康熙年间中朝查界交涉与长白山定界》，余太山、李锦绣主编：《欧亚学刊》第5辑，中华书局2005年。

李花子：《清朝与朝鲜关系史研究——以越境交涉为中心》，延边大学出版社2006年。

李花子：《朝鲜王朝的长白山认识》，《中国边疆史地研究》2007年第2期。

李花子：《穆克登错定图们江源及朝鲜移栅位置考》，复旦大学韩国研究中心编：《韩国研究论丛》第18辑，世界知识出版社2008年。

李花子：《朝清国境问题研究》，首尔：集文堂2008年。

李花子:《韩中国境史研究》,首尔:慧眼(出版社)2011年。

李花子:《明清时期中朝边界史研究》,知识产权出版社2011年。

李花子:《大韩帝国时期(公元1897—1910年)的疆域观与间岛政策的出台》,《中国社会科学院历史研究所学刊》第7集,商务印书馆2011年。

李花子:《康熙年间穆克登立碑位置再探》,《社会科学辑刊》2011年第6期。

李花子:《康熙年间长白山定界与图们江上流堆栅的走向》,《朝鲜·韩国历史研究》第13辑,延边大学出版社2013年。

李花子:《康熙年间中朝边界的标识物——长白山土堆群的新发现》,中国朝鲜民族史学会编:《朝鲜族研究2013》,民族出版社2014年。

李花子:《黑石沟土石堆考》,《清史研究》2014年第1期。

李花子:《图们江正源形成考》,北京大学韩国学研究中心编:《韩国学论文集》第22辑,中山大学出版社2014年。

李花子:《1905—1909年日本调查"间岛"归属问题的内幕》,《近代史研究》2015年第2期。

李花子:《中日"间岛问题"和东三省"五案"的谈判详析》,《史学集刊》2016年第5期。

李花子:《试析1907—1909年日本界定的"间岛"地理范围》,《近代史研究》2017年第3期。

马孟龙:《穆克登查边与〈皇舆全览图〉编绘——兼对穆克登"审视碑"初立位置的考辨》,《中国边疆史地研究》2009年第3期。

陈慧:《穆克登碑问题研究——清代中朝图们江界务考证》,中央编译出版社2011年。

姜宏伟:《论1907—1909年中日关于"间岛问题"交涉》,东北师范大学硕士学位论文,2013年。

2. 韩、日论文和专著

申基硕:《间岛归属问题》,《中央大学校30周年纪念论文集》,1955年。

李汉基:《韩国的领土》,首尔:首尔大学出版部1969年。

梁泰镇:《韩国的国境研究》,首尔:同和出版公社1981年。

梁泰镇:《韩国国境史研究》,首尔:法经出版社1992年。

韩国学中央研究院编:《韩国民族文化大百科辞典》,1988—1991年,因特网"NAVER·知识百科"。

裴佑晟:《朝鲜后期国土观与天下观的变化》,首尔:一知社1998年。

崔长根:《韩中国境问题研究——日本的领土政策史的考察》,首尔:白山资料院1998年。

陆洛现编:《白头山定界碑和间岛领有权》,首尔:白山资料院2000年。

姜锡和:《朝鲜后期咸镜道与北方领土意识》,首尔:经世苑2000年。

李宗峰:《朝鲜后期度量衡制研究》,《历史与境界》53,2004年。

李钟奭:《朝鲜—中国关系(1945—2000)》,首尔:图书出版中心2004年第3版。

黄铭浚:《间岛领有权问题的国际法分析》,首尔大学法学科硕士学位论文,2005年。

(韩)*News Maker* 611号,2005年2月15日。

殷丁泰:《大韩帝国时期"间岛问题"的演变过程及"殖民化"》,《历史问题研究》17号,2007年。

裴城浚:《韩中两国的间岛问题认识和对立结构》,檀国大学东洋学研究所编:《东洋学》第43辑,2008年。

徐吉洙:《白头山国境研究》,首尔:与犹堂2009年。

丘凡真:《19世纪盛京东边外山场管理与朝、清公同会哨》,东北亚历史财团编:《近代边境的形成与边境民的生活》,2009年。

金贞培、李瑞行等编:《白头山——述说你的现在与未来》,首尔:韩国学中央研究院出版部2010年。

姜锡和:《朝清国境问题的新视角——对李花子著〈韩中国境史研究〉(慧眼 2011 年) 的书评》, 仁荷大学校韩国学研究所编:《韩国学研究》第 26 集, 2012 年。

守田利遠編:《滿洲地誌》下卷, 東京: 丸善株式會社 1907 年再版。

篠田治策:《白頭山定界碑》, 東京: 樂浪書院 1938 年。

李盛煥:《近代東アジアの政治力学―間島をめぐる日中朝関係の史的展開―》, 東京: 錦正社 1991 年。

白榮勛:《東アジアの政治・外交史研究―「間島協約」と裁判管轄権―》, 大阪経済法科大学出版部 2005 年。

名和悦子:《内藤湖南の国境領土論再考―二〇世紀初頭の清韓国境問題「間島問題」を通じて―》, 東京: 汲古書院 2012 年。

索　引

阿集格土门（阿几个土门、小图们江）　132, 134, 136, 152, 155, 156, 159, 160

叆阳门　226

安奉铁路（安奉线）　237, 253, 263, 267, 268, 274

安图　288, 290, 295

八道沟　247, 292, 294

八道图　19

把守　49, 54, 57, 58, 92, 98

白山图　7, 19, 21, 32, 46, 48, 63, 72, 107, 109, 127, 131, 132, 135, 137, 144, 145, 197

白头桥　323, 325

白头山记　14～18, 108, 109, 153, 222

白头山诗　222

白头山图　53

百草沟　238, 247, 261, 269, 275, 294, 298, 299, 302

半截子河　337

北兵营地图　76

北都所　246, 292

北关长坡地图　76, 85, 87～89, 91, 147, 153

北关志　51

北间岛（北垦岛）　117, 229, 230, 282, 285, 287

北界地图　76, 83

北进政策　195

北垦岛管理使（视察使）　183, 192, 208, 222, 228, 285, 305, 307, 309, 312

北评事　23, 69, 105～107

北拓传统　34

北学运动　57

北舆要选　53, 222, 224

北征录　14～16, 21, 109, 110, 153

北征日记　15, 51, 110, 153

笔帖式　47, 48, 136

布尔哈通河（布尔哈图河）　210, 212, 213, 215, 225, 239, 286, 287, 289, 290, 292,

294,302

曹汝霖　255,262,263

茶村　247,294

察院　45

查边碑(审视碑、穆克登碑)　29,34～36,38,39,154,161,163,176,184～186,193,203,312,322

差官接待事宜别单　307

差使员　32,46,48,69,70,75,102,105,107,118,127

长白山附近线路测图　216,218

长白山江岗志略　185

长白山科学研究院　333,356

长谷川好道　210

长坡　51,59,61,85,88,89,94,136,162,163,165,167,174～176,187

长坡仓　59,89,91,

长坡形便图　88

长坡水　23,85,88,89,91,136

长山岭(真长山、北甑山)　73,75,85,94,113,135

长顺　186

畅春苑　45

朝鲜海陆全图　255

朝鲜人裁判权　207,238,259,260,262,263,265～268,270,272,279,280,292

朝鲜人杂居区域图　282,296,298

朝鲜史编修会　16

朝鲜协会　221

朝鲜总督府　16

朝阳川　242,296

朝阳河　292

车逾岭　50

陈昭常　247,294

程光弟　258

赤峰(红土山)　73,74,76,85,87,96,108,115,124,127,129,133,135,139,145～147,328,329,338,346,347,350

赤岩　88,108,147

崇善　24,138,154,176

船厂　42,130

打牲乌拉　42,130

大韩帝国　208,239,243,285,286,305,307,315

大韩疆域考　224

大旱河　64,92,94～96,196,202,321,322

大角峰　21,23,107,108,113,119～121,124,125,128,211,325,332,337,338

大浪河　85,87

大清一统舆图(一统舆图)　76,

　　　　　　151,152,160,163
大沙河　295
大唐舆地图　255
大图们江　68,89,136,155,159～
　　161,163～165,167,
　　168,171,177
大曾根诚二　215,332
德玉　154,162
等高线图　220
定界碑　2,34,35,38,40,41,58,
　　60,67,78,88,93,96,
　　114,141,151,153,176,
　　186,201,202,216,220,
　　229,234,238,261,269,
　　274,275,287,297,306,
　　312,315,319,321
东间岛　229,230,282,288,290～
　　292,295,302
东盛涌　215,247,294
东国地图　76
东国文献备考　87
东国舆地胜览（舆地胜览）　51,
　　145,224
东国八道大总图　19
东京台　292
东京第一地形测图班　214
东三省"六案"（"六案"）　200,
　　236,238,241,251,253,254,

257,262,264,268,279,297
东三省"五案"（"五案"）　2,5,6,
　　8,200,201,208,235～238,
　　241,242,253,254,261,267,
　　274,279,280,306,313
东三省五案协约　2,201,238,241,
　　242,274,277,280
东三省政略　189
董棚水　74,163,169,337,338,347
杜赫德　227
对俄同志会　221
敦化　112,114,180,287,290,295,
　　297
二道白河　64,290,295
二道白河镇　332,333,341,344,
　　348,352
二江说　1,4,8,13,40,94,101,
　　112,126,131,150,159,
　　161,168,198,199,211,
　　219,221,231,236,240,
　　249,250,287,290,297,
　　298,332
发祥地　42,52,62,116,140,167,
　　170,196,201,236,273,
　　275,283,311
法库门铁路　237,253,255～257,
　　260,262,264,279
藩属国　43,48,55,168

方朗　162,177,178

废四郡　59,61,195

分界江　78,88,94,159,211,212,240

分水岭　8,13,14,17,18,25,26,29,30,33,34,37,39,49,50,55,56,60,61,64,72,73,78,88,92,93,96,102,103,104,109,110,129,136,138～142,146,148,150,154,155

凤凰城　42～45,130

封禁政策　57,60,61,94,283,311

伏沙坪　246,292

甫多会山（宝髻山、胞胎山、葡萄山、蒲潭山）　21,30,51,138,139,154,160,185,186

富尔河　290,295

覆勘图们界址谈录公文节略　165,167,222,230

嘎呀河　211,229,238,261,269,286,289,290,293,294,297

干川　66,70,106,113,115,125,197,219,329

甘土峰（加察峰、大加次峰）　21,69,72,73,92,107,108,127,351

高句丽研究财团　321

庚辰开拓　305

恭愍王　195,201

关于间岛的调查概要　213

光霁峪　245,284,302

光昭村　284

国朝宝鉴　224

哈尔巴岭（老爷岭）　229,236,238,261,269,290,297,298

海兰河　78,94,159,210,213,215,239,286,287,289,290,292,294,302

海牙国际仲裁　200,262～265,270,279

海东地图　76

汉窑沟　247,294,295

韩国舆地图　255

和龙　129,290,299,300,302,346

和龙峪　245,246

鹤城　292

鹤项岭　131,138

黑石沟（黄花松沟子）　3,4,6～9,18,23,27,28,30～33,40,54,60,65～71,78,92～96,101～104,106～109,111～128,131,135,137,139,150,154,156,157,163,168～170,174,196～198,

　　　　202,211,216,219～223,
　　　　225,226,231,234,239,240,
　　　　315,319～323,325,326,
　　　　329,331～334,337,338,
　　　　340,341,343～348,351,
　　　　352,354,355,356
黑石沟桥　340,341,343～346,
　　　　352,355,356
黑石沟图　216,331
红丹水（洪丹水、洪丹河）　4,13,
　　　　23,39,50,59,61,64,72,
　　　　85～89,91,114,116,121,
　　　　129,131～136,138～140,
　　　　143～145,154～157,
　　　　160～163,167,173,174,
　　　　176,182,189,192,193,196,
　　　　199,349
红旗河（小图们江）　47,73,129,
　　　　131,132,136,143～146,
　　　　152,155,156,159,160,216
红土山水（红土水）　1,4,5,7,8,
　　　　23,28,33,47,50,54,59,
　　　　60,64,68～71,73,74,
　　　　76,78,85,87～89,91,
　　　　93～96,102,108,114～
　　　　116,118,120,121,124,
　　　　126,129,131,133,135～
　　　　150,154～157,162～

　　　　165,167～171,174,
　　　　176～178,192,194,196,
　　　　198,199,201～203,207,
　　　　222,223,226,228,234,
　　　　237,240,243,248,273,
　　　　275,307,312,314,319,
　　　　322,325,327,328,338,
　　　　347,349,350,352
洪南周　112
洪世泰　15～17,108,109,153,222
洪致中　23,24,69,74,105
厚州　59
湖川浦　246,292
湖川街　247,294
珲春　180～182,186,211,232,
　　　　244,289,294,299,300
缓冲区　58,60,61
缓项岭　21,51,85,91,154,155
黄花松甸（子）　65,122,123,128,
　　　　165,175,187,192,219,
　　　　320,340,341,355
黄口岭水　113,114
黄水　113,114
黄铁山　125
皇舆全览图　7,14,15,42,55,61,
　　　　76,129,131,132,134,136,
　　　　144,174,196,197,227
胡惟德　252,263,266,267,280

毁碑说 8,150,172,181,192,193

会宁间岛 246,292

会典图（会典图说、钦定会典图说）
　　　 15,136,139,152,159,
　　　 161,163,165,167,168,171,
　　　 174,177,178

惠山 21,25,184～186

混同江 42,103,130,

吉地 247,294

吉州 64,155,195

吉强军 192,208,244,285

吉长铁路（吉长线） 234,235,
　　　 253,258,263,269,270,
　　　 272,273

吉会铁路 200～202,234,237,
　　　 238,258,259,268～
　　　 276,278,279

吉林边务公署 122,181,238,241,
　　　 247,277,294,302

吉林通志 181,182,184～188,
　　　 193,225

假江 284

甲山 51,58,87

贾元桂 120,154

间岛境界调查材料 210

间岛局子街表面略测图 214

间岛视察报告书 289

间岛图 192,282,298

间岛问题的沿革 222

间岛问题调查书 224,227

间岛协约（图们江中韩界务条款）
　　　 2,8,9,141,142,148,171,
　　　 190,194,200～202,229,
　　　 230,235,237,238,241,
　　　 242,272,274,276,277,
　　　 280,282,296,298～300,
　　　 302 ～ 304,306,309,
　　　 313～315,321

将军峰(白头峰) 321

江口坪 89

接伴使 7,15,21,24,25～27,32,
　　　 37,42,46,47,110,127,
　　　 136,153

杰满洞 292

金鲁奎 53

金庆门 15～18,24,34,37,50,
　　　 93,109,153,

金显门 16

金应瀍 16,108,109,118

金禹轼 112～114,124～127

金允植 161,199

金正浩 153

金指南 15,16,21,24,37,47,50,
　　　 53,93,109,110,127,153

京奉铁路（京奉线） 237,238,
　　　 253,254,262,267,268,

274

九等墟(古洞河) 247,290,295

局子街 215,234,237,238,246,247,261,269,275,292,294,299

卡伦 236,308

匡熙民 304,310

老岭(先锋岭) 261,269,290,297

雷孝思 227,232

鲤明水 141,186,370

李范允 183,192,208,222,223,228,229,232,235,243,244,285,292,305,307,309,312

李鸿章 150,162,165,167,177,178,255

李濡 70,106,125

李重夏 4,8,28,63,67～69,114～118,121,123～125,139,144,153,156,157,159,162～166,168～170,173,174,177,178,182,193,198,219,222,223,226,228,230～232,234,255,283,284,305,307,348,352

李善溥 15,21,25～27,46,48,72,153

李完用 230

李万枝(李玩枝) 27,43

李义复 16,17,49,66,102,104,105,107,117,127,222,

临江台 23,24,47

梁敦彦 254～261,265,270～273,277,279,280,297

凉水泉子 247,294,298

林权助 230,231,233～235,248,250,278

林间通视道 103,326～330,334～337,341,356

铃木信太郎(铃木) 181,182,193,215,295

刘建封 30,65,66,85,122,181,184～186,189,192,320,331,340,

柳条边 305,306,308,311

六镇 1,87,195,201,287

琉球图 19

龙井村(六道沟) 2,172,181,215,216,238,239,245,247,249,250,252,261,263,275,277,290,294,299,306,332

龙潭村 292

龙岩坪 292

芦隐东山 85,87～89

路程记　112
马派　247,294
马贼　181,215,245,277
马廷亮　246,280
马关条约　243
满洲地志　184～186,189,193
茂山间岛　246,292
茂山地图　76,89,90,91,153
茂山府志　89
闵义骧　88,89
母树林河　8,73～76,93,96,108,118,124,135,139,142,146,147,325,327,329,338～340,346,349～351
穆克登　1～9,11,13～19,21,23～29,32～50,52～57,59～69,71,74～76,78,92,93,95,96,102,104,105,107～111,113,114,116～118,127,129～132,134,136,137,139,141,142,144,145,148,150～153,156,159～161,168～171,174～176,184,189,193,194,196,197,199,202,203,207,215,222,223,225,227,228,232,240,287,305,306,308,311,312,314,314,319,321,325,331,337,355

那桐　231,248,254,271～273,278,280
南满铁路　253,256,260,262,267,268
内藤湖南（内藤）　200,221,224～229,231,232,236,239,240,296
内田康哉（内田）　183,192,224,229,244
宁古塔　44,57,152,229,254
宁古塔败归说　44,56,57
娘娘库（松江镇）　119,120,247,295
努尔哈赤　56,195,226
朴道常　16,69,105,118
朴权　15,17,21,25～27,46～48,51,53,110,127,136,144,153
朴下川（波下川、延面水、城川水）　23,50,54,59,72,88,90,91,132,133,134,137,176,186,190,192
朴逸宪　211
片面瓯脱　58,311

朴茨茅斯条约　256,257,274280

七道沟　292

齐召南　6,15,131,133,137,197,225

钦定皇朝通典（皇朝通典）　151,152,159,177

钦定皇朝四裔考　151,152

秦煐　114,120,154,157,160～162,168,170,173～176,186,187,190,231

清韩通商条约　248

庆兴　87,180

庆源　180,211

弱流河（圆池水）　73～76,85,93,96,108,124,129,135,139,146,147,328,338,346,347

三水　51

三姓　294

三角碑　328,338

三山社（三山仓）　86

三上仓　91

三下仓　91

三池渊（三池源、七星湖、三汲泡）　9,21,30,33,85,86,91,116,134,136,139～142,155,157,161～163,170,173,174,180,186,199

色禽　76,132～137,174

私炮队　183,244,285,305,307

思技文瀑布　64

四郡　1,59,61,195,201

四沿考　86

沙峰　74

沙道　122,128,219,220,352～355

沙器洞　247,294

杉浦（泡石浦）　113,124,125,211,220

社仓　59,61,86,88,89,91,94

摄政王（载沣）　254,268,273

申景濬　76,86,87

审视碑　34～36,38,184

圣水渠　185,186

盛京通志　46,130,145

盛京舆地全图　19

十字碑　8,149,150,164～168,172,173,175～182,184～187,189,190,192,193,200

石乙水（岛浪水）　1,2,4,8,30,33,59,74,85,87,89,116,121,129,133,135,136,140～146,149,150,163～167,171,172,174～179,187,189,190,192,194,199～202,207,228,232,

237,238,243,248,273～275,280,306,312,314,321,349

实地踏查　5～8,63,125,128,168,208,209,219,231,277,297,308,319

双目峰（双头峰）　73,108,127,327,329,332,334,337,338,347,351

双城总管府　195

手本　16,32,109

守田利远　184～186,189,193

水道提纲　7,15,131～135,137,197,225

司译院　15

松江河　31,130

宋教仁　189,190,304,310

太拉子　247,294

探界日记　113

天坪　21,51,85～87,91

天宝山　215

天宝山矿　234,247,258,259,269,276,278

天下诸国图　19

唐绍仪　252～254,278～280

陶大均　254,255

通官　27,108,109,111,118

通文馆志　15,19,24,25,153,224

铜佛寺　215,247,261,275,292,294

统巡会哨制　62

统监府临时间岛派出所官制　235

同文汇考　16,25,111,127,153,222,230

头道沟　187,215,238,246,247,261,269,275,292,294,299

图和公路　343,347～352,356

图们江发源地　4,27,28,55,63,64,66,70～73,85,87,94,96,105,108,118,119,129,147,215,319,320,326,328,329,337,338,346～348,350,352,356

图们界卞晰考证八条　123

土堆群　319,320,343,347～352,356

稳城　78,157,209,211,214,223,286

吴禄贞　31,122,181,184,186,189,192,238,247,263,292,294,304,310,320,331

吴元贞　113

吾时川　51

武默讷　30,31,132

五道白河　3,28,69,73,74,76,95,96,121,169,287,288,290,295,332,338,340,343,346,349,354

乌喇宁古塔形势图　46

王承尧　255,262,271,274,276

望祭阁　58

汪清　290,299,300,302

旺清门　226

西北经略使　112,124,126,168,221

西北彼我两界万里之图　76

西豆水(西北川、鱼润江、渔顺河、渔江)　23,24,47,51,59,61,64,72,88,91,93,114,129,131～133,137～139,143～146,154,155,160,175,176,186,192

西间岛　229,282,288,290,291

西水罗德　51

西水洛川(成川水)　132,137

下泉坪　261,275,292

小白山　3,4,8,13,17,21,29～33,36,37,39,67,89,101,116,133,140,141,148～150,154,155,157,163～166,168～170,172～179,184～187,192,199,200,275,312,315

小白水　29,30,33

小沙河　216,217,219

小村寿太郎(小村)　253,254,260,263,265,268,269,273,278～280

筱田治策　40,41,149,289,314

谢定界表　34,37,52,56,61,153

新兴坪　246,292

新民屯　256,267

新法铁路(新法线)　238,253,254,256,260,262,267,274

虚项岭　21,30,51,86,91,139,154,162

徐世昌　181,183,189,192,247,294,310,331

徐宗泰　51,52

许梁　16,69,105,118,125～127

许台身　183,192

雪岭　21

延吉　215,245,252,253,263,266,267,290,294,299,300,302,332,333

延吉边务报告　184,304,310

延吉厅　215,244,245,246,313
延吉厅领土问题之解决　304,310
妍芝峰(胭脂峰)　21,30,154,313
杨枢　246
姚文藻　159
一进会　229,247
一统志　14,42,57,95,129,134,
　　　　145,196
依兰河　292
伊藤博文(伊藤)　233,244,246,
　　　　248,280,289
伊集院彦吉(伊集院)　237,253～
　　　　273,275,277,279,280,
　　　　297
移碑说　3,7,13,29,30,33,37,39,
　　　　41,67,115,155,198,315
乙巳保护条约　286,304,306
译官　6,13,15,16,18,21,24,32,
　　　　34,37,46～48,50,53,93,
　　　　102,108～110,118,127,
　　　　264,271
义州　42,44,45,130,160
奕劻　265,268,280
鱼允中　112～114,124,126,159,
　　　　168,221
禹迹洞事件(火狐狸沟事件)
　　　　251,252,278
舆地图　19,21,197

舆地图书　76,87
圆池(元池)　73,74,85,108,211,
　　　　124,215,337,338,346,350
袁世凯　161,165～167,176～
　　　　178,199,200,231,248,
　　　　250,254,268,278
杂居区　238,268,282,299,300,
　　　　302
甑山(南甑山)　72,74,85,87～
　　　　89,91,113,133～136
甑峰岭　47,131
自白头山至小沙河线路图　216,
　　　　217
斋藤季治郎　181,182,214,235,
　　　　245,250,277,289
彰武台门　256
赵秉式　176～178
赵存禹　211
赵台相　108,109,118
追后别单　28,63,67,115,198,
　　　　226,228,234,307
郑尚骥　76
郑家屯(双辽)　256
钟城间岛　246,292
中立地(中立地带、中间地带)
　　　　226,228,232,285,305,
　　　　314
中原佐藏　215,332

中野二郎 258

中井喜太郎（中井） 200,221,223,224,226,228,229,231,239,240

中朝边界条约 2,8,129,142,147,148,171,194,200,203,325,326

中朝边界议定书 2,9,142,309,315,325,326

中华帝国全志 227

中日会议东三省事宜条约（东三省事宜条约） 256,257,262,274,294,300

宗藩关系 7,38,46,48,54,57,59～61,152,243,285

总理衙门（总署） 150～152,155,157,159,160,163～165,167,168,170,173,178～180,199

邹嘉来 255

图目录

图 1	天池东南麓碑址及黑石沟上游土石堆分布	19
图 2	《盛京舆地全图》	20
图 3	《白山图》	22
图 4	长白山及鸭绿江、图们江上游简图	31
图 5	康熙五十一年穆克登定界简图	65
图 6	康熙五十一年穆克登定界的石堆、土堆遗迹	71
图 7	《东国地图》之《咸镜北道图》	77
图 8	《海东地图》之《咸镜道图》	79
图 9	《西北彼我两界万里之图》	80
图 10	《舆地图书》之《北兵营地图》	81
图 11	《朝鲜地图》之《咸镜北道图》	82
图 12	《北界地图》	83
图 13	《北关长坡地图》	84
图 14	《茂山地图》	90
图 15	天池东南麓立碑处	105
图 16	康熙《皇舆全览图》之《朝鲜图》的一部分	132
图 17	康熙《皇舆全览图》的部分（鸭绿江、图们江以北地区）	133
图 18	1885 年中朝第一次勘界图	158
图 19	1887 年中朝第二次勘界图	166
图 20	《吉林新界全图》	188
图 21	《间岛图》（日本外务省外交史料馆收藏）	191
图 22	间岛的范围（出自《间岛境界调查材料》）	210

图 23	间岛的范围（出自《間島ニ関スル調査概要》）	212
图 24	《自白头山至小沙河线路图》	217
图 25	《长白山附近线路测图》	218
图 26	《大韩新地志》之《咸镜北道图》	288
图 27	间岛的范围（出自《間島視察報告書》）	291
图 28	《宪兵及清国军队配置图》	293
图 29	《朝鲜人杂居区域图》	301
图 30	穆克登碑址	322
图 31	黑石沟开始的地方及东南岸的石堆遗迹	323
图 32	黑石沟上游东南岸的石堆（1）	324
图 33	黑石沟上游东南岸的石堆（2）	324
图 34	大角峰附近的石堆	325
图 35	双目峰附近的林间通视道	327
图 36	赤峰前的 69 号碑	328
图 37	林间通视道附近的黑石沟中游	330
图 38	黑石沟上游	330
图 39	黑石沟下游的桥（1）	333
图 40	黑石沟下游的桥（2）	334
图 41	林间通视道附近的黑石沟东南岸的土堆（海拔 1900 米）（1）	336
图 42	林间通视道附近的黑石沟东南岸的土堆（海拔 1900 米）（2）	336
图 43	红土水和母树林河（1）	338
图 44	红土水和母树林河（2）	339
图 45	红土水和母树林河汇合处（1）	339
图 46	红土水和母树林河汇合处（2）	340
图 47	黄花松甸子	341
图 48	黑石沟下游河道	342
图 49	黑石沟下游东南岸的土堆	342
图 50	黑石沟下游的土堆	345

图 51	黑石沟下游的最后一个土堆	345
图 52	图和公路南边的第一个土堆	347
图 53	图和公路南边的土堆群	349
图 54	母树林河发源地（1）	350
图 55	母树林河发源地（2）	351
图 56	黑石沟下游的沙道（1）	353
图 57	黑石沟下游的沙道（2）	354
图 58	黑石沟下游沙道消失的地方（1）	354
图 59	黑石沟下游沙道消失的地方（2）	355

后　记

　　本书是笔者在前期研究的基础上，对清代中朝边界史的进一步深入研究，大部分内容已在国内外刊物上发表过，共有十一篇论文、一篇笔谈及一篇踏查记。这些论文分别刊发于中日韩三国的学术刊物上，如《近代史研究》、《清史研究》、《史学集刊》、复旦大学《韩国研究论丛》、北京大学《韩国学论文集》、《社会科学辑刊》、《延边大学学报》、《黑龙江社会科学》、《朝鲜族研究》、《朝鲜·韩国历史研究》，韩国延世大学《东方学志》、韩国文化历史地理学会《文化历史地理》，以及日本的韩国文化学会《韩国文化研究》等，其中基于实地踏查的研究论文，引起了国内外学者的关注。在本书的写作过程中，对部分内容进行了修改和补充，并按照研究主题的不同，分为四编，汇编成册。

　　清代以来的中朝边界史，不外乎以下内容：康熙五十一年（1712年）穆克登定界，光绪十一年、十三年（1885年、1887年）中朝共同勘界，1907—1909年中日两国有关"间岛问题"的交涉与谈判，以及1962年《中朝边界条约》的签订，等等。有关20世纪60年代中朝边界谈判的内容，由于受档案尚未解密的限制，不能做全面深入的探讨，只能留待以后再去研究。至于前三个论题，学界已有不少研究，笔者之前也进行过研究，但是此次的突出点在于既运用了文献资料，也进行了实地踏查，在一些疑点和难点问题上取得突破，从而将中朝边界史研究向前推进

此次的突出点在于既运用了文献资料，也进行了实地踏查，在一些疑点和难点问题上取得突破，从而将中朝边界史研究向前推进了一大步。

自2010年开始，笔者利用每年的春夏秋三季，多次前往长白山进行实地踏查，分别考察了图们江源头的几条重要支流，包括赤峰的图们江发源地、母树林河源头、母树林河和红土水汇流处、弱流河源头等；还从朝鲜一侧三次登顶长白山天池东坡，确认了位于天池东南麓（停车场附近）约4公里的穆克登碑址；在黑石沟东南岸（包括中朝两国境内）发现了石堆、土堆等遗迹，在图和公路（双目峰附近）沿线也发现了土堆群；在朝鲜旅游时，还从鸭绿江源头向下行，到达朝鲜的小白山、鲤明水瀑布；登顶朝鲜的枕峰，俯瞰朝鲜三池渊郡和遥望胞胎山；等等。通过这些考察活动，笔者有关中朝边境地区的地理认识有了质的飞跃，文献地图中的山水也变成了活的、真实的山水，特别是确认了康熙年间设置的中朝边界的标识物，历经300年依然存在于长白山地区。这些考察成果，在本书的不少章节均有反映。

本书对近代中日"间岛问题"也进行了新探讨，包括三篇已刊论文，这是笔者对既有研究领域的新拓展，即由前近代向近代的拓展。笔者能够完成这三篇论文，得益于从中学时代就开始的日语学习，因而能够精深阅读《日本外交文书》等日文第一手资料，而以往的研究成果往往借助于中文第二手资料。

书中使用了不少中日韩三国的古地图，有些地图文字不够清晰，在本书的编纂过程中，对其中部分重要内容进行了翻写，仍用繁体字标出，以尊重原图和史料的客观性。书中所用照片，有一部分是本人拍摄，其余分别由朴龙国、于长伟、崔成林拍摄，其中朴龙国、崔成林二位是摄影爱好者，于长伟是专职的摄影师，在此对三位的支持和帮助深表谢意！

  在本书的出版之际，特别感谢一直以来对笔者的研究和考察工作给予诸多帮助的专家、学者和朋友们！长白山科学研究院的朴龙国研究员，在笔者近7年的长白山实地踏查中，多次抽出宝贵的时间与笔者同行，提供了诸多便利和帮助。笔者在黑石沟东南岸发现土石堆遗迹，并将黑石沟下游走到底，确认黑石沟并不和松花江相连等事实，都是在朴龙国研究员的帮助下完成的。还要感谢一直为笔者当向导兼做司机的笔者的外甥崔成林。他从小生长在长白山区，古洞河畔（二道松花江支流）就是他的家乡。他帮助笔者考察起初是兴趣所致，后来可能被笔者的责任心和对工作的热情所感染吧，多次一同前往考察，付出了不少努力和心血，本书的不少插图均出自他的精湛摄影。要特别感谢双目峰驻军的无私帮助，以及为了鉴别土堆是否人工堆而提供帮助的相关单位的专家、学者们。同时，还要感谢家人的理解和支持，在原始森林的多年奔波，使家人常常惦记，等到手机有了信号方知平安无事。最后，要感谢为本书出版付出辛勤汗水的中山大学出版社李海东编辑。

  本书的论述难免有错误和疏漏之处，望各位专家、学者们提出宝贵的批评意见，以便笔者再接再厉，继续前行。

2019年4月于北京石景山